社会主义固定资产再生产

梁文森　田江海 - 著

REPRODUCTION OF SOCIALIST FIXED ASSETS

（校订本）

知识产权出版社
全国百佳图书出版单位
——北京——

图书在版编目（CIP）数据

社会主义固定资产再生产：校订本 / 梁文森，田江海著 . —北京：知识产权出版社 , 2020.1
ISBN 978-7-5130-6628-0

Ⅰ.①社… Ⅱ.①梁…②田… Ⅲ.①社会主义经济—生产用固定资产—再生产 Ⅳ.① F048

中国版本图书馆 CIP 数据核字（2019）第 265987 号

内容提要

本书在马克思的社会再生产理论指导下，以党的路线、方针、政策为依据，阐述固定资产这一经济范畴同社会再生产总过程中的生产、分配、交换、消费和积累各要素之间的内在联系，从理论与实践，生产力与生产关系，宏观与微观，内部与外部，以及管理体制与计划方法等各个侧面及其结合上考察、分析固定资产再生产的规律性。同时，全书对国民经济综合平衡、技术进步、投资效果和固定资产利用效果同固定资产再生产的关系给予特别的注意，并贯穿在各章节。

总 策 划：王润贵	项目负责：蔡 虹
套书责编：蔡 虹　石红华	责任校对：谷 洋
本书责编：蔡 虹	责任印制：刘译文

社会主义固定资产再生产（校订本）

梁文森　田江海　著

出版发行：	知识产权出版社有限责任公司	网　　址：	http://www.ipph.cn
社　　址：	北京市海淀区气象路 50 号院	邮　　编：	100081
责编电话：	010-82000860 转 8324	责编邮箱：	caihongbj@163.com
发行电话：	010-82000860 转 8101/8102	发行传真：	010-82000893/82005070/82000270
印　　刷：	三河市国英印务有限公司	经　　销：	各大网上书店、新华书店及相关专业书店
开　　本：	880mm×1230mm　1/32	印　　张：	8.875
版　　次：	2020 年 1 月第 1 版	印　　次：	2020 年 1 月第 1 次印刷
字　　数：	210 千字	定　　价：	48.00 元

ISBN 978-7-5130-6628-0

出版权专有　侵权必究
如有印装质量问题，本社负责调换。

出 版 说 明

　　知识产权出版社自 1980 年成立以来，一直坚持以传播优秀文化、服务国家发展为己任，不断发展壮大，影响力和竞争力不断提升。近年来，我们大力支持经济类图书尤其是经济学名家大家的著作出版，先后编辑出版了《孙冶方文集》《于光远经济论著全集》《刘国光经济论著全集》和《苏星经济论著全集》等一批经济学精品力作，产生了广泛的社会影响。受此激励和鼓舞，我们和孙冶方基金会携手于 2018 年 1 月出版《孙冶方文集》之后，又精选再版孙冶方经济科学奖获奖作品。

　　"孙冶方经济科学奖"是中国经济学界的最高奖，每两年评选一次，每届评选的著作奖和论文奖都有若干个，评选的对象是 1979 年以来的所有公开发表的经济学论著。其获奖成果基本反映了中国经济科学发展前沿的最新成果，代表了中国经济学研究各领域的最高水平。这次再版的孙冶方经济科学奖获奖作品，是我们从孙冶方经济科学奖于 1984 年首次评选到 2017 年第十七届共评选出的获奖著作中精选的 20 多部作品。这次再版，一方面是为了缅怀和纪念中国卓越的马克思主义经济学家和中国经济改革的理论先驱孙冶方同志；另一方面有助于系统回顾和梳理我国经济理论创新发展历程，对经济学同人深入研究当代中国经济学思想史，在继承基础上继续推动我国经济学理论创新、更好构建中国特色社会主义政治经济学都具有重要意义。

在编辑整理"孙冶方经济科学奖获奖作品选"时,有几点说明如下。

第一,由于这20多部作品第一版时是由不同出版社出版的,所以开本、版式、封面和体例不太一致,这次再版都进行了统一。

第二,再版的这20多部作品中,有一部分作品这次再版时作者进行了修订和校订,因此与第一版内容不完全一致。

第三,大部分作品由于第一版时出现很多类似"近几年""目前"等时间词,再版时已不适用了。但为了保持原貌,我们没有进行修改。

在这20多部作品编辑出版过程中,孙冶方经济科学基金会的领导和同事对本套图书的出版提供了大力支持和帮助;86岁高龄的著名经济学家张卓元老师亲自为本套图书作了思想深刻、内涵丰富的序言;这20多部作品的作者也在百忙之中给予了积极的配合和帮助。可以说,正是他们的无私奉献和鼎力相助,才使本套图书的出版工作得以顺利进行。在此,一并表示衷心感谢!

知识产权出版社
2019年6月

总　序

张卓元

知识产权出版社领导和编辑提出要统一装帧再版从1984年起荣获孙冶方经济科学奖著作奖的几十本著作，他们最终精选了20多部作品再版。他们要我为这套再版著作写序，我答应了。

趁此机会，我想首先简要介绍一下孙冶方经济科学基金会。孙冶方经济科学基金会是为纪念卓越的马克思主义经济学家孙冶方等老一辈经济学家的杰出贡献而于1983年设立的，是中国在改革开放初期最早设立的基金会。基金会成立36年来，紧跟时代步伐，遵循孙冶方等老一辈经济学家毕生追求真理、严谨治学的精神，在经济学学术研究、政策研究、学术新人发掘培养等方面不断探索，为繁荣我国经济科学事业做出了积极贡献。

由孙冶方经济科学基金会主办的"孙冶方经济科学奖"（著作奖、论文奖）是我国经济学界的最高荣誉，是经济学界最具权威地位、最受关注的奖项。评奖对象是改革开放以来经济理论工作者和实际工作者在国内外公开发表的论文和出版的专著。评选范围包括：经济学的基础理论研究、国民经济现实问题的理论研究，特别是改革开放与经济发展实践中热点问题的理论研究。强调注重发现中青年的优秀作品，为全面深化改革和经济建设,为繁荣和发展中国的经济学做出贡献。自1984年评奖活动启动以来,每两年评选一次,累计已评奖17届,共评出获奖著作55部,获奖论文175篇。由于孙冶方经济科学奖的评奖过程一直是开放、公开、公平、公正的,在作者申报和专家推荐的基础上,由全国著名综合性与财经类大学经济院系和中国社会科学院经济学科领域研究所各推荐一名教授组成的初评小组,进行独立评审,提出建议入围的论著。然后由基金会评奖委员会以公开讨论和无记名投票方式,以简单多数选定获奖作品。最近几届的票决结果还要进行公示后报基金会理事会最终批准。因此,所有获奖论著,都是经过权威专家几轮认真的公平公正的评审筛选后确定的,因此这些论著可以说代表着当时中国经济学研究成果的最高水平。

作为17届评奖活动的参与者和具体操作者,我不敢说我们评出的获奖作品百分之百代表着当时经济学研究的最高水平,但我们的确是尽力而为,只是限于我们的水平,肯定有疏漏和不足之处。总体来说,从各方面反映来看,获奖作品还是当时最具代表性和最高质量的,反映了改革开放后中国经济学研究的重大进展。也正因为如此,我认为知识产权出版社重新成套再版获奖专著,是很有意义和价值的。

首先,有助于人们很好地回顾改革开放40年来经济改革及其带来的经济腾飞和人民生活水平的快速提高。改革开放40年使中国社会经济发生了翻天覆地的变化。贫穷落后的中国经过改革开放30年的艰苦奋斗于2009年即成为世界第二大经济体,创造了世界经济发展历史的新奇迹。翻阅再版的获奖专著,我们可以清晰地看到40年经济奇迹是怎样创造出来的。这里有对整个农村改革的理论阐述,有中国走上社会主义市场经济发展道路的理论解释,有关于财政、金融、发展第三产业、消费、社会保障、扶贫等重大现实问题的应用性研究并提出切实可行的建议,有对经济飞速发展过程中经济结构、产业组织变动的深刻分析,有对中国新型工业化进程和中长期发展的深入研讨,等等。阅读这些从理论上讲好中国故事的著作,有助于我们了解中国经济巨变的内在原因和客观必然性。

其次,有助于我们掌握改革开放以来中国特色社会主义经济理论发展的进程和走向。中国的经济改革和发展是在由邓小平开创的中国特色社会主义及其经济理论指导下顺利推进的。中国特色社会主义理论体系也是在伟大的改革开放进程中不断丰富和发展的。由于获奖著作均系经济理论力作,我们可以从各个时段获奖著作中,了解中国特色社会主义经济理论是怎样随着中国经济市场化改革的深化而不断丰富发展的。因此,再版获奖著作,对研究中国经济思想史和中国经济史的理论工作者是大有裨益的。

最后,有助于年轻的经济理论工作者学习怎样写学术专著。获奖著作除少数应用性、政策性强的以外,都是规范的学术著作,大家可以从中学到怎样撰写学术专著。获奖著作中有几套经济史、经济思想史作品,都是多卷本的,都是作者几十年研究的结晶。我们在评奖过程中,争议最少的就是颁奖给那些经过几十年研究的上乘成果。过去苏星教授写过经济学研究要"积之十年",而获奖的属于经济史和经济思想史的专著,更是积之几十年结出的硕果。

是为序。

2019年5月

再版说明

《社会主义固定资产再生产》一书,引用马克思原著和有关论述不少,不存在过时问题,不宜删改。书中多处提及技术进步的重要性及其影响作用,颇具现实意义,特别是马克思经典论点,尤其显示远见卓识。书中引用的资料、数据、指标、公式及应记取的经验教训,对于进行历史比较分析,仍具参考借鉴价值。刘国光所写的原版序,不乏导引作用。

原书对固定资产再生产问题的论述、阐释,比较全面、系统、严整、深入、细致,论点有根有据,分析条理清晰详尽,类似作品在本书出版前和出版后均不多见。保留历史原貌有其理论和现实价值。诚然,这本书毕竟是 36 年前写的,时代在飞速发展,形势在显著变化,传统的计划经济已演进为社会主义市场经济,似乎原书中所论及的再生产各部门、各领域、各要素之间的内在联系、比例关系、综合平衡以及马克思主义再生产的诸多论述显得有些不再与时俱进了。然而,我们认为,这些内容是客观存在的,是反映客观经济规律的,了解它们,遵循它们,有助于引导和驾驭经济活动科学合理和有效运行。如果一切都按照今天的标尺来修改,恐难期成,且无必要。不论是计划经济还是市场经济,一些揭示和反映客观经济规律的原理原则,都是应当了解和遵循的,而不应当违背和弃置。

作者已届耄耋之年，诸病缠身，心有余而力不足，今天很难写出30多年前那样的书，与其大动刀斧，不如保留原貌。

田江海

2019年4月1日

序

《社会主义固定资产再生产》是梁文森、田江海同志从中国实际出发，在长期调查研究的基础上，写出的一本理论专著。固定资产再生产是社会主义再生产的重要组成部分，过去我国这方面的系统论著还不多见。这本书从国民经济综合平衡角度较深入地考察了固定资产再生产的主要特征及其运动的规律性，它在社会主义再生产中同其他方面的内在联系，并在质的分析基础上进行了量的分析。这本书的出版，对于研究长期规划中的固定资产投资规模、方向、结构问题，对于探索从外延为主向内涵为主的扩大再生产的战略转移，对于如何正确处理新建、扩建、改建和原有企业固定资产更新改造之间的关系，以及对于如何改革固定资产管理体制、提高经济效益等问题，都有参考意义。这本书还提出了一些令人感兴趣的问题，如固定资产再生产同社会产品、流动资产、劳动力的再生产之间的关系，技术进步的战略选择，编制动态固定资产平衡表的理论和方法论等问题，值得理论界和实际工作者进一步讨论。

刘国光

1982年2月17日

原版前言

一国的经济实力、经济发展速度和水平,在很大程度上取决于该国的固定资产的规模、结构、质量、利用效率和增长速度。生产性固定资产是社会再生产的条件和结果,在国民经济中占有重要地位,是实现农业现代化、工业现代化、国防现代化和科学技术现代化,以及满足人民物质和文化需要的物质基础。研究生产性固定资产再生产的特点、现状及其变化趋势,研究它与社会再生产的关系,对促进国民经济稳定地按比例发展,具有重要的理论意义和实际意义。特别是我国目前正处于经济调整时期,如何根据固定资产再生产基本原理,加强设备更新和对原有企业进行技术改造,实现以内涵扩大再生产为主的战略转移,更加具有迫切的现实性。

本书在马克思的社会再生产理论指导下,以党的路线、方针、政策为依据,阐述固定资产这一经济范畴同社会再生产总过程中的生产、分配、交换、消费和积累各要素之间的内在联系,从理论与实践,生产力与生产关系,宏观与微观,内部与外部,以及管理体制与计划方法等各个侧面及其结合上考察、分析固定资产再生产的规律性。同时,全书对国民经济综合平衡、技术进步、投资效果和固定资产利用效果同固定资产再生产的关系给予特别的注意,并贯穿在各章节。

本书着重理论探索,但它尽可能以我国社会主义建设的实际资料为背景,在总结三十多年来这方面的经验教训的基础上，阐述和研究我国固定资产再生产运动的各项基本问题，力求为建立合理的经济结构和科学的固定资产管理体制寻找应当遵循的理论依据。

本书探索了固定资产简单再生产与扩大再生产的界限及其衡量的标志，固定资产再生产的各种具体形式及其相互关系，分析了固定资产的补偿、更新和积累、扩大之间的联系及其价值和使用价值之间的平衡关系，研究了技术进步作为固定资产再生产发展的决定因素的作用，探讨了固定资产再生产同社会产品、流动资产和劳动力的再生产之间的相互联系和变化，等等。以上这些是从固定资产作为社会生产的物质条件，作为直接体现科学技术发展的生产力要素这一侧面考察的，在这个意义上，可以说它是研究生产力经济学的一个分支。然而，本书着重研究的是社会主义制度下的固定资产再生产。这种研究，主要是从生产关系的角度进行的，是联系生产力来考察生产关系的，特别是最后几章，专门探索了固定资产的占用制度，折旧基金的提取、使用和管理体制，以及计划平衡工作中必不可少地需要编制国民经济固定资产平衡表的理论和方法论问题。这些都是更多地涉及生产关系、上层建筑如何适应固定资产作为生产力要素的性质和状况，是着重从政治经济学再生产理论角度，也就是从固定资产再生产作为政治经济学再生产理论的一个延伸进行考察的。

本书有的章节论及企业固定资产再生产和管理等方面的问题，但全书则是着重从宏观经济，从国民经济综合平衡角度去考察社会主义固定资产再生产的，对固定资产再生产的内部和外部的一些基本联系从质的规定性和量的规定性作了比较系统的剖析。

从第一章到第六章着重考察的是固定资产再生产的内部联

系，即探索它的各构成部分、价值与使用价值之间的内在联系及其变化趋势，包括固定资产自身的性质、固有特征、构成，它的简单再生产（磨损的局部补偿和整体更新）与扩大再生产（积累和基本建设），以及技术进步与固定资产再生产的关系等。从第七章至第九章则着重考察的是固定资产再生产的外部关系，主要探索它同社会产品、流动资产、劳动力的再生产之间的比例、增长速度的关系。

技术进步不仅对固定资产再生产的内部关系影响很大，而且对它的外部关系也影响很大。所以，除设专章论述外，在很多章节都涉及这一因素。应用科学技术是直接的生产力，现有技术水平的高低，以及技术进步的快慢，同固定资产再生产的发展成正比，决定着社会生产的现状和增长速度。因此，研究劳动资料同科学技术的结合，制定正确的技术政策，乃是一项重要任务。

本书从第十章至第十二章转入讨论固定资产的管理问题，包括体制和计划方法论问题。这几章不仅从理论上，而且着重从现实上探讨了如何通过建立科学的管理体制和管理方法，更充分有效地利用固定资产，揭示了怎样运用经济杠杆和综合平衡法工具去实现固定资产再生产的正常运转，促进整个国民经济协调发展。

无论正确认识和处理固定资产再生产的内部关系和它的外部关系，还是改革固定资产的管理体制和完善计划管理，都是为了提高经济效果，以更好地满足社会和人民需要，这是纵贯全书的中心思想。

笔者于1964年和1979年发表于《经济研究》上的《固定资产再生产与社会产品再生产》和《论固定资产有偿占用制》等文章，这次经过修改补充，有一部分收入了本书有关章节。

本书承蒙刘国光同志的帮助，刘树成同志参与了"动态国民经济固定资产平衡表"的设计，不胜感谢。由于水平有限，错误在所难免，敬希读者批评指正。

作　者

1981 年 6 月 28 日

目 录

第一章　固定资产在国民经济中的地位和作用　1

　　第一节　固定资产的经济性质和特征　1

　　第二节　固定资产的分类及部门构成　7

　　第三节　生产性固定资产是生产力中一项

　　　　　　重要因素　17

第二章　固定资产简单再生产与扩大再生产　22

　　第一节　固定资产简单再生产与扩大

　　　　　　再生产的标志　22

　　第二节　固定资产简单再生产的内容与形式　25

　　第三节　固定资产扩大再生产的内容与形式　29

　　第四节　划分固定资产简单再生产与

　　　　　　扩大再生产的实际意义　32

　　第五节　实现从外延向内涵扩大再生产的

　　　　　　战略转移　34

第三章　固定资产的磨损与补偿　41

第一节　固定资产的有形损耗和无形损耗　41

第二节　固定资产的价值补偿——折旧　49

第三节　固定资产的局部补偿——维修　62

第四章　固定资产的退废与更新　71

第一节　固定资产的寿命全部完结与整体替换　71

第二节　固定资产更新速度取决的因素　77

第三节　正确制定固定资产更新的技术政策　82

第五章　固定资产的积累与基本建设　89

第一节　固定资产扩大再生产的主要形式——基本建设　89

第二节　基本建设投资效果与固定资产再生产　96

第三节　加速动用新生产能力的途径和方法　104

第六章　技术进步与固定资产的再生产　111

第一节　劳动资料同科学技术的结合　111

第二节　技术进步对固定资产再生产的影响　116

第三节　固定资产再生产如何适应技术进步的要求　119

第七章　固定资产再生产与社会产品再生产　126

第一节　固定资产再生产是社会产品再生产的条件　126

第二节　固定资产再生产是社会产品再生产的结果　136

第三节　固定资产规模与制造劳动资料生产规模

之间的关系　*140*

第八章　固定资产再生产与流动资产再生产　*150*

第一节　固定资产与流动资产的不同周转特点　*150*

第二节　固定资产再生产与流动资产再生产的

关系　*154*

第三节　我国固定资产与流动资产比例关系的

概况和问题　*158*

第四节　合理地安排固定资产与流动资产的比例

关系　*168*

第九章　固定资产再生产与劳动力再生产　*175*

第一节　"两种生产"的重要组成部分　*175*

第二节　固定资产再生产与劳动力再生产的

适应关系　*179*

第三节　固定资产再生产与劳动力再生产相互

关系中的一个突出矛盾　*186*

第十章　所用固定资产的管理　*195*

第一节　我国现有固定资产的使用和管理状况　*195*

第二节　建立固定资产有偿占用制　*199*

第三节　充分利用现有固定资产的主要途径　*209*

第四节　所用固定资产效果的考核指标　*213*

第十一章　所费固定资产的管理　*219*

第一节　基本折旧基金的提取　*219*

第二节　基本折旧基金的使用　228

第三节　基本折旧基金的管理体制　232

第十二章　固定资产平衡表　239

第一节　编制国民经济固定资产平衡表的必要性和意义　239

第二节　静态国民经济固定资产平衡表　243

第三节　动态国民经济固定资产平衡表　259

第一章　固定资产在国民经济中的地位和作用

第一节　固定资产的经济性质和特征

固定资产通常是指在社会再生产过程中，能够在较长时期内为生产服务、为人民生活等方面服务的物质资料。这样理解虽然没有错，但还不够。从政治经济学的角度来分析研究，首先应认清固定资产是社会主义的经济范畴，它与资本主义制度下的固定资本有本质区别。最根本的是，两者体现的生产关系不同。

固定资本是资本家占有的剥削雇用工人的工具，作为生产劳动者的对立物，与生产劳动者相分离。

固定资产是全体人民或集体劳动者共同拥有的劳动资料❶，是社会主义再生产与扩大再生产的工具，是提高劳动人民物质、文化生活的条件，不体现剥削与被剥削的经济关系。

马克思指出："不论生产的社会形式如何，劳动者和生产资料始终是生产的因素。但是，二者在彼此分离的情况下只在可能性上是生产因素。凡要进行生产，就必须使它们结合起

---

❶　"劳动资料"也曾被译为"劳动手段"，本书在不同地方为行文方便，两者经常混用。

来。实行这种结合的特殊方式和方法,使社会结构区分为各个不同的经济时期。"❶

在资本主义制度下,自由工人和他的生产资料的分离,是既定的出发点。自由工人在一无所有的情况下,不得不被迫与资本家掌握的生产资料(固定资本是其重要组成部分)结合起来,一同进入生产过程,这就是资本主义的生产过程。

在社会主义制度下,劳动者和生产资料(固定资产是其重要组成部分)直接结合起来,这就为人和物的更好结合创造了比资本主义优越得多的客观条件。我们应当珍视和充分利用这种优越性。

固定资产按其经济用途可分为生产性固定资产和非生产性固定资产。前者包括机器、设备和厂房、建筑物,如机床、高炉、矿井、铁路、桥梁、电站、码头、船舶、汽车、拖拉机、仓库等;后者包括住宅和科学、教育、文化、保健、公用事业及管理机关的建筑与设备,如学校、医院、托儿所、俱乐部、影剧院、图书馆、行政办公楼和其他生活福利设施等。我们所要着重阐述的是生产性固定资产。

就构成生产性固定资产的物质要素来讲,有与固定资本相同的一面,即都是参加生产过程的劳动资料。

劳动资料就是"劳动者置于自己和劳动对象之间、用来把自己的活动传导到劳动对象上去的物或物的综合体。劳动者利用物的机械的、物理的和化学的属性,以便把这些物当作发挥力量的手段,依照自己的目的作用于其他的物"❷。

---

❶ 《马克思恩格斯全集》第24卷,人民出版社1972年版,第44页。

❷ 《马克思恩格斯全集》第23卷,人民出版社1972年版,第203页。

在固定资产和固定资本其物质要素都是由劳动资料构成的这个范围内，马克思关于固定资本的分析，对认识社会主义制度的固定资产也具有直接指导意义；资本主义国家关于劳动资料管理、使用方面的经验，对我们社会主义国家也具有借鉴意义。

劳动资料成为固定资本是有条件的。马克思说，"劳动资料也只有在下面两个条件下才是固定资本：第一，生产过程一般地说是资本主义生产过程，因而生产资料一般地说是资本，具有资本的经济规定性即社会性；第二，劳动资料以一种特殊方式把它们的价值转移到产品中去"❶。

可以说，劳动资料成为固定资产也要有两个条件：第一个条件与劳动资料成为固定资本的条件相反，生产过程是社会主义生产过程，生产资料不是资本而是由劳动人民所拥有的物质条件；第二个条件则与劳动资料成为固定资本的条件相同，即在社会主义阶段仍然存在着商品、货币关系的条件下，也要从使用价值和价值两方面来考察固定资产的周转特点。

在资本主义制度下，由于存在着生产资料私人占有和生产社会化的基本矛盾，固定资本周期的大规模更新，是资本主义历史时期内不断重复的危机周期性的物质基础。在社会主义制度下，固定资产的周转特点虽也会影响生产发展速度，但由于生产资料的公有制，实行计划经济，有可能避免生产大起大落，使经济趋于平衡发展，因此它并不是危机周期性的物质基础，而是不断扩大再生产的物质技术基础。

总起来可以说，社会主义制度下的固定资产和资本主义

---

❶ 《马克思恩格斯全集》第24卷，人民出版社1972年版，第252页。

制度下的固定资本,作为反映生产关系内容的经济范畴,是根本不同的;但作为生产过程中的物质条件和具有特殊周转方式的劳动资料,又是完全相同的。对反映生产关系不同的方面,我们当然要坚决排斥,但对反映生产力相同的方面,要认真借鉴。过去有一种偏见,就是借口固定资本与固定资产反映的生产关系不同,从而对资本主义企业在生产过程中如何合理地、科学地、有效地组织管理劳动资料方面的经验,也一概置之不理,弃之不用。这是一种自我封锁,不利于加速社会主义生产的发展,不利于更快地实现四个现代化。

判断一个物品是不是固定资产,不能从它的自然形态出发,而要根据它的经济内容,根据它在生产过程中所起的作用来确定。不是从自然形态上看可以成为劳动资料的所有物品都属于固定资产。只有当它们参与生产过程,并在生产过程中起着劳动手段的作用,或为保证再生产过程的正常进行而作为储备的劳动手段时,才是固定资产。机器制造厂为了销售而制造出来的机器,不是固定资产,只是劳动产品。从机器制造厂运出的机器,还没有到达生产企业使用,而是存在于商业或物资部门的仓库中,同样不是固定资产,只是库存的产成品。处在装配和安装阶段的机器设备及所有的劳动工具,还没有成为劳动力作用于劳动对象的手段,也不是固定资产,只是劳动对象。在农业生产中也存在类似情况:在同一生产过程中,同一产品可以既充当劳动资料,又能充当原料。例如,在牲畜饲养业中,牲畜既是被加工的原料,又是制造肥料的手段。正如马克思所指出的,"一个使用价值究竟表现为原料、劳动资料还是产品,完全取决于它在劳动过程中所起的特定的作用,取决于它在劳动过程中所处的地位,随着地位的改变,这些规定也

就改变"。❶

总括地讲，生产性固定资产就是工厂、企业等生产单位所拥有的、供长期使用的、在其使用过程中保持原有实物形态的劳动资料。

在我国实际工作中，为避免烦琐和便于管理，财政部门规定："企业的房屋、建筑物、设备、工具、器具、物品等，同时具备以下两个条件的为固定资产：①使用期限在一年以上；②单位价值在二百元（小型企业）或五百元（中型企业）或八百元（大型企业）以上。不同时具备这两个条件的为低值易耗品。"但是，"有些企业的主要生产设备，单位价值虽然低于上述标准，也应当列为固定资产"。而"使用年限较短，容易损坏，更换频繁的物品，以及为生产购置的专用工具、卡具、模具、玻璃器皿等，虽然符合固定资产条件，也可列为低值易耗品"❷。

符合上述条件的物品，因为其实物形态长期地固定在生产过程中，是生产过程中稳定的因素，所以称为固定资产。它的根本特点在于：实物形态上是整体一次性退废与替换，而在价值形态上则是渐次性转移与补偿。

固定资产在一个或长或短的时期内，在不断反复的劳动过程中，总是反复地执行着相同的职能。它一进入生产领域，就不再离开，而在执行职能时，也就是在损耗时，把一部分价值转移到它所生产的产品中去，另一部分则仍旧固定在劳动资料

---

❶ 《马克思恩格斯全集》第23卷，人民出版社1972年版，第207页。

❷ 参见财政部1973年5月15日财企字第41号《国营工业交通企业若干费用开支办法》。

中，即仍旧固定在生产过程中。转移的价值不断增多，固定的价值不断减少，一直到劳动资料不能再用。

固定资产不是在它的使用形式上进行流通，只是在它的价值形式上进行流通。这种流通是按照它的磨损程度，逐步地、一部分一部分进行的。马克思说，劳动资料"只有保持原来的形态，并且明天以同昨天一样的形式进入劳动过程，才能在劳动过程中发挥作用。它们在生前，在劳动过程中，与产品相对保持着独立的形态，它们在死后也是这样。机器、工具、厂房等的尸骸同在它们帮助下形成的产品仍旧是分开的。如果我们考察某个这类的劳动资料从进入工作场所那天起到被扔进废品库那天止发挥作用的整个时期，就会看到，在这个时期中，它的使用价值已经完全被劳动消耗了，因此它的交换价值也完全转移到产品上去了"❶。

在固定资产发生职能作用的全时期内，它的使用价值和价值运动，从某些角度来看，有一致的地方：价值的转移与使用价值的磨损是相适应的，使用价值磨损的多，转移价值的数量也就多，到最后实物形态完全报废的时候，全部的使用价值和价值运动也就一起停止了。但总的来说，两者是不一致的：从实物形态上看，在它全部发挥职能作用期间，是不流通的，形式上是基本不变的（某一局部的结构改造，也可能引起某些变化，但就整体来讲，则是不变的），整体的补偿只能在寿命终结时一次进行；而从价值形态上看，则是不断流通的，是逐渐转移到它所制造的各种产品上去的，补偿是多次进行的，因而在实物形态上和价值形态上的运动在全部发挥职能作用期间的

---

❶ 《马克思恩格斯全集》第23卷，人民出版社1972年版，第229页。

各个具体阶段是不一致的——在价值补偿的时候，并不需要实物补偿。这一点是与流动资金周转显著不同的地方。

由于固定资产具有这种特征，决定了固定资产实物形态上的简单再生产与扩大再生产，同价值形态上的简单再生产与扩大再生产，不可能完全一致，它们在实物形态上和价值形态上的更新、补偿具有特殊的规律性。这是有计划按比例地安排固定资产和社会产品之间、劳动资料与劳动对象之间协调再生产的基本依据，也是对固定资产在实物形态上和价值形态上进行科学管理的基本依据。

第二节　固定资产的分类及部门构成

了解固定资产的分类及其构成，对掌握各类固定资产在各时期、各部门的发展趋势，预见何种固定资产应大力发展，何种固定资产应尽力控制，各类固定资产之间又当保持怎样的客观比例关系，都有重要意义。

谈到固定资产分类，首先要区分生产性的和非生产性的两大类。

生产性固定资产是为维持原有生产规模或扩大生产规模创造物质条件，非生产性固定资产大部分与人民的物质、文化生活直接相关。正确安排这一比例，处理好"骨头"和"肉"的关系，是涉及生产和消费、扩大生产和改善人民生活的大问题。

根据我国和有的国家的情况来看，生产性固定资产在全部固定资产总额中所占比重，在经济发展的不同阶段是不一样的，总的来讲有不断提高的趋势。我国在第一个五年计划期间，就新增固定资产部分，生产性的比重由57％增加到75％，

1958年达到86%。在全部固定资产中,生产性固定资产所占比重"一五"时期为69.6%,"二五"时期为85.3%,1979年为74.6%,非生产性固定资产所占比重相应为30.4%、14.7%和25.4%。这种比例的形成,主要取决于基本建设投资中生产性建设与非生产性建设所占比重的变化。生产性建设与非生产性建设投资所占比重虽然不能完全等同于生产性固定资产与非生产性固定资产所占比重(因有一小部分投资并不形成固定资产,且当年投资不一定当年形成固定资产),但两者总的趋势是一致的,前者可以大体反映后者。因此,我们用生产性和非生产性建设投资比重的变化情况(见表1)来说明生产性和非生产性固定资产比重变化情况。

表1 生产性和非生产性固定资产比重变化情况

时期	生产性投资所占比重(%)	非生产性投资所占比重(%)
"一五"	71.7	28.3
"二五"	86.8	13.2
1963—1965年	83.0	17.0
"三五"	89.4	10.6
"四五"	86.6	13.4
"五五"	77.1	22.9

从表1中数字可以看出,生产性建设比重从"一五"时期到"三五"时期由71.7%增加到89.4%,提高的幅度很大,其中包含有不正常因素。从1958年起,我们对非生产性建设就开始轻视甚至忽略了,以致出现生产性建设投资所占比重增加过快,非生产性建设投资比重增加过慢,造成两者严重失调的状况。由于客观比例关系的强烈制约,迫使"四五"和"五五"

时期不得不降低生产性建设投资比重。这种变化情况大致反映了生产性固定资产与非生产性固定资产构成的变化情况。

生产性固定资产所占比重增大，是它的增长速度快于非生产性固定资产增长速度的结果。一般地讲，生产性固定资产的增加应当快于非生产性固定资产的增加，因为两者相比，前者在生产发展过程中起着主要的、决定的作用，只有生产性固定资产得到更快的增长，才能为非生产性固定资产的更快增长提供物质前提。但是，非生产性固定资产往往直接体现着社会主义生产目的，并且没有这些也很难保证生产正常和迅速发展。从这个意义上来讲，非生产性固定资产是再生产的必要条件。如学校、医院的建设对生产发展的影响就很明显。因此，生产性固定资产的增长不能过快地超越非生产性固定资产的增长。如果生产性固定资产增长过快，非生产性固定资产增长过慢，以致造成欠债太多，那么，在一定时期使非生产性固定资产的增长速度快于生产性固定资产的增长速度则成为一种客观必要了。例如，我国对住宅建设长期忽视，占投资总额比重很小，最高时 1952 年为 10.3%，1957 年为 9.3%，最低时 1970 年只有 2.6%（工业发达国家一般在 20% 左右），从 1952 年到 1976 年生产性建设投资额由 29.14 亿元增加到 305.81 亿元，大约增加 9.5 倍，平均每年增长 10.3%，而住宅建设投资额由 4.48 亿元增加到 21.81 亿元，还不到 4 倍，平均每年增长 6.8%。结果每人平均住宅面积不但没有增多反而减少。城镇居民人均住宅面积 1952 年为 4.5 平方米，1977 年仅 3.6 平方米，这种情况显然是不正常的。粉碎"四人帮"以后，党和人民政府很重视住宅建设，这项投资在投资总额中的比重逐步提高，1978 年为 7.8%，1979 年为 14.8%，1980 年为 20%。到 1979 年年底，城镇和工矿区住宅建设竣工面积达 6256 万平方米，比 1978 年增加66％，规模之大、速度之快是空前的。而1980年住宅竣工面积更高达8230万平方米，又比1979年增加31％以上。在生产性建设投资额1978年、1979年、1980年连续三年有所下降的情况下，住宅建设投资则分别增长49％、96％、46％以上，这就从一个重要侧面说明了这样的道理：如果生产性固定资产在某一时期增长过快，那么到一定的时候，客观上将迫使它延缓发展，而以更快的速度增加非生产性固定资产。

对生产性固定资产可从两方面进行分类，一是按用途，二是按部门。

按用途概括地分为：①机械性的劳动资料。如各种机器设备、各种生产用具、各种运输工具、各种专用器械等，"其总和可称为生产的骨骼系统和筋肉系统"❶。②作为劳动对象的劳动资料。如导管、桶、篮、瓶、罐等容器，"其总和一般可称为生产的脉管系统"❷。③作为劳动过程能够进行的必要的物质条件的劳动资料。如土地、工厂建筑物、运河、道路等，"它们不直接加入劳动过程，但是没有它们，劳动过程就不能进行，或者只能不完全地进行"❸。

在生产性固定资产中，最积极的部分是机器设备。斯大林曾说，"马克思主义认为，和其他一切生产资料来比，生产工具是具有决定作用的"❹。房屋、建筑物虽说是生产过程必不

---

❶ 斯大林：《马克思恩格斯全集》第23卷，人民出版社1972年版，第204页。

❷ 斯大林：《马克思恩格斯全集》第23卷，人民出版社1972年版，第204页。

❸ 斯大林：《马克思恩格斯全集》第23卷，人民出版社1972年版，第205页。

❹ 斯大林：《苏联社会主义经济问题》，人民出版社1952年版，第49页。

可缺少的物质条件，但对生产力提高的影响却不像机器设备那样直接和明显。后者在生产过程中起着最积极的作用。

在我国固定资产中，房屋、建筑物和机器、设备各占多大比重，我们借助基本建设投资构成的材料（见表2）可大致了解一下概貌。

这种投资构成比例及其变化，在很大程度上决定和反映了全部固定资产中机器、设备和房屋、建筑物所占比重的情况。粗略地说，在生产性固定资产中，积极部分（机器设备）所占比重大体在1/3以上；非积极部分（厂房建筑物）所占比重大体在1/2以上。当然，各个部门的情况又很不一样。我国1978年会计决算统计，工业企业的固定资产总额中，机器设备部分占63%，房屋建筑物部分占37%。❶ 工业内部各行业也不相同，石油、煤炭、水电等部门建筑物在全部固定资产中所占比重较大（在50%以上），而一般工业部门则是房屋及机器设备所占比重较大。从我国工业企业机器设备所占比重来看，比苏联高。苏联1950—1954年，煤炭、石油、某些轻工业、食品工业企业固定资产中，厂房建筑物所占比重由52.1%增加到57.1%，机器设备所占比重则由37.4%降至36.1%。1955年年底，所有动力和生产设备仅占苏联国营工业全部固定资产价值的34%。1970年年初，在整个工业中，机器设备在固定基金中所占比重为33.5%，而其他一些工业发达的国家可高达50%或更多。

---

❶ 柳标、田椿生：《关于我国固定资产折旧的几个问题》，《经济研究》1980年第9期。

表2 基本建设投资构成

时期	占基本建设投资总额比重（%）		
	建筑安装工程投资	设备、工具、器具购置投资	其他投资
"一五"	62.3	30.4	7.3
"二五"	57.3	37.2	5.5
1963—1965年	63.1	30.1	6.8
"三五"	56.7	33.1	10.2
"四五"	57.4	35.8	6.8
"五五"	62.2	30.7	7.1

要提高积极部分在固定资产中的比重，就应当在进行生产性基本建设中努力降低纯建筑（房屋、建筑工程）的比重，提高机器设备的比重。这不仅因为机器设备是固定资产中的积极部分，而且还因为它能加速建筑业的资金周转（用来建设厂房、建筑物的那些资金周转时间比机器设备折旧时间要长得多），所以，有的国家建设的一些石油加工厂、火电站及许多现代化化学企业就没有专门厂房。

从基本建设投资的构成来看，设备、工具、机具所占比重美国高于苏联。按1965—1969年平均计算，苏联为33%（生产部门为43%），美国为38%（生产部门为54%）；相应地，建筑安装工程所占比重苏联为67%（生产部门为57%），美国为62%（生产部门为46%）。主要原因是美国用于现有企业的改造、扩建和技术设备革新方面的投资在全部基建投资中的比重（1968年达80%以上）高于苏联（仅为59%）。而我国按表2数字计算（"其他投资"除外），1950—1978年，设备、工具、器具在投资中所占比重平均为37%，高于苏联低于美国，建筑安装工程在投资中所占比重为63%，低于苏联高于美国。今后如何进一步降低纯建筑比重，仍是一个重要问题。

在生产性固定资产的积极部分中，还可以进一步分析它们的结构状况及变化趋势。例如，从是否直接作用于劳动对象的角度，可以分为生产设备、动力设备、传导设备等；从是否处于生产第一线的角度，也可以分为前方设备和后方设备（维修设备）等。对于生产社会产品来说，它们所起的作用各不相同，但都是必要的，而且相互间一般要保持一定比例才能保证社会再生产的顺利进行。至于它们在全部机器设备中所占比重情况，在科学技术进步的不同阶段，在不同的物质生产部门是不一样的。我国1979年的情况是：维修用机床占32.3%（美国只占12.5%），就是说，有1/3机床在制造上派不了用场。这种状况应尽量加以改变。

生产性固定资产按部门可分为：农业用固定资产，工业用固定资产，建筑业用固定资产，运输业和邮电业用固定资产，商业系统用固定资产等。

生产性固定资产的部门构成，是决定和影响全部社会再生产结构、比例以及社会产品构成的物质条件。

各物质生产部门所拥有的固定资产，无论在总量上、质量上还是物质构成上都有很大差别。

从我国劳动者固定基金装备程度来看，工业高些，农业低些；工业内部重工业高些，轻工业低些。每个劳动力平均固定资产装备：工业约一万元人民币，农业约三百元人民币；工业中重工业约一万二千元，轻工业约六千二百元。一些发达国家农业劳动者的技术装备程度则高于工业一半以至一倍。如美国一个农业工人装备为九万美元，一个工业工人装备为五万五千美元，一个制造业工人装备为四万六千美元。

从我国各部门拥有的固定资产绝对量来看，工业是最多的，所占比重大，且不断提高，是增长最快的一个部门。请看两个材料：

一是在生产性固定资产中，工业所拥有的数量占全部总量的比重（％）（表3）：

表3　生产性固定资产中工业固定资产所占比重

时期	工业固定资产占全部固定资产比重（％）
"一五"	43.6
"二五"	60.9
1963—1965年	52.9
1975—1978年	54~59

二是国营企业年末固定资产原值构成和变化情况（表4）：

从上述资料中可以看出，工业固定资产比重除"一五"时期之外都超过一半以上，由1952年的44.6％提高到1978年的68.8％，而在1970年时曾经到达69.5％，增加的幅度是很大的。相比之下，交通运输邮电部门拥有的固定资产所占比重则明显下降，由1952年的47.9％降到1978年的18.4％，减少的幅度也是很大的。这使交通运输业成了国民经济的薄弱环节。还需着重指出的是，农业固定资产所占比重还是太小了，虽然这只是反映国营企业的情况，但从全国范围考察，农业技术装备水平也是很低的。到1978年为止，机耕面积只占全部耕地面积的41％，机播面积占20％左右，机割面积仅占10％左右。按每亩耕地面积均摊的固定资产数量来看，我国为50多元，联邦德国和日本则分别为653元和520元，我国与工业发达国家相距甚远。这种情况必须逐渐改变。

表 4 国营企业年末固定资产原值构成和变化情况

年份	工业 所占比重(%)	工业 发展速度(以1952年为100)	农牧业 所占比重(%)	农牧业 发展速度(以1952年为100)	建筑业 所占比重(%)	建筑业 发展速度(以1952年为100)	交通运输邮电 所占比重(%)	交通运输邮电 发展速度(以1952年为100)	商业粮食外贸 所占比重(%)	商业粮食外贸 发展速度(以1952年为100)	城市公用事业 所占比重(%)	城市公用事业 发展速度(以1952年为100)
1952	44.6	100	—	—	0.7	100	47.9	100	4.8	100	2.0	100
1957	52.4	399	—	—	4.1	1206	34.9	159	6.5	295	2.1	216
1962	65.0	733	—	—	2.5	1689	24.7	260	6.1	641	1.7	408
1965	67.1	905	—	—	1.6	1272	23.4	293	6.2	792	1.7	492
1970	69.5	1276	2.8	—	1.3	1439	22.3	380	5.4	932	1.5	596
1975	68.6	2159	—	—	1.4	2639	19.9	583	6.2	1823	1.1	767
1978	68.8	2837	2.9	—	1.6	3911	18.4	706	7.2	2746	1.1	979
1980	66.8	3232	3.2	—	2.6	7578	18.2	819	7.9	3563	1.3	1331

第一章 固定资产在国民经济中的地位和作用

在各部门中，不断用现代化的生产工具来代替原始落后的生产工具，乃是在工业化过程中，随着科学技术进步而出现的一种必然趋势。各部门的固定资产构成变化，有这么几个方面：①机器代替手工工具；②简化、轻巧的机器设备代替烦琐、笨重的机器设备；③效能高的机器设备代替效能低的机器设备；④专用的机器设备代替很大一部分的通用的机器设备。总的趋向是：机械设备不断向大型、成套、高效、高精尖发展，单机系统及整个工厂的自动化水平越来越高。

固定资产的部门构成和内部结构的变化，主要取决于：

科学技术发展的需要和结果。科学技术的发展，要求为它提供数量更多、质量更高的科学实验设备、测量仪器等。在新的发明和重大的技术突破之后，一种新的机器设备效能往往高于旧的机器设备好多倍，这样以新换旧，就会使构成发生变化。以作为机械化基础的动力为例，人类利用动力的次序，首先是畜力，畜力是人类最早利用的原动力；其次是水力、风力；再次是蒸汽机和内燃机；最后是电力、核能。当年显赫一时的蒸汽机已成陈迹，内燃机、电气化的动力时代已经开始。美国在1870年畜力占动力的51%，1975年只占两万分之一了。

工农业和交通运输业发展的需要和结果。农业实现机械化，现代工具就要逐渐代替手工工具。生产的机械化和自动化，要求必须大量生产各种仪表、仪器等，生产的专业化要求有大量的专用设备代替通用设备。工业、运输业的发展，新生产部门、新行业的兴起，环境污染、安全保护等问题越来越突出，这就要求制造相应的机器设备和设施。伴随工农业生产的发展，提高了产品质量，增加了新的品种，促使固定资产加速更新，这也会使固定资产构成发生变化。

人民物质文化生活水平提高的需要和结果。这不单是表现在生产性与非生产性固定资产的比例上,而且表现在生产性固定资产内部构成,直接与间接地为人民生活服务的固定资产的变化上。如电视机要普及,为生产电视机的相应生产工具、设备等就要增加,而且在普及了电视之后,一套修理服务的生产设备也要随之增加,等等。

因此,要预测并且随着科学技术的发展,工农业、交通运输业的发展以及人民生活水平的提高,来考虑安排与及时调整固定资产在各部门之间的比例关系及固定资产各成分之间的比例关系。

第三节 生产性固定资产是生产力中一项重要因素

根据马克思主义的历史唯物主义的基本观点,区别一个经济时代,不是看它生产什么,而是看它怎样生产,用什么劳动资料生产。如旧石器时代、新石器时代、青铜器时代,铁器时代等这些不同的经济时代,都是以生产工具的巨大变革来区分的。"现代工具制约着资本主义社会","蒙昧人的工具也制约着他们的社会"。❶ 生产工具的每一次大变革,都大大推动了社会的前进。马克思说过,手推磨产生的是封建主为首的社会,蒸汽磨产生的是工业资本家为首的社会。"劳动资料不仅是人类劳动力发展的测量器,而且是劳动借以进行的社会关系的指示器。"❷

---

❶ 恩格斯:《恩格斯致卡尔·考茨基》,《马克思恩格斯〈资本论〉书信集》,人民出版社1976年版,第438页。

❷ 《马克思恩格斯全集》第23卷,人民出版社1972年版,第204页。

人类社会发展的历史，从根本上说，是人们从事生产活动的历史。而"生产的变更和发展始终是从生产力的变更和发展上，首先是从生产工具的变更和发展上开始"❶。生产工具的发展是生产力增长的最本原和最活动的方面。

也许有人会问：如此强调生产工具在生产力发展中的作用，又怎样解释马克思所讲的劳动者是主要的生产力这一论点呢？我们说，这两者并不矛盾。

劳动者和生产工具都是生产力的基本因素。马克思讲劳动者是主要的生产力，应当主要从生产工具是由劳动者创造和使用的这个意义上来理解，换言之，劳动者这个主要生产力，主要是通过对生产工具的创造、革新和有效利用表现出来。生产工具则是生产力达到何等水平的最重要的物质标志和衡量标准。

生产资料本身如不同劳动力结合，只不过是一堆死东西。在既定的生产工具、劳动对象等物质条件下，劳动者可以能动地创造出许多奇迹。但是，劳动者创造、使用生产工具，是在前人积累起来的生产力，包括已有的生产工具的基础上进行的。"人们不能自由地选择自己的生产力——这是他们的全部历史的基础，因为任何生产力都是一种既得的力量，以往的活动的产物。所以生产力是人们的实践能力的结果，但是这种能力本身决定于人们所处的条件，决定于先前已经获得的生产力，决定于在他们以前已经存在、不是由他们创立而是由前一代人创立的社会形式"，"后来的每一代人所得到的生产力都

---

❶ 斯大林：《列宁主义问题》，人民出版社1964年版，第725页。

是前一代人已经取得而被他们当作原料来为新生产服务"。❶我们所以引证马克思这一长段话，主要是想说明，他虽然指出劳动者是主要的生产力，生产力是人们实践能力的结果，但是这要由人们所处的物质条件来决定，其中包括要由作为人类劳动力发展测量器的劳动资料（主要是生产工具）所决定。

根据马克思的有关论述，我们对劳动者和生产工具的关系，应有个全面理解。在生产过程中，劳动者的生产经验以及制作和改变生产工具的能力逐渐地积累和改善，这就会大大推动生产力的发展。但是，第一，人的这种生产经验和技能，决定于既定的生产工具。如果已有的生产工具水平普遍提高，那就很难设想广大劳动者会具有更丰富的经验和更高的技能；反之，如果先进生产工具得以大量采用和推广，那就会促使广大劳动者取得更丰富的经验和更高的技能。第二，这种日益发展的生产经验除了改进劳动组织、完善工艺过程之外，主要体现为劳动资料的改善。已经获得的劳动经验，在很多方面会凝结和反映在新的更完善的生产工具上。当更新生产工具时，生产者实际的劳动经验，便物化在生产工具上面。

马克思指出，劳动资料是人类活动的产物，是人类的手所创造的人类头脑的器官，是物化的智力。劳动资料的发展表明，一般的社会知识、学问，已经在多大程度上变成了直接的生产力。

这就是说，离开生产工具的作用，来抽象地、片面地强调劳动者是主要的生产力，并不符合马克思的原意，也不符合实际情况。劳动者是否发挥了主要生产力的作用，主要表现在制

---

❶ 《马克思恩格斯选集》第4卷，人民出版社1972年版，第321页。

第一章　固定资产在国民经济中的地位和作用

造、改革、运用生产工具，作用于劳动对象获得的成果如何。只有通过生产工具的显著变革，才能推动生产力和社会的发展，舍此，谈论劳动者是主要生产力不过是空洞的、无内容的和不可捉摸的。

同时，随着生产工具的发展，使用这些工具来从事生产活动的人也发展着，他们的生产经验以及劳动技能等也改善着。由于日益复杂的高效率的机器不断地被生产出来，就决定了劳动者的科学技术和文化水平提高的必要性，决定了新的专业和工种的出现，促使劳动者学习积累新的劳动技能和经验。

正是由于劳动者和生产工具如此相互影响而变得日益完善，所以才推动生产力不间断地向前发展。林彪、"四人帮"把人（劳动者）和物（生产工具）截然分开并对立起来，有谁强调生产工具在生产力发展中的作用，就大骂是修正主义，是见物不见人，这完全暴露了他们根本背叛了马克思主义的历史唯物主义。

历史上凡是经济落后国家赶上并超过先进国家，无一不是在生产工具的革新、创造上发生质的飞跃而实现的。

旧中国贫穷落后，固然与社会经济制度不先进分不开，但从根本上说是生产力水平低。而生产力水平低的表现及其内在根源，主要在于工业固定资产的装备程度低下。解放以前，花了一百多年的时间，积累起来的工业固定资产总值不过一百多亿元，所用的机器设备大都陈旧、落后。

中华人民共和国成立后，我们提出要赶超世界工业先进的国家，从根本上说，就是要高速度发展生产力。而做到这一点的标志和条件，主要就在于用先进技术装备国民经济各个部门。

从 1979 年起，全党工作的着重点转移到了社会主义现代化建设上来，要集中全力加快实现四个现代化，关键也仍然在于大力采用先进科学技术，以大量性能好、效率高的机器设备武装整个国民经济。有句俗话说："工欲善其事，必先利其器。"如果把这里的"事"看成我们的社会主义现代化事业，把这里的"器"看成生产工具，那么，对于我们理解生产性固定资产，特别是其中积极的部分——机器设备在生产力发展中的巨大作用，是很有帮助的。

当然，在强调生产工具的巨大作用时，我们也不能见物不见人。如果只有先进的生产工具，而没有掌握先进操作技术的劳动者，先进工具也不能起到先进作用。因此，还必须重视培养训练技术工人和干部，不断提高他们的技术和熟练程度。这对我国来说，是一件带有深远战略意义的事情。

在我们认识了生产设备在生产力发展中的巨大作用之后，就应当千方百计地在变革生产工具上面下功夫，要从外国引进必要的先进技术，更重要的要立足于我国实践，积极地、广泛地发展技术革新和技术革命。

第二章　固定资产简单再生产与扩大再生产

第一节　固定资产简单再生产与扩大再生产的标志

固定资产在国民经济中的地位和作用，决定了固定资产再生产成为社会再生产的一个重要组成部分。固定资产再生产表现为不断地被生产和不断地被消费的过程，也就是不断地消耗、补偿、替换和不断地积累、扩大的反复和连续的过程。这样的过程包含着它的简单再生产和扩大再生产。

马克思把社会生产划分为简单再生产和扩大再生产，是以社会再生产中生产规模的变化状况为依据的。他曾经指出，"再生产能够按不变的规模进行"❶，就是简单再生产。这是对社会再生产总体而言，但也适用于社会再生产的重要组成部分——固定资产的再生产。根据马克思再生产原理，固定资产按照不变的规模来进行，就是固定资产的简单再生产，而按照它的扩大了的规模来进行，就是固定资产的扩大再生产。

但是，究竟怎么来衡量固定资产再生产的规模，也就是

---

❶　《马克思恩格斯全集》第24卷，人民出版社1972年版，第567页。

说固定资产简单再生产和扩大再生产的界限应从什么标志来区分，人们在认识上还不一致。

有一种意见认为，在社会主义条件下，固定资产简单再生产和扩大再生产的界限，应当从原有固定资产的资金价值量来看，而不应当从劳动资料的使用价值量或实物量来看。这是以孙冶方同志为代表的一种意见❶。持这种观点的同志认为，所谓简单再生产，就是固定资金每经过一次循环，仅仅按照原有的价值量得到补偿；所谓扩大再生产就是资金每经过一次循环，不仅原有的价值量得到了补偿，而且增加了资金的价值量。

另一种意见认为，在资本主义社会，简单再生产和扩大再生产的界限，以及扩大再生产的程度，的确是以资本的价值量来衡量的，这是因为资本主义生产的目的，是资本价值的增值。资本家的垫支资本每经过一次周转，是否得到了补偿和扩大，并不依资本所体现的实际生产规模来判断，而要从垫支资本价值量的变化来判断。在社会主义社会，社会生产的目的根本不同于资本主义，社会主义生产不是为了资金价值的增值，而是为了创造更多的物质产品以满足日益增长的社会需要。在这种情况下，简单再生产和扩大再生产的界限，以及扩大再生产的程度，就不能着重从价值量上来看，而应着重从使用价值量和体现使用价值量的实物量来看。假定按不变价格计算的社会产品实物量增长了，并假定这个增长完全是由劳动生产率自身提高而获得的，投入生产的劳动量没有增加，甚至可

---

❶ 孙冶方同志早在20世纪60年代初期就提出了这种主张，以后在《红旗》杂志1979年第6期发表的《从必须改革"复制古董、冻结技术进步"的设备管理制度谈起》，又谈到这种观点。

能减少，亦即从价值量上看，社会产品不是增加，而是不变或变少了。但从实现社会生产的目的这个意义来说，这是扩大再生产，而不是简单再生产。同样，在社会主义制度下，固定资产简单再生产与扩大再生产的界限，也不能从原有资金价值量上看，而应当从固定资产的使用价值即生产能力来看，这种使用价值，是由固定资产的实物要素即劳动资料的数量和技术质量来决定的，不论是从社会范围还是从企业范围来说，固定资产每经过一次周转，是否得到补偿和扩大，只能依它的原有生产能力是否得到维持和扩大来判断，而不能依照资金价值量的变化来判断。假定按不变价格计算的固定资产生产能力，因劳动资料的实物数量增加和技术质量提高而有了扩大，这时虽然固定资产的资金价值量是没有增加，甚至会因社会劳动生产率提高而发生贬值，有所减少，但从满足社会生产需要的角度来看，社会拥有的固定资产的实物规模，不但没有缩小，反而比以前更大了。坚持这种观点的同志由此得出结论，判断固定资产简单再生产和扩大再生产的界限是使用价值量，而不是价值量。

反对以使用价值作为划分简单再生产和扩大再生产的界限的同志认为，使用价值不能直接地相比较、加总和进行综合的动态观察，而采用价值量比较可行。主张以使用价值为区分标志的同志则认为，使用价值的相互比较和加总，可以间接地借助于统一的、可比的抽象劳动或者价值指标来表现；而使用价值在时间上的动态变化，则只能借助于统一的可比的、某一个时点的不变价值（它的货币表现为不变价格）来计量。但是，按不变价格计算的固定资产总额，只能用来一般地反映它的实物量的动态，而不能用来准确地表现它的生产能力的动态。

我们倾向于这样的看法：以使用价值作为判断再生产规模变化的尺度，并不意味着忽视考察社会垫支的物化劳动的经济效果的意义，也没有否定社会主义制度商品二重性，即具有使用价值和价值，更没有否定要利用价值指标去考核企业的法定基金。但是需要明确的是，对社会主义来说，重要的是同生产能力相比较的固定资产价值量，而不是价值量本身。固定资产的生产能力超过它的价值量的增长，表明社会垫支在固定资产上面的物化劳动效果的提高，扩大再生产的速度可以加快，基于这种联系来考察固定资产价值量的动态，是有重要意义的。

第二节　固定资产简单再生产的内容与形式

在再生产过程中，固定资产在发挥机能期间，逐渐被磨损和消耗，到了它的寿命完结，不能使用而退废的时候，就不仅需要价值补偿，而且需要实物替换，从而必须有相应的劳动资料被生产和再生产出来。同时，固定资产规模也需要积累和扩大。

为了固定资产再生产的顺利进行，并不断地扩大其生产，社会主义社会必须首先保证有计划地组织各种形式的固定资产再生产，即对原有劳动资料进行局部的和完全的补偿和更新，以及对固定资产进行积累和扩大。

在实际经济工作中，实物形态的固定资产再生产，通常通过维修、更新、技术改造、改建、扩建和新建等形式实现。在这些形式中，哪些属于固定资产简单再生产，哪些属于扩大再生产呢？

有的同志认为，新建、改建和恢复（更新）是扩大再生产的形式，而维修是简单再生产的形式。❶ 其实，在上述固定资产再生产的各种形式中，每一种形式一般都具有二重性：既包含着简单再生产要素，也包含着扩大再生产的要素，两者往往交织在一起。

下面先来考察固定资产简单再生产的主要形式。

固定资产在再生产过程中不断被磨损，但各个组成部分和要素，磨损程度不一，即使规定它可以服务 10 年，在这个期间它的每个组成部分和要素的服务期也参差不齐，有的可以长些，有的可以短些。出现这种现象，一是由于固定资产各个组成部分和要素，用以制造它的材料耐久程度不一；二是由于固定资产各个组成部分和要素，以致同类固定资产各个组成部分和要素，在再生产过程中发挥的作用不同。

生产部门对于固定资产损坏的部分和要素，需要采取必要的修复措施，以便使整个固定资产能够维持它的实物形态，保持它在生产过程中能够继续执行职能，不丧失它本来的工作能力（如效率、速度、准确性等），这就必须进行维修。

维修从经济内容来看，又可划分为经常维修和大修理。

经常维修，包括日常保养、小修和中修，主要是保证固定资产的正常工作条件，明显地是属于固定资产简单再生产的一种形式。

大修理往往是与机器设备的现代化措施相结合。因此大修理在经常保养和经常维修的基础上定期进行，虽然其主要职能是恢复性质，实现固定资产自然形态的局部补偿和局部更新，基本上属于简单再生产，但是由于技术进步，大修理往往同现

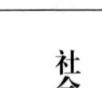

---

❶ 吕克白：《对于基本建设中几个问题的认识》，《学习》1953年第6期，第14页。

代化、革新改造相结合，也会提高其生产能力，从而也就包含着固定资产扩大再生产因素。

此外，维修工作还有一种应急修理，即并非由于固定资产在生产过程中发挥机能的不同组成部分和要素的不同磨损期限所引起，而是由于生产过程外部环境的影响或偶然性质所引起，比如意外事故，以及火灾、水灾、风灾、地震等自然灾害对固定资产的严重损害。这属于零部件的非正常规律磨损，需要进行紧急修理，以便恢复固定资产的正常工作状态，是简单再生产的一种特殊形式，不是主要形式。

更新是对已积累起来的固定资产进行替换、是固定资产简单再生产的最主要的形式。相对于仍然继续使用的原有劳动资料进行局部补偿（或局部更新）的大修理来说，这里讲的更新是完全补偿、整体更新那些原有的已经陈旧退废的劳动资料。

引起更新的原因：一方面是由于劳动资料的物理磨损使它们有一定的寿命；另一方面是由于技术进步，出现了效能更高的机器设备，使用同类的旧机器设备在经济上已不合算，需要提前报废。两者都要求更新。

更新有两种：一种是在陈旧技术基础上的更新，即用同样类型和同样技术水平的机器设备更换旧的技术设备，在实物形态上实现固定资产原有规模的再生产，使固定资产年轻化；另一种是在新技术基础上的更新，即用新式型号和效率更高的机器设备更替旧的技术设备，实现固定资产内涵的扩大再生产，不仅使固定资产年轻化，且促进技术现代化。

有些固定资产，是通过局部更新渐次地达到整体完全更新的，如铁道的枕木和铁轨、电杆，等等。即"固定资本有一部分是由同种组成部分构成的，但这种组成部分耐用时间不一样,因而要在不同期间一部分一部分地更新"❶。在另一种场合下,如活的劳动资料,牛、马等役畜,它的"平均寿命是由自然规律决定的,这段时间一过,损耗掉的头数就必须用新的来替换。一匹马不能一部分一部分地替换,只能用另一匹马来替换"❷。上述这类由同种组成部分所构成的固定资产,以及像役畜这类活的整体固定资产,它们以新的产品来替换,不属于大修理。而由复杂成分所构成的固定资产,则需要进行大修理。这是更新与大修理的区别。

更新和大修理,虽然按其性质来说,都是为了维持原有固定资产生产能力,但是,不能把它们理解为纯然是"原打原",即所谓"四原"(原基础、原规模、原结构、原用途)的补偿换新,实际上,即使是由于物理上的磨损所引起的补偿更新,"原打原"的补偿也是少有的。❸马克思曾经指出:"劳动资料大部分都因为产业进步而不断革新。因此,它们不是以原来的形式,而是以革新的形式进行补偿。"❹

这就是说,大修理和更新在多数场合,是与技术改造相结合的,因而往往也包含着固定资产扩大再生产的要素。

---

❶ 《马克思恩格斯全集》第24卷,人民出版社1972年版,第191页。

❷ 《马克思恩格斯全集》第24卷,人民出版社1972年版,第191页。

❸ 苏星:《关于固定资产更新问题》,《新建设》1964年第1期。

❹ 《马克思恩格斯全集》第24卷,人民出版社1972年版,第190—191页。

第三节　固定资产扩大再生产的内容与形式

在固定资产再生产过程中，技术改造、改建、扩建和新建，更多的是与扩大再生产的要素相联系，因而属于固定资产的积累和增加，也就是属于固定资产扩大再生产的主要内容和形式。

技术改造、改建和扩建等形式，它们同原有劳动资料的补偿、完善、提高和扩大有密切联系，是对已经积累起来的固定资产实行改进和扩大，以增加它们的生产能力，因而既包含固定资产简单再生产要素，也包含固定资产扩大再生产要素，但后者是主要的。

技术改造这种形式，是针对原来已经在生产过程中发挥机能的劳动资料来说的，它既包含着原有劳动资料的某些技术陈旧过时的部件、零件的替换，也包含新的部件、零件的增添；它既保存了原有劳动资料的使用价值，又增进了它的使用效能，也就是在新的技术基础上进行了技术改造。所以，技术改造既有简单再生产的要素，又有扩大再生产的要素。

改建和扩建在大大地增加原有生产能力时，是属于固定资产扩大再生产的形式；在个别场合，可能只是维持原有生产能力，如迁移生产地点，就只限于生产场所的改建等。

新建一般是增加新的生产能力，是固定资产扩大再生产的最主要形式；但有些场合，也可能仅仅抵偿原有生产能力，比如一个矿井的资源开采完毕，另建一个同样规模的新矿井，从新建矿井的企业看是增加了生产能力，但从社会看，只是补偿原有矿井的生产能力，属于简单再生产的范畴。总之，技术改造、改建、扩建和新建是属于固定资产扩大再生产的形式，但在有些场合也属于简单再生产的形式。

改建、扩建和新建等形式，在实际经济活动中，是通过基本建设来实现的。技术改造，有的场合也通过基本建设来实现。因而，基本建设是固定资产扩大再生产的主要形式。但是，在经济理论工作者和实际工作者中，对基本建设这一经济范畴，存在着不同的看法。

第一种看法认为，基本建设就是固定资产扩大再生产。

第二种看法认为，基本建设是固定资产的再生产。相类似的意见，则具体化为：基本建设就是形成固定资产的生产过程，即固定资产的生产和再生产，它包括国民经济各部门的生产性和非生产性固定资产的更新（含局部更新）、改建、扩建和新建。

我们认为，第一种看法把基本建设等同于固定资产扩大再生产，完全排斥可能包含固定资产简单再生产的要素，是欠妥当的。第二种意见，为了把固定资产简单再生产也包含在基本建设经济范畴里面，说基本建设就是固定资产的再生产，或者是固定资产的生产和再生产，也是值得商榷的。看来，这两种观点都是与对固定资产简单再生产和扩大再生产的内容、特征和界限或者缺乏具体深入的分析，或者缺乏一致认识密切联系的。

固定资产的再生产过程，一种是补偿、更换从过去一直到现在已经积累起来的劳动资料，在实物形态上实现其原有规模的再生产；另一种是积累，在实物形态上增加现有的劳动资料规模。前者是固定资产简单再生产，后者是固定资产扩大再生产，两者往往又是交叉的。但前者是基础，后者是在前者基础上扩大和发展的。社会再生产过程，客观上就是这么错综复杂的。理论工作者就是要在这种错综复杂的现象中，以及在不断的再生产之流中，进行抽象的理论分析和概括，而不能笼而统之，抹杀它们之间的特征和界限，或者把现象当本质，本末倒置。这对经济实际工作是不利的。

第一种看法，把固定资产简单再生产排除在基本建设之外，在理论上缺乏充分根据，在实践上行不通。因为一些属于固定资产简单再生产的活动，如为了补偿旧的矿井而建新矿井，如改造原有固定资产需要的土建工程等，都必须通过基本建设来实现。

第二种看法，为了纠正第一种看法在理论上的缺陷，却又发生了新的偏向，把所有固定资产再生产，不管简单再生产还是扩大再生产全部包括到基本建设中去。事实上，持这种看法的同志，在自身的论点中出现了矛盾，比如他们认为基本建设是一个数量大、周期长的生产消费过程。就是说，一个大，一个长，这是它区别于现行生产的一个基本特点。大者可以理解为投资的价值量大，反映着它的工作量大，活动规模大；长者可以理解为建设周期长，即有一个时滞（lag）的问题，通常是超过一年以上，这无疑是正确的。问题在于，按照这一基本特点来考察一下固定资产再生产的实际情况又是怎样的呢？比如，一个企业，在原有规模上更换某种机器设备，通常就不一定具有上述的基本特点，既不需要很大的投资额，也不需要很长的建设周期，不需要勘察设计和土建工程。在这种场合，显然，不能认为它属于基本建设，但却是固定资产的补偿、更新，属于固定资产的生产和再生产。至于企业固定资产的小改小革、零星固定资产购置等，也根本不具备上述基本特点，但这些却属于固定资产的生产和再生产。因此，对固定资产再生产的各种形式反对加以研究和区分，都统统地把它们列入基本建设范畴，主观上以为这样可以提醒人们重视基本建设，实质上适得其反，使基本建设部门对全部固定资产再生产，事无巨细都要过问，结果影响了抓好管好真正具有上述基本特点的基本建设，这无异于"抓了芝麻丢西瓜"，得不偿失。我们常常看到，基本建设施工单位提出"百年大计，质量第一"的口号，它表明基本建设是一个具有一定工作量（或投资限额），需要经过勘察设计、施工安装等一系列活动程序，才能形成固定资产的，不是可以任意把一些不具有上述基本特点，不需要这种程序的活动，也统统纳入基本建设。这样做，恰恰是抹杀了基本建设的上述基本特征，降低了基本建设的重要性及其在实现固定资产扩大再生产的重要作用。这实质上是把基本建设作为固定定资产积累的主要形式这种经济性质给掩盖了。因此，我们的结论是，基本建设虽然可以包括某一部分固定资产简单再生产，但它是固定资产扩大再生产的主要形式。

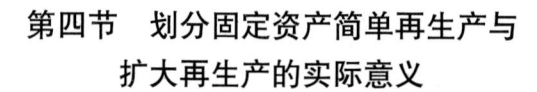

第四节 划分固定资产简单再生产与扩大再生产的实际意义

诚然，在实际经济生活中，固定资产的简单再生产和扩大再生产并不是相互独立的过程，在时间上和空间上往往是不能够截然分开的，纯粹的简单再生产只是理论上的抽象。但是据此就否认区分简单再生产与扩大再生产的必要性和可能性，而主张凡是固定资产的再生产都全部属于基本建设，这种看法既影响着理论本身的科学性，又降低了理论对实践的指导作用。简单再生产是扩大再生产的一个重要部分、一个现实因素，我们不能因为简单再生产是"理论抽象"，就否定它是扩大再生产的一个现实因素，而忽视这个因素在现实经济中的重要作用。同时，也不能因为固定资产简单再生产和扩大再生产的划分有实际困难，就否定"理论抽象"的分析对于指导实践的重大意义。正确的态度是，必须辩证地看待这种关系。

由于固定资产再生产的各种形式往往相互结合在一起，每一种形式又可能既包含着简单再生产的要素，又包含着扩大再生产的要素。这种多方面的联结关系是很复杂的。因此，我们既要看到它们之间的联系，又要看到它们之间的区别，正确地处理和安排固定资产的简单再生产和扩大再生产。一方面，假如我们只看到它们之间的联系，而看不到它们之间的区别，我们就会"胡子眉毛"一把抓，有可能或者忽视贯彻"先维修，后生产""先简单再生产，后扩大再生产""先生产，后基建"的原则，影响科学地组织和计划固定资产的再生产，或者在固定资产投资中对于简单再生产的资金和扩大再生产的资金不加区分，结果，简单再生产的资金往往被占用于扩大再生产，以致不能保证固定资产自然形态的简单再生产，反过来，也影响它的扩大再生产。多年来，我国现有企业固定资产更新欠账越来越多，出现建了新基地丢老基地的倾向，不能说与此无关。

另一方面，假如我们只看到它们之间的区别，而看不到它们之间的联系（即固定资产再生产的各种形式往往可以相互结合），我们又会"单打一"地去进行固定资产再生产，比如本来属于简单再生产的基本建设从视野中消失了，或者不结合技术改造，机械要求不变形不增值地进行大修理和更新，结果必然妨碍技术进步和机器设备的现代化，影响固定资产生产能力的提高。

因此，正确认识和处理固定资产简单再生产和扩大再生产的各种形式，使维修与更新、改建、扩建和新建正确地结合起来，在确保固定资产简单再生产的基础上实现它的扩大再生产，是很重要的，特别在当前调整时期，我们要压缩基本建设规模，立足于现有企业，充分发挥现有企业生产能力，这就更具有现实意义。

第五节　实现从外延向内涵扩大再生产的战略转移

我们在组织和计划固定资产再生产的时候，一方面要正确处理它的简单再生产和扩大再生产的关系，另一方面要正确处理它的内涵扩大再生产和外延扩大再生产的关系。马克思说，"外延方面表现为在旧工厂之外添设新工厂"，"内含方面表现为扩充原有的生产规模"。❶

根据马克思关于再生产的原理，固定资产规模的扩大，可以通过创建新厂来实现，也可以通过扩充原有工厂来实现。前者基本上是外延上的扩大再生产，后者基本上是内涵上的扩大再生产。

在现实经济生活中，固定资产不仅它的简单再生产与扩大再生产，而且它的外延扩大再生产与内涵扩大再生产往往交织在一起，这要求我们在计划安排的时候，应当根据不同的历史时期的生产力状况和社会发展提出的不同要求，确定究竟以外延还是以内涵扩大再生产为主，才能达到更好的宏观经济效果。这是扩大生产的一项发展战略抉择。

我国在第一个五年计划建设时期，由于原有物质技术基础非常薄弱，现代化企业为数极少，因此确定以156项工业建设

---

❶ 《马克思恩格斯全集》第24卷，人民出版社1972年版，第356页。

项目为重点开展大规模经济建设，新建厂占绝大多数，扩大生产形式是以外延为主。它为后来的扩大生产奠定了稳定基础，当时这种以外延扩大再生产为主的战略方针，是必要的和正确的。

经过五个五年计划的建设，我国全民所有制工业企业已由1957年的五万多个发展到1980年的八万多个，建立了初步的工业体系和国民经济体系。在这种情况下，就不应再坚持以处延扩大再生产为主的方针，而应逐步向内涵扩大再生产为主过渡。但是，近十多年以来，我国经济建设中存在着一个突出问题，即一方面大批老企业没有得到更好的更新改造，生产能力没有充分发挥；另一方面又到处铺新摊子、盖新厂，基建战线越来越长，不能很快形成新的生产能力。虽然国家三令五申压缩基建战线，明确今后一个长时期生产的扩大主要不是靠新建，而是靠现有企业，但情况未见根本好转。原有固定资产更新与否，即大量老厂的兴衰存亡，直接关系到四个现代化的快慢甚至成败，如不引起高度重视，采取坚决措施，切实对老厂进行更新改造，充分利用原有固定资产生产能力，后果将不堪设想。

诚然，外延扩大再生产对新兴工业、采用最新技术、根本改变生产结构和生产布局等，具有不可代替的作用。但是不增加新投资，充分地和更有效地利用原有企业的固定资产生产能力，即马克思所说的利用折旧基金来"扩大企业，或改良机器，以提高机器效率"，"如果生产资料效率提高了，就是在内涵上扩大"❶，这具有不可忽视的优点和重要作用。现有企

---

❶ 《马克思恩格斯全集》第24卷，人民出版社1972年版，第192页。

业是我们向四个现代化进军的"根据地",它为发展国民经济,实现四化提供物质技术手段;它为新建企业培训、输送管理干部,造就新的技术力量;它是国家积累资金的主要来源。因此,对原有企业固定资产更新改造越快、越好,原有生产能力利用就越充分,使用效果也越好。

通过对老企业固定资产更新改造来增加生产能力,比通过新建企业来增加生产能力,有它明显的优点:

(1)单位生产能力投资额少。通过新企业增加生产能力,那是另起炉灶,除增添设备外,要建厂房、修运输线路、地下管道、取暖设备、仓库、办公室,等等;而通过改造现有企业增加生产能力,则较少需要或不需要这些基础设施方面的投资,同时通过自力更生,自己动手、废物利用、小材大用、对现有机器设备乃至整个生产线进行更新改造,会节省很多材料、人工和资金。

(2)形成新的生产能力快。通过新建企业增加生产能力,在建厂前要花很多时间做准备工作,如进行地质勘探、选厂址、从事设计、组织施工队伍,等等。准备工作完了,还要花很多时间进行施工建设、设备安装等。通过更新改造现有企业增加生产能力,投资少,建筑安装工程量小,能够迅速形成新的生产能力。据了解,每百元基建投资形成的新生产能力,当年能够发挥效益的大约只占60%,而更新改造资金形成的生产能力,一般可以百分之百地在当年发挥效益。

(3)原有企业在技术力量、经营管理、物资供应、协作关系等方面都有一定基础,因此在原有企业基础上增加的生产能力,比通过新建企业达到设计标准增加的生产能力,能在产量指标和经济技术指标方面,较快地达到要求。

总之,通过更新改造一个老企业,比新建一个企业,省投资、省材料、省人力、见效快、收效大。我国石油化工部门和煤炭工业部门的实践证明，增加同样的生产能力，改造老厂矿用的资金、人力、材料和时间，一般只相当于新建厂矿的三分之一或更少。这就能大大加快我们的生产建设速度。

对老厂进行有效改造的标志是什么呢？我们认为，从最终结果的角度来看，应主要表现在两方面：一是劳动生产率的提高；二是产品质量的提高。要保证这两个"提高"，根本措施在于技术设备效能的提高以及工艺过程的改进。这就要求通过改造，引起质变。

有些企业在进行技术改造时，往往只对陈旧设备修修补补，在工艺流程落后状态的基础上，更多地依靠手工劳动的办法求得产量一时的增加。这是不足取的。从长远来说，不以先进技术水准对生产设备进行更新改造，产量是上不去的；何况我们对生产的要求，绝不仅限于量的增加，而首先要在质上提高。

要提高产品质量从哪里下手呢？从长远看，重要的是着眼于制造产品的生产设备和技术条件，它是决定产品好坏的前提。当然，有了技术性能好的机器设备，没有技术熟练的操作工人，也很难生产出高质量的产品。但是，没有精密机床，就难于长期稳定地制造出高精尖的产品来。所以，撇开生产设备的技术改造去搞产品的高质量，那不是根本的办法。

再从提高劳动生产率来看，最主要的还是采用先进技术。世界工业劳动生产率的提高，靠采用新的科学技术成果取得的，二十世纪初仅有 5%~20%，现在则有 60%~80%，有的甚至达到 100%。

所以从战略眼光来看，应该通过对老厂固定资产更新改造，达到质的飞跃。所谓质的飞跃，就是要对现有企业的机器设备、工艺流程进行技术改造，从物质技术基础上根本改变老企业的面貌。

我国是一个人口多，底子薄的发展中国家。一方面，要实现四个现代化，就要采用先进技术，提高劳动生产率，这就会用人少；可是另一方面资金不足，每年需要安排就业的劳动力多，又不能一下子采用很多尖端技术。因此，在相当长的一段时间里，部门和企业生产，手工操作、半手工操作和机械化、自动化会同时并存，先进技术和适用技术同时并存。然而，这不是我们的目标，我们在这方面的目标是，凡一切能够采用机器的地方都采用机器，而且要尽量采用先进技术，所以，这种并存局面总的来讲只是一种过渡。

现在世界科学技术日新月异，对一些陈旧落后的技术设备淘汰很快。我们在设备更新方面，要着眼于如何尽快地消除与国际先进技术水平之间的差距。因此，老厂的改造，不能以达到本企业历史最高水平为满足，也不能以达到国内本行业的最高水平为满足，还要以赶超国际先进水平为目标。引进国外先进技术，不能只限于新建，要同老企业的改造结合起来，要注意吸收、消化和创新。在技术政策上，我们主张鼓励先进，淘汰落后。国家应当规定各种类型机器设备的使用年限，一些陈旧落后设备必须限期报废回炉，不得降级使用，否则无法"推陈出新"。有一些土法上马的小型企业，长期处于技术落后状态，连年大量亏损，浪费很多社会物质财富，应限期改变，如到时依然故我，就应由技术先进企业取而代之。

如何进行老厂改造，根据各地的经验，我们认为应当采取以下途径和方法：

第一，扫除思想障碍，奖励革新。老厂改造要大搞技术革新和技术革命，这就不可避免地要与一些人们头脑中存在着的因循守旧、墨守成规、满足现状、不愿改革等保守思想发生冲突。这种思想阻力的大小同老厂改造步伐的快慢适成反比。事实证明，哪些单位，哪个时候，对这种思想障碍排除较彻底，它的改造成果就大。老厂改造，要采用新技术、新工艺、新材料，这就要求人们重新学习，刻苦钻研，掌握新本领，勇于发明创造。要在注意思想教育的同时，对革新改造有贡献的给予物质奖励，作为推动这项工作的内在动力，要造成搞技术革新光荣、有理、有功的新风气。

第二，确定主攻方向。不同行业、不同企业、不同时期的改造重点，要有所不同。应当根据社会需要，从实际出发，摸清国内外改革动向，分清主次缓急，认准主攻方向，制定出长期的和全面的改造规划以及相应的组织措施。要抓住影响产品产量、质量，影响原材料、燃料、动力消耗，影响安全生产、文明生产的关键环节和薄弱环节作为主攻方向。改造措施的重点在于改进设备，革新工艺。改造所要达到的目的，主要是增加产品数量，提高产品质量，增加产品品种，节电、节煤、节油、节约原材料。保护环境，治理"三废"❶，消灭污染，改善劳动条件，减轻劳动强度等，也应在改造中，切实加以注意和搞好。

第三，主要依靠自己的力量，解决改造所需要的人力、资金、材料。当然国家有关部门在总体安排上，应把老厂改造所需的人、财、物给予优先保证，不这样做是不妥当的。但是，从某一地区和企业本身来讲，则不能"等、靠、要"。很多地区和企业，老厂改造所以取得显著成绩，主要靠自力更生，自己动手。他们的做法一般是：没有施工力量，就挖掘劳动潜

---

❶ "三废"指废水、废气、废渣。

力，严格劳动考勤制度，不断调整劳动组织，压缩辅助工和非生产人员，充分调动各方面的积极因素；没有资金，就千方百计在企业内部筹措，开展班组经济核算，降低成本，提高流动资金周转率，自筹更新改造资金，把基本折旧基金、大修理基金和利润留成中的生产发展基金集中起来，用在技术改造上；没有材料、设备，就清仓查库，修旧利废，以旧代新，因陋就简，自制设备，自我武装，逐步提高，从而促使全厂面貌由老变新，规模由小变大。

第四，在改造中要正确看待和处理学习与改造、引进与自制、技术改造与当前生产的关系。我们既要学习厂内外、国内外先进经验，又必须根据本厂情况有所创造。对一些迫切需要的、关键性的、国内一时还创造不了的技术设备，可以而且应当通过进口取得，但主要应立足于自制。进行改造，应力求不影响或少影响当前生产。凡是工作量较大的技术改造项目，可安排在每年一度的设备大检修中进行，事先准备好设计图纸、设备、材料，做到技术改造同检修一起施工，同时完成。总之，应当一切从实际出发，讲究经济效果。

综上所述，如果我们选择了从外延扩大再生产为主向内涵扩大再生产为主的战略转移，明确了实现原有固定资产内涵扩大再生产的目标，采取有效的途径和方法，正确处理固定资产简单再生产与扩大再生产，内涵型扩大再生产与外延型扩大再生产的相互关系，充分发挥现有固定资产生产能力，我国固定资产再生产就能够顺利地进行，整个社会生产也将得到迅速发展。

第三章　固定资产的磨损与补偿

第一节　固定资产的有形损耗和无形损耗

上一章我们着重从总体上考察了固定资产的简单再生产和扩大再生产及两者之间的关系，下面几章分别就固定资产的简单再生产与扩大再生产进一步作具体分析。

固定资产的简单再生产，从某种意义上说是从它的磨损与补偿开始的。马克思讲："年劳动产品的价值，并不就是这一年新加劳动的产品。它还要补偿已经物化在生产资料中的过去劳动的价值。因而，总产品中和过去劳动的价值相等的那一部分，并不是当年劳动产品的一部分，而是过去劳动的再生产。"❶ 这就告诉我们，在全部年产品的价值中，一部分是属于过去劳动的价值，另一部分是属于新加劳动的价值，在过去劳动的价值中，又可以分为两部分，一部分体现在已消耗的原料、燃料、辅助材料等劳动对象上面，另一部分则体现在已磨损的机器、设备、厂房、建筑物等劳动资料上面。为了能使简单再生产正常地维持下去，其中的重要条件之一是，耗费多少劳动资料就要补偿多少劳动资料。只有根据固定资产的磨损

---

❶　《马克思恩格斯全集》第26卷第一册，人民出版社1972年版，第182—183页。

程度，及时地、足量地进行补偿，才能保证简单再生产顺利进行。

固定资产的磨损有两种形式：有形损耗和无形损耗。

固定资产的有形损耗，也叫"物质损耗"或"物质磨损"，是指机器、设备、厂房、建筑物等固定资产的物质要素由于使用和由于自然力的作用而造成的损耗。马克思指出："机器的有形损耗有两种。一种是由于使用，就像铸币由于流通而磨损一样。另一种是由于不使用，就像剑入鞘不用而生锈一样。在后一种情况下，机器的磨损是由于自然作用。前一种磨损或多或少地同机器的使用成正比，后一种损耗在一定程度上同机器的使用成反比。"❶

固定资产在使用过程中的磨损程度取决于很多因素。

第一，取决于固定资产本身的质量。其中包括原材料的质量，零件、部件、购件的耐磨性能，结构形式的先进性和科学性，以及制造过程中的施工和加工质量等。固定资产质量愈高、愈坚固，在一定期间内所受到的磨损程度就愈小。马克思说："在其他条件不变的情况下，劳动资料损耗得快还是慢，作为固定资本执行职能的时间长还是短，要根据它的耐用程度而定。"❷那么，是不是不管在什么情况下，不管什么种类的固定资产，都一概认定耐用时间越久越好呢？不能笼统地这样肯定。假如技术换代很快的机器设备，用价值昂贵的原材料制造，以求得尽量长的耐用时间，结果花钱很多，物质磨损还不

---

❶ 《马克思恩格斯全集》第23卷，人民出版社1972年版，第443页。

❷ 《马克思恩格斯全集》第24卷，人民出版社1972年版，第246页。

很严重的情况下就要被淘汰,这在经济上是不划算的。

第二,取决于固定资产的负荷状况。其中包括每昼夜的轮班次数,每班的时间长度,以及工作强度等。固定资产负荷的强度愈大,机器转动速度愈快,持续时间愈长,磨损的程度愈大。对这种磨损要掌握适度,如果机器设备的负荷不充分,实质上意味着一定程度的休闲,表明利用率不高;然而超负荷运转却会给机器设备造成严重损伤,导致不应有的"未老先衰",这两种情况都不妥当。

第三,取决于固定资产的固定程度与机器设备的安装质量。经常移动的机器设备要比长期固定的机器设备磨损得快。按照设计规定,机器设备安装得愈是准确,愈是合乎工艺加工要求,在一定期间内,磨损的程度愈小。我们应当力求这样。

第四,取决于对固定资产的维护保养状况。其中包括维护制度是否健全,修理是否及时,修理质量是否有保证,是否采用加剧磨擦和引起化学作用的物质,以及是否有效地防避外界不利影响(如雨雪、潮湿、过分干燥)等。固定资产越能得到精心护养,磨损程度相对越小。这也是我们要努力达到的。

第五,也是很重要的一点,就是取决于使用固定资产的工人的熟练程度。如果操纵机器设备的生产者具有较高的技术水平和熟练程度,同样的固定资产就可遭受较少的磨损;相反,如果是一个不懂操作技术的人员去操作机器设备,就会促使机器设备缩短寿命,严重时甚至报废。很明显,我们要设法实现前一种情况而避免后一种情况。

上面的因素往往程度不同地与技术进步相联系。技术进步对使用中的固定资产有形损耗发生两方面的影响。一方面,它促使劳动资料使用年限延长,如材质提高、结构完善、工艺改进等都可增强固定资产耐磨性;另一方面,它又促使劳动资料使用年限缩短，如高效率、高负荷、快速运转等都可引起物理磨损加剧。究竟哪一方面作用更大些，现在没有确凿材料论证，仅就耐用消费品来说，一般是随技术进步而使用年限延长。

固定资产不仅由于使用而磨损，而且也会由于闲置而产生物质磨损。这主要是因自然力的作用造成的，如金属的锈蚀、木料的腐朽等，不管是否被使用都会发生，然而愈是闲置不用，便愈容易生锈、变朽，因而加速磨损。尤尔曾在《工厂哲学》一书中讲过："搁置不用，可能是金属机构的灵敏可转动的部分遭受损坏的……原因。"这是符合实际情况的。按理，在社会主义制度下，这种磨损应当被限制在最低限度，因为它实行计划经济，设备负荷不足、闲置不用的情况是可以避免发生的；然而实际上，由于种种原因，在某一时期，也会出现固定资产利用率不高，或由于不使用而造成相当数量的物质磨损。这种磨损应当是越少越好。

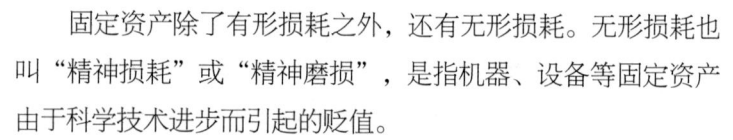

固定资产除了有形损耗之外，还有无形损耗。无形损耗也叫"精神损耗"或"精神磨损"，是指机器、设备等固定资产由于科学技术进步而引起的贬值。

无形损耗有两种形式：

第一种，由于生产方法的改进和社会劳动生产率的提高，使同类结构和性能的机器、设备，能以更少的社会必要劳动时间再生产出来，因此引起原有固定资产的价值相应降低。

第二种，由于出现了新的技术，发明了新的、效能更高的机器设备，使原有的机器设备的继续使用成为不经济，因此引起使用期限缩短，以致提前报废。

对如何确定第二种无形损耗的内容，20世纪50年代在苏联经济学家中，曾经出现过不同的看法。有的认为是指在新的更完善的劳动资料出现后,原有劳动资料的使用价值相对降低,从而其价值发生相对贬低;有的认为是指由于以新的、较完善的和效能较高的机器代替旧的机器而把它们从生产过程中排除出来的结果,机器在未来才丧失的那一部分价值;有的则认为不是指在新的、较完善的劳动资料出现后,旧有的劳动资料本身价值的贬低,而是指继续使用这一旧的劳动资料在生产过程中所引起的损失。显然,后一种看法是把无形损耗所造成的后果同这一经济现象本身混淆了,而前两种看法都是指固定资产本身的价值丧失,都属于第二种无形损耗。❶

我国经济学界在20世纪50年代末60年代初也有的同志提出,无形损耗的形式除了马克思指出的两种之外,还有第三种,而对这第三种形式的表述也不一样。一种观点认为,当出现效率更高的机器设备之后,旧有机器设备除遭到贬值损失这一情况之外,还有一种情况:它们仍继续使用,在使用中和新机器设备相比,活劳动和物化劳动消耗较多,产品数量较少,质量较低,因而受到损失。❷ 这种观点和上面介绍的苏联争论中的最后一种观点是相同的。我们认为,这种情况虽然和固定资产无形损耗有联系,但毕竟不属于固定资产本身的价值损失,而是继续使用它所带来的经济效果的降低。这种情况在确定固定资产的最佳使用年限时要考虑,然而不应直接归于固定资产的无形损耗,从而也就不应视为无形损耗的第三种形式。另一种观点认为,第三种无形损耗的形式是指"完全改变了过

---

❶ 柳谷岗:《关于固定资产无形损耗的一些问题》,《经济研究》1958年第9期。

❷ 梁文:《略论社会主义制度下的无形损耗》,《光明日报》1962年9月24日。

去的机器结构和工艺程序,增减某些生产环节,甚至连产品形态都有所改变,这是一种最复杂的形式,旧机器的无形损耗与新机器所带来的经济效果都很难直接加以估计"❶。我们感到有两点需要澄清:第一,如果是指新的机器和旧的机器相比,在结构性能等方面起了很大变化,先进很多,以致旧机器遭到的贬值更多,这当然属于固定资产的无形损耗,但这种损耗和马克思指出的第二种形式的无形损耗,并无重大差别,没有单列一种的必要,至于说,使旧机器的无形损耗很难直接加以估计,这也不能成为单列一种形式的足够依据;第二,如果是指新机器使用所带来的经济效果大,继续使用旧机器会带来相对的经济损失,那又超出了固定资产本身的价值损失这一范围,不能说成是固定资产的无形损耗。因此,我们觉得还是坚持马克思讲的两种无形损耗的形式为好。

马克思说:"只要同样结构的机器能够更便宜地再生产出来,或者出现更好的机器同原有的机器相竞争,原有机器的交换价值就会受到损失。在这两种情况下,即使原有的机器还十分年轻和富有生命力,它的价值也不再由实际物化在其中的劳动时间来决定,而由它本身的再生产或更好的机器的再生产的必要劳动时间决定了。因此,它或多或少地贬值了。机器总价值的再生产时期越短,无形损耗的危险就越小,而工作日越长,这个再生产时期就越短。"❷

在资本主义制度下,机器设备的无形损耗,除有促进科学

---

❶ 钱伯海:《固定资产的无形损耗与技术改造》,《厦门大学学报》1958年第1期。

❷ 《马克思恩格斯全集》第23卷,人民出版社1972年,第443—444页。

技术发展的一面外,它会导致中小企业的破产、倒闭和生产力的浪费。资本家为减少因无形损耗所遭受的损失,竭力用延长劳动时间、日夜换班工作、提高劳动强度和快速折旧等各种手段缩短机器设备总价值的再生产时间,尽快把机器设备价值转移到产品中去,以获取最大限度利润。

在社会主义制度下,是不是也存在无形损耗,曾经有人持否定态度。他们认为,由于机器设备不足,好多机器设备可降级使用,而且将洋法生产的大工厂替换下来的机器设备调给土法生产的小厂或卖给农村社队企业,便可被视为先进的机器设备,这样,也就不存在无形损耗了,并认为这是社会主义制度的优越性。

诚然,某种机器设备的无形损耗是属于一个具体经济单位的范畴,还是一国范围内抑或世界范围内的范畴,这很值得研究。但是,不能把这一客观经济过程所产生的必然性同它在什么范围内起作用混为一谈。我们认为,否认无形损耗的观点,无论在理论上还是在实践上都是站不住脚的。在社会主义条件下,劳动资料也具有使用价值和价值两重属性,它们的价值同样会由于同类机器能更便宜地再生产出来或出现更好的机器而贬低。因为再生产费用低、生产效能高的机器在生产过程中大量使用以后,必然要影响到正在发挥机能作用的机器价值。我国20世纪50年代初期出厂的织布机每台价格是1800多元,20世纪50年代中期出厂的同样的织布机每台价格只有800多元。1954年购买一台200×1000I д 62M 万能车床需要11800元,1956年只需要6800元,仅两年时间价格就减少43%。解放牌汽车20世纪50年代售价为21000元,现已降为14000元。这都从事实上证明了第一种形式的无形损耗的确存在。随着科学技术的飞快进步,也必然会越来越多地发生第二种形式的无形损耗。当然，在现实生活中，也有相反情况：新机器由于性能高、质量好，价格往往比原来的机器高得多。但是，如果价格定得合理，且与价值变化一致，那么新机器设备是应当随制造它的社会必要劳动量的减少而降低的。至于替换下来的机器设备有一部分可以"降级使用"，这只能减少提前报废损失，不能根本避免无形损耗。

无形损耗是技术进步的必然结果，也是推动技术进一步发展的因素。不承认、不考虑无形损耗，势必延缓固定资产更新速度，阻碍技术进步。在现实经济生活中，伴随技术革新、技术革命的不断发展，无形损耗及其补偿问题也就越来越突出地摆在面前。

首先，无形损耗程度的大小，主要取决于科学技术进步的快慢及其成果推广运用的状况。在制造劳动资料上面体现的新的创造发明越多，无形损耗也就越多。从世界历史来看，有两种情况最容易发生无形损耗。一是机器没有达到完全成熟的程度，比如英国的纺织工业开始兴起的时候，机器的改进很快，许多工厂的旧机器未经大的有形损耗就被新的替换。二是技术上发生较大变革，比如第二次世界大战以后，不少国家用内燃机车、电气机车来替换蒸汽机车，速度也很快。蒸汽机车按其技术适用性来说，一般可使用五十多年，但由于出现了更经济的内燃机车和电气机车，就促使蒸汽机车（包括新的）提前退废。美国在20世纪50年代中期的几年已基本上用内燃机车代替了蒸汽机车。这样，所造成的无形损耗也就很大。

其次，无形损耗的大小，取决于固定资产再生产方法的改进程度。可以说，在制造劳动资料方面，凡有助于提高劳动生产率、降低生产成本的一切措施，都可以促使同类结构的机器设备的再生产价值降低，从而引起无形损耗。其中，生产工艺过程的改进，是降低再生产费用的一项重要措施。

看来，无形损耗，最主要的还是由科学技术进步，出现了性能更良好、生产效率更高的机器设备而造成的，而且这将越来越成为无形损耗两种形式中的最主要的形式。

在社会主义制度下，固定资产的无形损耗不会带来像资本主义社会那样的种种弊端。用效率更高、再生产费用更低的机器设备来替换技术上陈旧过时，继续使用经常费用较高的机器设备，将促进社会劳动生产率的提高和活劳动与物化劳动的节约。这对迅速发展生产力、更好满足社会需要是有益的。因此，我们认为，社会主义国家对固定资产的无形损耗，既不应当否认它的客观存在，也不可能阻挠它的发生，同时还要看到它会给社会带来利益。

第二节　固定资产的价值补偿——折旧

我们了解与研究固定资产的损耗，直接的目的是据以进行恰当的补偿。

固定资产的补偿从补偿的形式来看，可分为价值补偿与实物补偿；从补偿的范围来看，可分为整体补偿、局部补偿和个别补偿。

为了从价值上进行补偿，需要通过折旧的形式来实现。折旧就是固定资产在使用过程中，因逐渐磨损而转移到产品中的那部分价值的一种补偿方式。通过折旧，逐年按固定资产的损耗程度提取一定数量的金额，就形成了折旧基金。

折旧基金又分为两种，一是基本折旧基金，二是大修理折旧基金。

基本折旧基金作为产品成本的组成部分，也叫折旧费。它是把固定资产转移到产品中去的那部分价值，从销售的产品收入中提取出来，作为固定资产实物更新的货币准备金。按其经济性质属于补偿基金。它的基本职能是保证固定资产的简单再生产。

这种补偿基金的数量是怎样确定的呢？简言之，就是以固定资产的有形损耗和无形损耗的程度为依据。

关于固定资产的有形损耗要通过折旧来补偿，这一点大家是没有异议的；但对无形损耗是不是要通过折旧来补偿，看法很不一致。概括起来有三种意见：一种意见是全部无形损耗都不应通过折旧补偿；再一种意见是全部无形损耗都应通过折旧补偿；还有一种意见是一部分无形损耗应通过折旧补偿，另一部分无形损耗不应通过折旧补偿。

有同志反对通过折旧补偿，而主张用剩余产品价值补偿。主要理由是，根据马克思的价值理论，无形损耗不应转入产品成本，这部分价值不被社会所承认。这种观点早在20世纪50年代、60年代就在苏联经济学界和我国经济学界中提出过，最近两年我国又有同志重新提出来。我们认为，如何从基本理论上阐述清楚无形损耗究竟应当用补偿基金还是应当用积累基金来补偿，如何从具体实践上深入分析不同做法的利弊，是很必要的。我们的看法是，固定资产无形损耗，就其整体的性质而论，应被看作劳动资料在生产过程中损耗的一种特殊形式，它既不同于劳动对象的消耗，也不同于劳动资料物质要素的消耗，同时，也不同于产成品的损坏浪费。它的损耗，从整个社会再生产的结果看，是积极的、必要的、正常的，因此认为不应转入产品成本，不被社会承认，是缺乏根据的。如果不用补偿基金而用积累基金加以补偿，这在理论上会带来混淆，在实践中会产生不良后果。第一，根据马克思的观点，无形损耗是指由于新的或效率更高的机器设备出现之后，原有机器设备所遭到的价值贬损，而不是指由于新的或效率更高的机器设备出现之后，继续使用原有机器设备所造成的经济效果降低。对这种损耗不通过折旧基金补偿，其结果是，成本相对低了，利润相对高了，然而实际上利润中有一部分则属于劳动资料的损耗。把在生产过程中损耗掉的"老本"部分，当作新创造价值的组成部分，这就混淆了 c 与 m 的区别，夸大了国民收入总量。第二，用补偿基金补偿和用积累基金补偿在性质和要求上是不同的。前者总的来说是维持简单再生产，是必须首先保证的；后者总的来说是扩大再生产，其规模和速度是要在行有余力的前提下来安排的。如果用积累基金补偿无形损耗，那就会带来不良后果。

对无形损耗应当通过折旧来补偿，这从经典著作中也可找到依据。马克思在《资本论》第一卷谈到无形损耗时，特别作了一个注脚，赞同无形损耗引起的贬损应由折旧来弥补。现把这个注的全文引录于下："前面已经提到的那位'曼彻斯特纺纱业主'（1862年11月26日《泰晤士报》），在列举机器的费用时说：'它（即'为机器磨损而作的扣除'）也有这样的目的：当机器在报废前被其他新的、构造更好的机器代替而停止使用时，用来补偿这样不断造成的损失。'"[1] 这段引文中讲的"为机器磨损而作的扣除"指的就是折旧；"机器在报废前被其他新的、构造更好的机器代替而停止使用"指的就是无形损耗。

无形损耗引起的贬损要通过提取折旧弥补，这是早已普遍

---

[1] 《马克思恩格斯全集》第23卷，人民出版社1972年版，第443页。

存在的事实。苏联恩·伏·恰勒诺夫斯基曾经计算过俄国1913年无形损耗在全部折旧额中所占的比重：建筑物为25%，机床50%，电动机为60%~70%。现在无形损耗的份额要比那时多，特别像飞机、电子计算机等，受技术进步的影响都非常大，无形损耗也更大，从而折旧年限就更短。日本1955年使用超过六年的机器设备占全部机器设备的43%，1964年则下降到27%，到20世纪60年代末大部分机器设备五年就更新一次，而且一半以上的机器设备不到三年更新一次，因此折旧率迅速提高。工业发达国家采取快速折旧，显然是一种通过提取折旧来补偿无形损耗的经济现象。

由此可见，不论在理论分析上，还是在现实经济生活中，都证明无形损耗所引起的机器设备贬值是应当从提取折旧中得到补偿的。

我们也不主张所有的无形损耗都要通过折旧补偿。

我们认为，第一种形式的无形损耗，不必通过提取折旧补偿，折旧费应按固定资产的再生产价值提取；第二种形式的无形损耗，应当通过提取折旧补偿，否则就不能正确地反映技术进步条件下固定资产的实际消耗，不能恰当地核算固定资产的经济效果。我们的理论依据是，根据马克思关于固定资产（本）再生产原理，固定资产（本）的价值由它的再生产的必要劳动时间决定，因此折旧也是按它的重置价值❶来提取。在社会主义条件下，以使用价值为主要着眼点，由于第一种形式的无形损耗而引起的劳动资料的贬值在使用价值上并不发生亏损，从

---

❶ 重置价值是相对原始价值而言的，原始价值是指企业在购置、建造某项固定资产时所支出的货币总额，重置价值是指目前重新购置、建造该项固定资产所需要的全部支出。

而也无须通过折旧补偿。至于企业法定基金账面数量的减少，可通过固定资产重新估价冲销。第二种形式的无形损耗引起固定资产提前报废，既是价值的损失，也是使用价值的损失。从形式上看，机器设备提前报废了自然不能再参加生产过程，但是旧机器设备的废弃却是新机器设备代以发挥机能并导致生产效率提高的一个条件，成为技术进步条件下社会生产的必要耗费的组成部分。社会为了保证劳动资料在经济上必要的期限内发挥更大的效能，需要花费一定量的社会劳动来抵补提前报废的那一部分残余劳动资料所造成的损失。它应当由提取折旧来补偿。

如何根据有形损耗和无形损耗来确定和计算折旧额、折旧率？主要是按照固定资产在物理上的使用年限和在经济上的使用年限。

固定资产的物理使用年限，是由其自然属性决定的。各类固定资产的材质、结构和用途不同，从而也就决定了它们在物理上的使用寿命也是长短不一的。一般来讲，机器设备的寿命要大大短于房屋、建筑物。即使同是机器设备，因机器设备类型不同，也会使耐久程度各异。即使是同种类型机器设备，因在不同部门使用，其物理使用年限也不相同。例如，同是汽车，用于冶金行业运输矿石、焦炭比用于轻工业运输电子仪器等的损耗要大得多。一般是以各类固定资产的设计使用年限为基础，并考虑因劳动生产率不断提高（同时要伴随着运转速度加快、负荷程度加重、使用时间延长，从而磨损加剧）对设计使用年限的影响。

根据物理使用年限确定折旧，实际就是依照有形损耗确定折旧，在我国实践中是按下列公式计算的：

$$\text{年基本折旧额} = \frac{\text{固定资产原值} - \text{残值} + \text{预计发生的清理费用}}{\text{预计固定资产平均使用年限}}$$

"固定资产原值",即固定资产原始价值,指的是建造、购置固定资产所垫付的货币额,从理论上讲,计算折旧应按重置价值,但因有实际困难,通常都按原价计算;"残值",指的是固定资产报废时残留的价值;"预计发生的清理费用",指的是推测固定资产报废时要用多少钱进行清理;"预计固定资产平均使用年限",指的是根据固定资产物理上的耐磨性平均服役多少年。

在实际工作中,固定资产的折旧额是按折旧率计算的。

$$\text{年基本折旧率} = \frac{\text{固定资产原值} - \text{残值} + \text{清理费}}{\text{固定资产原值} \times \text{平均使用年限}} \times 100\%$$

在现实生活中,折旧是按月计提的,这就需要把年折旧率除以12,求出月折旧率。

就各个企业来说,根据计算对象包括的范围不同,折旧率可分为个别折旧率、分类综合折旧率和全厂综合折旧率。就整个国家来说,由于固定资产数量大、种类多,只能按不同行业、不同类别的固定资产和一般使用条件,规定综合折旧率。

对于某些特定固定资产或某些特定企业,还可采用其他方法。价值很大而又不经常使用的大型设备以及汽车等运输设备,可分别采用按工作时间或按行驶里程(吨公里)计提折旧;采掘、采伐企业,因生产受自然资源影响,产量不易稳定,新投产的矿井往往是初期产量低,中期产量高,后期产量下降,为使折旧均衡计入产品成本,保证固定资产简单再生产,可按上级规定的单位产量提取标准,按每月实际完成的产量计提更新改造资金。实际上,这也是以固定资产的使用年限为基本依据的,因为采掘、采伐企业的矿井等固定资产随采掘完毕而报废。

　　固定资产的经济使用年限，是由其继续使用在经济上的合理性决定的。某种机器设备虽然物理上并没有丧失使用价值，但是由于无形损耗如果继续使用会严重影响产品的产量、质量、成本和劳动生产率，从而使这些机器设备所制造的产品个别价值大大高于社会平均价值，因此不得不提前报废，那么，它的经济使用年限自然要比物理使用年限缩短。科学技术越是进步，这种情况就越明显。

　　根据经济使用年限确定折旧，实际就是依照无形损耗确定折旧。如何计算无形损耗？怎样根据固定资产的经济使用年限来确定折旧额？这个问题要比有形损耗复杂得多、困难得多。前面已经讲到，无形损耗是由于固定资产再生产的方法改进和劳动生产率提高，由于技术进步引起的，因此，要确定无形损耗的程度，首先就要弄清这些基本影响因素的变化。特别是技术进步这一影响因素对固定资产无形损耗的大小，起着决定性作用。然而要从量的方面测定技术进步的速度是很不容易的。在这方面，过去我国经济学界研究的很不够，在实际工作中也没提到议事日程；国外一些学者则作过某种探讨。

　　苏联在20世纪50年代就有些经济学家对如何根据固定资产无形损耗确定折旧的问题，发表了不同看法。其中彼得罗先曾提出在确定折旧率时，对由于劳动生产率的提高而引起的生产工具贬值，即无形损耗的第一种形式，可不必考虑，因为重置价值中已包括了这一点；对由于技术进步而引起的固定资产陈旧贬值，即无形损耗的第二种形式，根据固定资产重置价值计算折旧费，也就等于考虑在内了[1]。那么，如何确定固定资

---

[1] 参见《经济译丛》1958年第5期。

产的重置价值呢？斯特鲁米林设计过一个公式：

$$C_t = \frac{C_0}{(1+P)^t}$$ [1]

式中：C_t——从开始使用时起经过 t 年后根据技术进步情况确定的机器价值；

C_0——机器的最初价值；

P——该部门劳动生产率年平均增长数；

t——机器的使用期限。

这个公式反映了由于技术进步和劳动生产率提高，对机器无形损耗的影响。在我们确定折旧率时，是可以参考的。

美籍荷兰经济学家丁伯根，利用道格拉斯生产函数的形式和计量经济学方法，对技术进步进行测定，找出发生技术进步的年代，最后求得技术进步的时间和速度。由于方法比较烦琐、复杂，在此不能详尽介绍[2]。

应当指出，影响技术进步的因素很多，而且一种新技术的出现并不等于立即推广到机器设备的制造实践中去，只有通过细密调查研究才能对技术作出比较准确的测定。同时，还应指出，技术进步是每年都要发生的，变化速度很快，而折旧率则不能转瞬即变，这也使折旧率很难始终都能准确地反映固定资产无形损耗的程度，只有根据实际变化情况适当调整折旧率方可使它不断接近无形损耗的程度。

近两年，我国学者也在探讨如何考虑固定资产的无形损

---

[1] 普·帕夫洛夫：《如何根据技术的不断进步和固定资产的无形损耗来制订折旧率》，《经济问题》，1958年第2期。

[2] Mury Brown：《On The Theory and Measurement of Technological change》（《论技术变化的理论和测量》），Cambridge University Press，1966.

耗,计算它在经济上最佳使用年限的问题。有的同志通过设备低劣化的方法,提出了设备最佳经济寿命的计算公式。所谓设备低劣化,是指随着设备使用时间加长,有形损耗和无形损耗加剧,它的维护、保养、修理费用,以及燃料、动力、能源消耗费用也要增加,因而设备使用费用不断增长。假定设备低劣化每年以 λ 的数值增长,在设备使用期(T)内,平均低劣化的数值应为$\frac{\lambda}{2}T$,以 y 代表设备年平均使用费用,K_0 代表设备原始价值,T 代表设备的最佳经济寿命,λ 代表设备低劣化数值(元/年),则:

$$y = \frac{1}{2}\lambda T + \frac{K_0}{T}$$

若使设备年平均使用费用最小,则取

$$\frac{dy}{dT} = 0 \quad 得 Topt = \sqrt{\frac{2K_0}{T}}$$

Topt 就是设备的最佳使用年限,亦即它的经济上的使用年限[1]。

也有的同志用下述公式计算固定资产经济耐用年限:

$$固定资产经济耐用年限 = \sqrt{\frac{固定资产原始价值 \times 2}{维修费用每年递增的级差}}$$

这两种计算公式实际上是一样的。

这两个公式没有考虑投资的时间因素,现在一些西方国家在考虑设备更新的最佳经济年限时,都重视利息因素。这也可以通过公式加以计算[2]。

---

[1] 傅家骥:《机器设备更新及其经济效果》,《外国经济管理》1981年第3期。

[2] 傅家骥:《机器设备更新及其经济效果》,《外国经济管理》1981年第3期。

机器设备的经济使用年限通常比物理使用年限短。因此，按机器设备的经济使用年限确定折旧率，就等于既考虑了无形损耗也考虑了有形损耗。

有的同志把经济使用时期概括为是由四种期限构成的：①生产使用年限；②自然损耗年限；③价值变化周期（即劳动资料在劳动生产率不断提高情况下价值下降的周期）；④升级换代周期（新劳动资料代替旧劳动资料的周期）。就短不就长，以最短者为准❶。这种分析给人以启发，有参考价值。但我们觉得，有一些问题需要进一步精确化、具体化。例如，生产使用年限，实际上是物理使用年限，应把它同经济使用年限区分开；又如，自然损耗年限、价值变化周期、升级换代周期，如何具体确定，其中自然损耗年限，从总体上看，某种具体固定资产不会长期处于自然损耗状态，如果是某一段时间出现这种损耗，应怎样计算；再如，上述四种期限以最短者为准来确定折旧率，问题在于，最短者不一定是合理的。这都有待于深入研究解决。

根据固定资产有形损耗和无形损耗确定折旧率，除了要解决如何科学计算固定资产的使用期限问题之外，还要具体解决如何科学计算固定资产的价值问题。一般来讲，重置价值小于原始价值，如按原始价值提取折旧基金，重置时，就会在使用价值上增加固定资产的数量；如按重置价值提取折旧基金，重置时，就会在价值上减少固定资产数量。如果重置价值大于原始价值，则会出现相反情况。这矛盾如何解决？我们已经讲过，从社会主义生产目的着眼，应侧重使用价值简单再生产的

---

❶ 曹侠：《固定资产折旧的几个问题》，《财政研究》1981年第2期。

资金保证，也就是主要按重置价值考虑。上面提到的斯特鲁米林院士所设计的计算固定资产重置价值的公式可以参考。当然进行这种计算比较复杂，也不易准确，因此，实践中往往按原始价值计算，这也是可以的，但每隔一定时期应当进行一次固定资产的重估价，以求账面价值与实际价值一致。

按重置价值制定折旧率，在重置价值低于原始价值的情况下，如果其他条件不变，会比按原始价值确定的折旧率低；反之亦然。由于技术进步的结果，往往在短期内出现很多新型机器设备而使原有机器设备贬值，以致物理上尚可继续使用，但经济上则不宜继续使用，这就要提高折旧率，从总趋势看，这种情况居主导地位。

如何根据固定资产的有形损耗和无形损耗来确定折旧率，各国所用的具体方法很多。但实际也就是按固定资产的原始价值（不考虑无形损耗）或重置价值（考虑无形损耗）减去残值，在它的物理使用年限（不考虑无形损耗）或经济使用年限（考虑无形损耗）之内，如何进行分摊。概括起来，可分为平均分摊法、递增分摊法、递减分摊法。

有人把折旧方法概括为"平速折旧法""慢速折旧法""快速折旧法"。我们觉得这个概括，有不够准确的地方。如果把这里所说的"平速""慢速""快速"理解为折旧速度的不同，也就是折旧年限长短的不同，那就很值得商榷了。因为所谓"平速折旧法"就是指"直线法"，它并不一定意味着折旧的中等速度，所以不如称为"平均分摊法"更恰当些；所谓"慢速折旧法"并不一定意味着折旧的速度慢，用这种方法提取的折旧数额前期低于后期，呈递增趋势，所以不如称为"递增分摊法"更恰当些；"快速折旧法"一般说反映着较快的折旧速度，但这种方法的主要特点则是提取的折旧额前期高于后期，呈递减趋势，所以不如称为"递减分摊法"更恰当些。至于把"快速折旧"称为"加速折旧"，也不准确，因为它并不意味着折旧速度开始慢后来快。

现用图表简单说明一下三种折旧方法的区别：

平均分摊法，其主要理论依据就是固定资产的磨损大体是比较均衡的，而且在现实生活中，固定资产每年、每月究竟有多少价值因有形损耗和无形损耗而转移到产品中去，是难以在技术上实地测量的。马克思曾指出："这种生产资料把多少价值转给或转移到它帮助形成的产品中去，要根据平均计算来决定，即根据它执行职能的平均持续时间来计量。这个持续时间，从生产资料进入生产过程时起，到它完全损耗，不能使用，而必须用同一种新的物品来替换或再生产时为止。"❶这就告诉我们，要用平均的使用年限来确定折旧。其计算方法就是上面提到的年基本折旧率的公式。这种方法比较简便易行，如果固定资产的效能及其所提供的产量、利润等每年大体是均衡的，采用它是适宜的。然而实际上，在固定资产的整个使用期间，往往是前几年生产效率高、运转速度快、产量大、消耗小、获利多，因此折旧数额也应当前多后少，逐年下降。而从无形损耗的角度看，尽快地收回大部分，免得在后期遭受更多损失，以便能及时提供可靠的更新资金来源，有利于促进企业采用先进技术、提高劳动生产率、改进产品质量。因此西方国家从20世纪40年代起就越来越比较普遍地实行了快速折旧的方法，也就是递减分摊法。推行最广的是"年限总额法"（或称"年序数总额法"）和"余额递减法"。

---

❶ 《马克思恩格斯全集》第24卷，人民出版社1972年版，第176页。

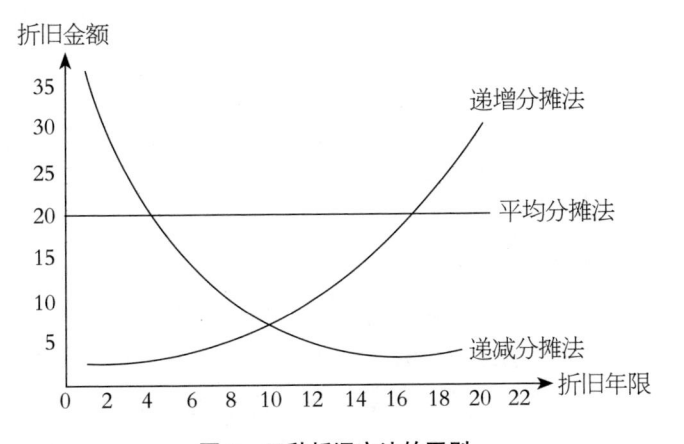

图 1 三种折旧方法的区别

年限总额法的计算公式：

$$D_t = \frac{n+1-t}{\sum_1^n j}(c-s)$$

式中：D_t—t 时期的折旧额；

c—固定资产原值；

s—固定资产残值（预计）；

n—固定资产使用年限（预计）；

t—固定资产使用期内的某一具体年度（第一年为 1，最末一年为 n）；

$\sum_1^n j$——从 1 到 n 的数字总和。

例如，某机器使用期限为 6 年，年限总和则为 1+2+3+4+5+6=21，头一年注销其价值（减去残值）的 6/21，第二年注销 5/21，第六年（最后一年）注销 1/12。

余额递减法，是用固定的折旧率乘固定资产的净值确定折旧额。计算公式：

$$r=1-\sqrt{\frac{n}{\frac{s}{c}}}$$

式中：r——折旧率；

n——固定资产使用年限；

c——固定资产原值；

s——固定资产残值（预计）。

国内外都有人反对使用这种快速折旧的方法，理由是计算困难，不符合劳动资料磨损的均衡性，所以提出递增分摊法。按这种方法计算，折旧率是每年增加的，增加的幅度利用增量的固定系数确定，折旧基金的大部分要到固定资产使用的最后几年提取。赞同这种观点的不多，实践中也很少采用。

我国现行折旧率只考虑了固定资产的有形损耗，而没考虑无形损耗，即使根据有形损耗，对固定资产的使用年限也是带有一定的估计性，一般是按照在正常条件下，机器设备的平均工作强度、使用方式、保养和维修质量以及工人的操作熟练程度等因素估计的，总的情况是折旧率偏低（这方面情况和问题将在第十章具体说明）。因此可以说我国的现行做法，既不符合无形损耗的实际情况，也不完全符合有形损耗的实际情况，应当根据固定资产的物理使用年限和经济使用年限制定新的折旧率。

第三节　固定资产的局部补偿——维修

上一节我们讲过，折旧基金分为两种，除基本折旧基金外，还有大修理折旧基金。大修理折旧基金是用来保证固定资产在实物形式上进行局部更新需要的。

机器、设备与房屋、建筑物等固定资产，在使用过程中，由于受到物理和化学的作用，其使用价值、工作能力、精密度和生产效率会逐渐降低；又由于固定资产的各个组成部分所用材质不同从而耐磨程度不同，所处位置和所起作用不同从而所承受的负荷程度不同，其中某些零部件会先于整体而用坏。正是由于固定资产的各个组成部分"它们在不同期间内损耗掉，因而必须在不同期间内进行补偿。机器的情形特别是这样"❶。为了保证固定资产特别是机器设备能正常履行其职能，就要求维护和修理。机器设备的维护是一项经常要进行的工作，包括严格按操作规程使用，经常擦洗灰尘油垢、润滑、紧固松脱部位等。

马克思在分析资本主义制度下固定资本的维持时指出："固定资本的维持，部分的是依靠劳动过程本身；固定资本不在劳动过程内执行职能，就会损坏。"❷"但是固定资本的维持，还要求有直接的劳动支出。机器必须经常擦洗。这里说的是一种追加劳动，没有这种追加劳动，机器就会变得不能使用。"❸这种分析也完全适合于社会主义制度下的固定资产的维修。

固定资产的维修分为大修、中修和小修。小修包括更换较小的零件，拆卸、调整机器设备的机构等；中修要更换和修复机器设备的主要零件和数量较多的其他磨损零件，校正机器设备的基准等；大修指固定资产经长期使用后，对其磨损部分恢

---

❶ 《马克思恩格斯全集》第24卷，人民出版社1972年版，第192页。

❷ 《马克思恩格斯全集》第24卷，人民出版社1972年版，第193页。

❸ 《马克思恩格斯全集》第24卷，人民出版社1972年版，第194页。

复原状，以保持正常运转能力，包括对机器设备进行全部拆卸和更换主要部件、配件，对房屋、建筑物进行翻修和改善地面工程等。

中修和小修相对于大修理而言，是该项固定资产第一次大修理之前，以及在两次大修理间隔的期间内所采取的维修措施。虽然小修、中修和大修的共同点是，对固定资产损坏的零部件进行拆卸和替换，但是一般来说，磨损的组成部分和要素其寿命不超过一年就需要替换的，属于小修；超过一年至二年或三年才需要替换的，属于中修；超过三年才需要替换的，则属于大修。大、中、小修的划分取决于工作量的大小，并且是从修理工作的周期性出发的，同时，它们的资金来源也是不同的。可以说，这种划分具有相当大的伸缩性。比如苏联规定：重新抹灰泥总量达到生产厂房抹灰墙面积的10%属于经常修理，多于10%则为大修理；修复厂房周围的现有护坡在规模上大于它的总面积20%属于大修理，小于20%则为经常修理；替换柱状设施达到它的总量的20%属于大修理，大于20%则为生产厂房的改建；替换个别管道地段或在成片更换管子时不超过管道网每公里200米由大修理基金解决，超过200米由国家集中的或非集中的基本建设投资解决，等等。❶

马克思说："真正的修理或修补劳动，需支出资本和劳动。这种支出不包括在原来预付的资本内，因此，它不能或者至少不总是能通过固定资本的逐渐的价值补偿而得到补偿和弥补。"❷ "这种投在真正修理上的资本，从某些方面看，形成

---

❶ 柯·阿·斯特拉罗夫：《完善工业厂房大修理的经济问题》，莫斯科建筑出版社1974年版，第16、17页。

❷ 《马克思恩格斯全集》第24卷，人民出版社1972年版，第195页。

一种独特的资本，既不能列入流动资本，也不能列入固定资本，但作为一种经常支出，算作流动资本较为合适。"❶依据马克思的提示，在我国实际工作中，中、小修所需费用系由车间经费支付，不建立专门的折旧基金，而大修所需费用（即大修理费）则要通过提取折旧，形成专门的大修理折旧基金，由企业支配。这是因为中、小修理费用相当均匀，可以在支出这些费用的短时间内把它们转入产品价值中去，属于流动资金范畴；而大修理费用则是不均匀的，通常要经过很长时间（不少工业部门都要经过3~5年）才支出一次，而且数额也较大。为了均匀地把它们转入各年所生产的产品价值中去，需要预先规定和按期提取。

通过大修理恢复固定资产的这部分价值，是在生产中被消耗，应由产品销售实现的价值进行补偿。根据大修理具有修理次数少、每次修理时间长、支付费用多等特点，为保证大修理及时进行，并避免一次支付较大的修理费用，造成产品成本不合理的波动，因此，固定资产大修理折旧基金是采取每月从产品成本中提存的办法，实际发生的大修理费用，则由提存的大修理折旧基金开支。

$$某项固定资产年大修理折旧提存额 = \frac{该项固定资产每次大修理的计划费用 \times 该项固定资产预计大修理次数}{该项固定资产使用年限}$$

$$某项固定资产月大修理折旧提存额 = \frac{该项固定资产年大修理折旧提存额}{12}$$

在实际工作中，大修理折旧基金是按国家规定的大修理基金提存率计提的。我国财政部1973年曾规定："企业的大修

---

❶ 《马克思恩格斯全集》第24卷，人民出版社1972年版，第197页。

理基金，应当按照国家规定的大修理折旧率提取，不得自行变更。新投产企业的大修理折旧率，由企业主管部门商得同级财政部门同意后核定。"

大修理基金提存率的计算公式是：

$$年大修理基金提存率 = \frac{预计大修理费用总额}{固定资产原价 \times 预计使用年限} \times 100\%$$

$$月大修理基金提存率 = \frac{预计大修理费用总额}{固定资产原价 \times 预计使用年限 \times 12} \times 100\%$$

在现实经济活动中，大修理基金一般都是按月提存，以便比较均衡地摊入产品成本。

月大修理基金提存额 = 月初在用固定资产原价 × 月大修理基金提存率

大修理基金提存率，在各个部门、各个行业和各个地区是高低不等的。我国 1975 年全国企业固定资产年大修理基金提存率总的是 2.5%，其中工业 2.3%，施工 2.8%，铁道 2.5%，交通 3.8%，邮电 3.8%，民航 1.1%，城市公用 2.4%，文教卫生 0.9%。在工业企业中，冶金 2.3%，电力 1.3%，煤炭 2.4%，石油 4.3%，化工 3.4%，机械 1.8%，建材 2.3%，森工 2.8%，纺织 2.4%，轻工 2.6%。各地区也不一样，例如，哈尔滨市为 2.53%，常州市为 4.74%，南京市为 4.3%，杭州市为 3%。但总的来说，大修理基金提存率都低于基本折旧率。

对大修理折旧率，应当力求定得恰当，这就需要考虑很多因素。

首先，要看固定资产在正常的使用年限之内，需要进行大修理的周期❶长短。在其他条件不变的情况下，修理周期越长，

---

❶ 大修理周期是指相邻的两次大修理之间机器设备的工作时间。

表明在固定资产正常寿命当中需要大修理的次数越少，从而大修理折旧率也就可以较低；反之亦然。而大修理周期长短，又取决于固定资产的质量、耐磨性能等状况。

其次，要看大修理复杂系数❶高低。如果大修理周期已定，那么在固定资产价值相同和修理周期相同的情况下，修理复杂系数越高，表明每次大修理所消耗的物资、资金、劳动力就越多，从而大修理折旧率也就越高；反之亦然。而大修理复杂系数高低，则决定于固定资产结构、精密度等状况。

再次，要看科学技术的进步程度和修理生产部门的组织状况。修理生产部门技术越是先进，组织越是完善，在其他条件不变的情况下，就可以用较少的大修理费用来补偿同样的磨损额。

最后，还要看使用固定资产的各部门的工作条件与使用情况。同样的机器设备，在腐蚀性强、高温、潮湿或露天等环境下作业，显然磨损要快，修理的工作量也要大，从而在其他条件不变的情况下，大修理折旧率也要高。即使工作条件一样，由于换班系数不同，负荷程度不同，也会对大修理提出不同要求，从而影响大修理折旧率。

根据我国实际情况，有几个问题需要着重提出来：

第一，各部门、各地区、各企业单位分别提出和核定大修理折旧率，有的没有很好考虑上面提到的一些因素，不尽符合客观情况。因此，一部分企业感到大修理基金不够用，鞍钢的

---

❶ 大修理复杂系数是计算不同机器设备的修理工作量的假定单位，用以反映修理的复杂程度。这一假定单位所消耗的修理劳动量，通常用C620机床修理劳动量的十分之一来代表。即，C620机床的修理复杂系数规定为10，其他机器设备的修理复杂系数以此为标准进行比较和度量，如修理劳动量多1倍，则为20，少一半则为5，余类推。

情况就是因为设备大修理折旧率低,大修理费用严重不足已成为企业改造的一个关键问题,第一炼钢厂平炉大修理基金提存率3%,只占实际大修费的30%左右。一部分企业大修费则有多余。这就会造成或者不能及时进行大修理或者忽视日常修理而集中搞大修理,结果都不利于固定资产的简单再生产。应当根据各部门、各地区、各企业单位的实际情况,按各类不同的固定资产分别定出大修理折旧率。

第二,近些年来,基本建设挤生产,生产挤大修的情况比较普遍、比较严重。修理用的零件、配件常常出现不能满足需要的情况。例如,天津科学器材公司反映,随着科研事业发展,对仪器设备配件的需要量增加了,像控制干燥箱温度用的导电温度计,分光度计配用的硒光电池,显微镜配用的光源等,在使用中经常损坏,虽然有的配件价值不过一元左右,但却很难买到。兰州也反映,8万多元的一件精密仪器,因缺少一个几十元的零件,便不能使用。此类情况其他地方也有。由于维修用的经费被严重挤占,维修用的零件、配件生产未做相应安排,致使老企业有不少机器设备因年久失修而带病运转,不少厂房因年久失修而倒塌,相当数量的贵重机器设备因缺少零件、配件修理而不能发挥作用。农业机器这种情况特别严重。这是无视大修理对维持固定资产简单再生产的绝对必要性所造成的后果。应当认识到,由于没有进行及时的必要的大修而导致固定资产"未老先衰",实质是摧残社会生产力。

第三,大修理的使命在于使劳动手段恢复原有的精确度和生产效能,但在实际经济活动中,大修理通常伴随着机器设备的改装和革新,从而使其生产能力提高。那种强调大修理不能改变原来结构的观点和做法,是与科学技术不断进步的客观趋势相违背的。在科学技术日新月异的情况下,设备的恢复性大修和改造性大修不仅要很好结合，而且要特别重视改造性大修。应当采取必要和切实的措施，提倡和鼓励大修与技术改造相结合。

这里，可能发生一个实际问题：大修理和技术改造结合在一起进行，往往要增加零部件，要装置价值更高的零部件，大修理费用不够怎么办？我们认为，如果这样做，在经济上是划算的，那么超过的部分应从国民收入中拨付一定数量的技术改造或设备现代化基金来解决。也就是说，技术改造费用和大修理费用，固定资产简单再生产费用和扩大再生产费用，一方面，从理论上、从经济核算上要区分清楚；另一方面，在实际运用上，在很多场合，又应视具体情况使它们在一定程度上很好结合起来。总的原则应当是：怎样更有利于采用新技术、促进生产力的迅速发展，就怎样做。那种用"不变形""不增值"之类的框框进行多方限制的办法是不妥的。

第四，要进行经济效果比较，对机器设备所花的大修理费用应当比生产该种新的机器设备所需要的费用少。如果修一台机器比新买一台同样的机器还贵，这显然是不合算的。然而，在我们的实际生活中确实存在着这种情况。例如，这几年北京市许多工厂大修一台旧设备的费用就比买一台同类型新设备的费用还要多。有的厂大修一台车床花7000元，而买一台新的才4300元；有的厂大修一台另一种车床要12000元，而买一台新的却只需6300元，这就是说修比买要贵60%~90%。它意味着大量社会劳动被浪费了，而且还阻碍了技术进步和生产力发展。应当通过合理安排生产、改革陈旧的管理体制和规章制度、采取必要经济措施等，切实制止这种情况继续下去。

第五，为了提高大修理的经济效果，一个重要措施就是要实行设备维修专业化。现在企业一般都设有维修车间，拥有维修设备，自己制造备件。维修用的各种备件都要由自己解决，是很不合理的，这是大而全、小而全的一个具体反映。维修备件的品种、规格成千上万，由各个工厂分散制造，分散储存，势必造成大量的重复劳动和重复储备，提高维修设备的成本费用。而且，维修不及时又会严重影响生产。据美国于1967年对一千二百家机械制造企业的调查，在大型企业中，设备每停一分钟，就要损失两万美元。所以美国机械工业早就建立了专业维修公司和维修备件专业化制造厂。此外，维修专业化，符合修理业需要有较高技术水平的要求，有利于保证维修任务的完成。国内外的情况都说明，按专业化原则改组现有维修力量，使设备维修和维修配件的生产专业化，以及机器设备零部件的标准化、系列化，乃属客观必然趋势。

第四章　固定资产的退废与更新

第一节　固定资产的寿命全部完结与整体替换

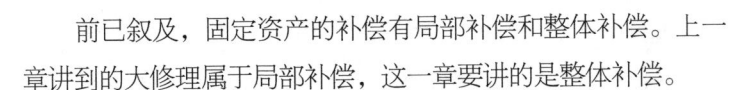

前已叙及，固定资产的补偿有局部补偿和整体补偿。上一章讲到的大修理属于局部补偿，这一章要讲的是整体补偿。

所谓整体补偿是指某种固定资产的寿命全部完结需要从实物形态上整体替换而言。

固定资产的整体实物补偿，是其简单再生产的最基本、最典型的表现形式。它比较集中和突出地反映着固定资产价值转移和实物替换的不一致性，以及由此所产生的对生产资料生产与消费资料生产（两大部类）之间的比例关系，对简单再生产与扩大再生产之间的关系的巨大影响。它涉及如何对待技术进步和正确制定技术政策，关系到四个现代化实现的速度。因此，有必要用专门一章来加以说明。

固定资产像人一样，是有一定寿命的。在其各部分机能正常发挥作用的情况下，它从物理上是可以"不辞辛劳"地供人类役使的，如果只是局部发生了故障，通过局部的实物补偿仍可继续服务，然而到它全部寿命完结的时候，就要退废，而必须用新的固定资产来代替。要使简单再生产能够正常维持下去，一方面，"在商品生产上消费的原料和辅助材料，必须用实物来补偿；在商品生产上消耗的劳动力，同样也必须用新的劳动力来补偿"❶；另一方面，"就像在这些生产部门从事生产的人每年都有死亡一样，每年也有许多固定资本在当年到达寿命的终点，必须用积累的货币基金实行实物更新"❷。也就是劳动资料在其丧失了使用价值，不能或不宜于生产过程中继续服务的时候，便需要用相应实物来替换。

固定资产的寿命（使用年限）怎么来确定，以及如何为实行实物更新而积累货币基金（折旧），我们在上一章已经讲过。这里着重指出的是，固定资产的实物更新与为此而积累的货币基金（折旧过程），两者是不一致的。前者是一次完成的，后者是逐渐进行的。在不需要实物更新之前，虽然货币基金（基本折旧基金）在积累着，但却不必用它购置固定资产。这样，就要先以货币形式沉淀下来，以待固定资产不能在生产过程中执行职能时转化为劳动资料。

由于这种价值上的补偿与实物上的替换不一致，为社会产品的实现问题，"提出了特殊困难"❸。当固定资产不需要实物更新的时候，如果第Ⅰ部类内部的实现问题存而不论，在两大部类之间的关系上就会形成第Ⅱ部类方面有一个用来补偿它的固定资产损耗的货币基金；在制造固定资产物质要素的第Ⅰ部类方面，却有相应价值的生产资料的生产过剩。但是，第Ⅱ部类是由许多企业构成的，他们的固定资产处在再生产的完全不同的期限中，对一些企业来说，固定资产已经到了必须

---

❶ 《马克思恩格斯全集》第24卷，人民出版社1972年版，第503页。

❷ 《马克思恩格斯全集》第24卷，人民出版社1972年版，第507页。

❸ 《马克思恩格斯全集》第24卷，人民出版社1972年版，第509页。

全部用实物更新的期限。这时,他们就要以相应数量的货币作为垫支资金来购置劳动资料。正如马克思在分析资本主义社会再生产的问题时所指出的:"第Ⅱ部类的一部分资本家在已经更新的实物形式上再拥有他们的固定资本价值,另一部分资本家则还要在货币形式上积累固定资本价值,以便将来用实物来补偿他们的固定资本。"❶在生产规模,特别是劳动生产率等条件不变的前提下,如果第Ⅱ部类固定资产要素比上一年有更大的部分已经寿命完结,从而有更大一部分要用实物更新时,那么,还在死亡途中的、在死亡期到来以前暂时要以货币形式补偿的那部分固定资产,必然会按照同一比例减少,因为按所假设的前提,在第Ⅱ部类执行职能的固定资产总和(以及价值额)是保持不变的。如果一年内第Ⅱ部类资产中寿命完结而要再生产的部分较小,损耗部分较大,那么,暂时以货币形式补偿的那部分固定资产,必然会按照同一比例增加。

总起来说,在简单再生产和各种条件不变,特别是劳动生产力、劳动总量、劳动强度不变的情况下,假定寿命已经完结、有待更新的固定资产同货币形态上积累了更新准备,但仍在生产过程中起作用、不需要更新的固定资产之间的比例发生了变化,即假定原来实物形态上需要更新的数量等于货币形态上累积的更新准备基金的数量,而现在变得不相等了。这可能出现两种情况:一是前者大于后者,二是后者大于前者。如果有1000个单位的货币准备金,但需要实物更新的数量却是1200个单位,那么,尽管需要再生产的劳动对象部分的量保持不变,但需要再生产的劳动资料部分的量也会增加,因此,第

---

❶ 《马克思恩格斯全集》第24卷,人民出版社1972年版,第515页。

Ⅰ部类的生产总额必须增加200个单位,不然,即使把货币关系撇开不说,也会出现再生产不足的现象。如果需要实物更新的固定资产数量不足1200个单位,而是900个单位,那么,尽管需要再生产的劳动对象部分的量保持不变,但需要再生产的劳动资料部分的量却会减少,因此,第Ⅰ部类的生产总额或者减少100个单位,或者出现过剩,而且是不可能转化成货币的过剩。

正因为如此,尽管是规模不变的再生产,在资本主义制度下仍然会发生经济危机。

关于固定资本与经济危机之间的内在联系,马克思作了创造性的论述。以前的经济学家通常是把固定资本生产和流动资本生产的不平衡,作为说明危机的一个根据。但是,他们没有发现,也不理解在固定资本仅仅维持原状的情况下,在理想的正常生产的前提下,在已经执行职能的社会资本的简单再生产的情况下,这种不平衡也能够发生,并且必然会发生。

固定资本更新,构成了资本主义再生产周期性的物质基础。诚然,在资本主义制度下,所以发生经济危机,根源在于资本主义基本矛盾,但固定资本更新乃是周期的物质基础。因为固定资本更新引起对生产资料的要求,促使社会走向复苏和高涨,但在这个过程中,由于国民经济各部门间比例关系失调,生产增长同有支付能力的需求之间矛盾日趋尖锐化,因此势必导致更深刻的新的经济危机。固定资本平均周转期越短,资本主义经济危机的间隔期也越短。如果说过去固定资本大体是十年更新一次,经济危机也大体是十年一次的话,那么在第二次世界大战之后,特别是最近一二十年,固定资本大体上是五六年就更新一次,从而经济危机的间隔期也大体是五六年一次。虽然在第二次世界大战以后,资本主义世界出现一些新的情况，一个是民用建筑和耐用消费品在资本主义经济中的重要性增加了，从而使固定资本投资在经济危机和周期中的作用相对削弱；还有一个是实行快速折旧，使所用资本与所费资本之间的不一致性减弱了，因此，固定资本周转特点对再生产不平衡的影响作用也相对缩小。但是，马克思所讲的有关基本原理仍未失去效力。

在生产资料公有制和实行计划经济的社会主义制度下，固定资产周转的这种特点，不会构成周期性经济危机的物质基础。

马克思曾直接就社会主义制度下的情况作了阐述，这里不妨稍加详细的引证。他说，再生产的资本主义形式一旦废除，问题就归结如下：寿命已经完结因而要用实物补偿的那部分固定资产的数量大小，是逐年不同的。"如果在某一年数量很大（像人一样，超过平均死亡率），那在下一年就一定会很小。假定其他条件不变，消费资料年生产所需的原料、半成品和辅助材料的数量不会因此减小；因此，生产资料的生产总额在一个场合必须增加，在另一个场合必须减少。这种情况，只有用不断的相对的生产过来补救：一方面，要生产出超过直接需要的一定量固定资本；另一方面，特别是原料等的储备也要超过每年的直接需要（这一点特别适用于生活资料）。这种生产过剩等于社会对它本身的再生产所必需的各种物质资料的控制。"❶

马克思的这一段科学论证，对我们如何正确认识固定资产周转特点对社会主义再生产平衡关系的影响，自觉地遵循客观经济规律，采取有效的经济措施，来促使国民经济的协调发

---

❶ 《马克思恩格斯全集》第24卷，人民出版社1972年版，第527页。

展,避免出现大起大落,具有重大的现实指导意义。

同时,马克思还告诉我们,由于固定资产的价值补偿和实物替换不一致,在固定资产不需要进行实物更新之前,为此而积累起来的货币准备金可以用来扩大生产。在持续地、稳定地不断扩大再生产的条件下,停留在固定资产旁边以待实物更新的那部分货币沉淀的数量会越来越多,从而供作扩大再生产用的基本折旧基金数量也会越来越多。美国加工工业,从1950—1972年,每年固定资本投资总额中,平均有77%来自折旧基金,只有23%是来自利润。折旧不仅可以负担全部更新和现代化,而且还可以负担相当部分(占投资总额的20%)新建企业。但是,必须明确,基本折旧基金就其经济职能来讲,主要是保证固定资产的实物更新的。在有大量固定资产应该更新的情况下而不更新,却把折旧基金用于扩大再生产,这是不妥当的。

基本折旧基金允许用于扩大再生产的部分,在客观上是限定的。假如把再生产过程看作不断重复的流,我们截取任何一段,都意味着前期生产需要的固定资产都已具备,有一部分是要到期报废进行更新的,还有一部分是只提折旧基金而不需要实物替换的,如果再生产的规模不变,固定资产的种类、使用年限和价值也均不变,折旧率定得恰当,那么,每年到期报废的固定资产数量同每年实物更新所需要的资金数量将是相等的。然而,这种假设在现实生活中是不存在的。实际上,总是有很多因素不是促使到期退废的固定资产数量发生变化,就是促使实物更新所需要的资金的数量发生变化。特别是在扩大再生产速度发生变化的条件下,就更是如此。例如,由于通过超计划的大修和维护保养良好,就会使到期退废的固定资产数量减少,而由于人为地加剧物质磨损或因技术进步加快,需要提前淘汰某些机器设备，这又会使到期退废的固定资产数量增多；由于社会劳动生产率提高，固定资产重置价值下降，就会使实物更新所需要的资金量减少，而由于经营管理不善、成本提高、价格上涨，又会使实物更新所需要的资金量增多，等等。如果退废固定资产数量一定，更新所需资金减少了，或更新所需资金数量一定，退废固定资产数量减少了，则折旧基金用于扩大生产部分可增加，但如果退废固定资产数量一定，更新所需资金增加了，或更新资金数量一定，退废固定资产数量增加了，则不仅基本折旧不能用于扩大生产，而且还要从积累基金中拿出相应部分用于更新。

第二节　固定资产更新速度取决的因素

固定资产更新速度，可以用固定资产平均多少年更新一次来表示。各类不同固定资产，在不同时期和不同国家更新速度都是不一样的。从总的情况看，主要机器设备的更新速度呈现着加快的趋势，前面已经提到，在工业比较发达的资本主义国家，19世纪大约十年更新一次，而在第二次世界大战以后则逐渐缩短为五六年更新一次。

比较各时期的固定资产更新速度，可通过各时期的固定资产更新系数的变化来反映，也可以通过各时期的固定资产退废系数的变化来反映。固定资产更新系数是指在一定时期内，用于更新的固定资产在全部资产中所占的比重❶。固定资产退废

---

❶ 比较流行的一种解释是，固定资产更新系数指企业在报告期末固定资产中新增固定资产的比重，但我们认为，从全社会讲，新增的固定资产不一定都是用于更新的；从一个企业来讲，情况也是这样。可见新增固定资产比重与更新的固定资产比重是不同的。

系数是指一定时期内退废的固定资产在全部固定资产中所占的比重。在更新数量与退废数量相等的条件下，更新系数与退废系数也会一样，虽然实际生活中两者很难完全一致，但退废系数可大体反映出固定资产更新情况。苏联20世纪50年代由于陈旧和磨损而退废的固定资产平均占年初所有固定资产的2%。各部门的固定资产退废率高低不同，如1955年，森林工业为4.5%，采煤工业为3.6%，是比较高的；而造纸和木材加工工业则只有0.8%，电站更低，只有0.4%。各时期的退废系数也不一样，如1966年为2.2%，1967年为3%，1968年又降到2%，1969年和1970年都为1.9%。这种退废率明显低于折旧率（1975年制定的折旧率为3.6%）。虽然在正常的不断扩大再生产的条件下，可以有一部分折旧不用于实物更新而用于扩大生产，因此退废率要低于折旧率。但是，苏联的折旧率本来就不高，却仍然没有按较低的折旧率来保证折旧期满就及时替换，说明固定资产更新速度是缓慢的。我国缺乏完整、系统的统计资料，据冶金、石油等五个部门的材料显示，1956年退废的固定资产价值约等于这五个部门固定资产总值的0.76%，比苏联的退废系数还低。近些年也未见固定资产更新速度有明显加快。

那么，固定资产更新速度的快慢，都取决于哪些因素呢？主要有：

第一，取决于固定资产物理上的老化程度。

当某种固定资产在物理性能上不能再继续执行其职能时，必须用新的来替换，这是更新的最低极限。但是，物理上不能继续使用的期限，即使是同类固定资产，它的长短也会有几种不同情况。

（1）固定资产是在正常条件下使用的，是经过正常的维修维持其寿命的。在这种情况下，它的实际退废期同计提折旧的预计使用期会是基本一致的。

（2）固定资产是在恶劣的条件下使用的，超负荷运转，维护管理不善，修理不及时或质量不好。在这种情况下，它的实际退废期比计提折旧的预计使用期要短，表现为提前报废。

（3）固定资产是在良好条件下使用的，维护保养好，坚持计划检修，保证修理质量，因此延长了它的寿命，从而实际退废期比计提折旧的预计使用期要长。

（4）固定资产本应退废，但由于没有新的代替，只好勉强用它维持生产，或者增加大修理次数，或者带病运转，影响产品数量和质量。在这种情况下，也会导致实际退废期长于计提折旧的预计使用期。

对于（1）、（3）两种情况，应当提倡和鼓励，而对于（2）、（4）两种情况（在现实生活中屡见不鲜），则应克服和防止。

第二，取决于技术进步快慢。

上面讲过，从世界各资本主义国家固定资本更新的速度来看，总的趋势是越来越快，其主要原因就是由于技术进步日新月异，固定资产无形损耗愈益加剧，资本家为了在竞争中战胜对方获取最大剩余价值不得不加速固定资本更新。我们社会主义国家和资本主义国家在固定资产（本）更新方面所考虑的因素是不相同的，但是，技术进步快慢与固定资产（本）更新速度之间存在着极为密切的关系，在这一点上，凡是社会化的大生产又具有共同性。

技术进步与固定资产更新之间的密切关系表现在两个方面：一是随着技术的进步，出现越来越多的性能更好、效率更高的机器设备，它要求同类的、陈旧的固定资产，虽然在物理上仍可继续使用,但为了更迅速地提高社会劳动生产率,加快生产建设速度,必须提前报废;二是随着以技术水平更高的机器设备及时地替换那些技术上陈旧落后的机器设备,可以推动技术更快进步。这两方面结合起来,就形成这样一种客观规律性:技术进步越快,要求机器设备这类固定资产的更新速度越快;反过来,用更好的技术设备替换落后的技术设备的更新速度越快,可以促使技术进步越快。但是,不能绝对化,它还要受到客观条件的制约:其一,当没有出现重大技术进步的情况下,提前报废物理上仍能继续使用的固定资产并不能带来社会劳动生产率的提高和经济效果的提高,因而是不划算的;其二,即使出现了重大的技术进步,提前报废同类机器设备在经济上是合理的,但如果短时间内全部或大部分提前替换不可能实现,那也不应当过多地提前报废物理上仍能继续使用的固定资产。

根据我国实际情况,过去长期以来在固定资产更新方面对技术进步因素的重视是不够的。这主要表现在:①只要机器设备这类固定资产仍能在物理上继续使用,很少考虑技术进步因素提前报废,甚至超过正常的物理使用年限也照样让它抱病服役,这样,相对于技术的迅速进步,机器设备的老化越来越严重,实际是维护落后;②机器设备产品升级换代的年限太长。美国的机械工业每四年更新20%的机电产品,平均每二十年更新一代,我们要慢得多,因而替换报废设备的新设备也很少在质上有新的飞跃。我国解放牌汽车二十多年型号没变,这种情况不应再继续下去。

第三,取决于货币准备基金和物质要素替换退废固定资产的客观可能性。

要有必要的准备资金才能进行固定资产更新,这是首要的前提条件。如果折旧率低，或者折旧基金被当作收入（它不是收入的组成部分）挪作他用，那么固定资产更新所需要的准备资金便得不到充分满足，这自然要降低固定资产更新速度。我国近些年来就出现了这种情况。

即使具备了必要的准备资金，也不等于一定能保证固定资产更新，它还需要物质方面的条件。很明显，有多少机器、设备和房屋、建筑物报废，就需要制造出多少新的同类的固定资产来代替，否则，更新是实现不了的。按理，如果计划得好，每年有多少各类固定资产应当退废，那么，也应当安排和提供相应数量和种类的固定资产的物质要素。可是实际上往往出现应当有那么多的固定资产更新却没有那么多的新固定资产来替换，这样，就会严重影响固定资产更新速度。我国近一二十年来就存在着这个问题。

解放前我国的物质技术基础很薄弱，旧中国近百年积累起来的工业固定资产不过128亿元，对这些固定资产的更新，还不能作为主要任务提到议事日程。中华人民共和国成立初期，开始大规模基本建设，固定资产才逐渐大量增多。然而这大批新增固定资产（"一五"时期共460.3亿元，其中工业固定资产200.6亿元）短期内并不需要实物更新。因此，作为提供固定资产物质要素的机器制造业和建筑业等生产部门的产品有相当大的部分可不必用于更新而用于扩大再生产。然而到20世纪60年代末特别是跨入20世纪70年代之后，就要求上述生产部门提供越来越多的、质量更高的固定资产物质要素用作更新之用。但是，在这些生产部门的生产能力不能一下子增加很多，而国民经济各部门对这些部门的产品需要量又不能一下子减少很多的情况下，固定资产更新的部分便很难充分满足，这就限制了固定资产更新速度。

第四，取决于现有生产力水平和劳动力资源情况。

如果国民经济各部门物质技术基础比较雄厚，技术装备水平较高，在其他条件不变的情况下，固定资产更新速度可以相对快一些；如果现有生产力水平较低，国民经济各部门技术装备程度不高，那就会有相当数量在某些部门被淘汰、退废的机器设备转到其他部门降级使用，因而从全社会讲，实际退废的固定资产数量会减少，但是，这些降级使用的机器设备还需要有相应数量的新机器设备来代替，只不过代替下来的旧机器设备实际并没有退出生产过程。

在劳动力资源不足的国家，尽可能多和尽可能快地采用高效能的尖端技术设备来替换效能较低的技术设备是合理的，这就会促使固定资产更新速度加快；在劳动力资源丰富的国家，一方面为了使具有劳动能力的人口得到充分就业，另一方面为了保证平均每个劳动力拥有的技术装备水平不致下降，其重点就不在于机器设备质量上的以高替低，而在于机器设备数量上的以多替少，从而会促使固定资产更新速度延缓。

我国目前生产力水平还比较低，劳动力资源却非常丰富，这样，在固定资产更新速度上就会相对慢一些，当然总的趋势将逐步加快。

第三节　正确制定固定资产更新的技术政策

随着积累的固定资产数量越来越多，逐年需要实物更新的数量也将越来越多。随着科学技术进步的加快，固定资产经济上的使用年限将缩短。如苏联报废机床的实际使用年限1955—1957年是31年，1962—1971年是26.3年，自1975年起规定为21~22年。这样，需要实物更新的固定资产在全部固定资产中所占比重也将增加。我国面临的固定资产更新的任务是很繁重的。我们现有的固定资产在年龄构成上，要比某些西方国家老得多❶。比如，联邦德国使用十年以上的机器设备在20世纪60年代只有30%（最近几年增加到50%以上），也就是说使用不到十年的机器设备占绝大部分，而我国以沈阳重型机器厂为例，主要机械设备已使用二十年以上的占40%，这具有相当大的代表性。

固定资产更新是整个社会主义再生产过程中的一个重要环节，不是孤立的活动。固定资产在各个不同时期有多少需要实行更新，采取什么样的途径更新，本着什么样的原则更新，这对四个现代化的建设关系是很大的。因此，必须制定正确的固定资产更新方面的技术政策。制定这方面的政策，主要依据应当是：

第一，要有利于正确处理简单再生产同扩大再生产的关系，正确处理固定资产更新需要的货币基金同物质要素之间的关系。

这就要求以全局观点和长远观点有计划、有步骤地解决固定资产更新问题。20世纪60年代初期，我国经济学界曾对固定资产更新问题展开过较多的讨论，但是"文化大革命"一来便搁置不论了。在实际工作中，也是长期没有把它提到应有的地位，没有纳入国民经济计划，没有在财力、物力上给予必要保证。从价值上讲，每年提取的基本折旧基金一方面是数量不足，另一方面是没有首先保证固定资产简单再生产的需要。

---

❶ 固定资产年龄构成，是指把固定资产按不同的使用年限进行分组，看各组在总额中所占比重，如果使用年限短的各组所占比重小，使用年限长的各组所占比重大，即表明固定资产老化。

从使用价值上讲，每年制造的机器、设备和建筑的房屋、建筑物，也不是首先考虑替换那些已到期退废的固定资产，而是用于新建形式的扩大生产。这种扩大生产往往是通过牺牲老企业实现的。其结果在形式上扩大了生产能力和生产规模，实际上却是严重地削弱了再生产的基础，没有真正起到扩大再生产的作用。因此，根据历史经验总结出来的"先简单再生产，后扩大再生产"的原则，应当切实遵守。具体到固定资产再生产方面应当是"先更新，后新建"。日本1963—1973年，在新增机床总数中有84％是用于更新的，美国1952—1972年这一比重为76％。对现有企业进行设备更新，可以不增加农业生产负担而加快工业发展，在安排固定资产更新时，应把那些短线产品、薄弱环节、技术落后的部门放在优先地位，以利于整个国民经济综合平衡。

第二，要有利于社会生产能力的扩大。

过去曾有一种观点，认为固定资产更新就是以原来型号和相同性能的新劳动资料来替换旧劳动资料。根据这种最狭窄的理解，通过固定资产更新，很难实现社会生产能力的扩大。我们认为，固定资产更新，在科学技术迅速进步的条件下，通常应以革新的形式来进行。由于技术进步，劳动生产率提高，代替报废了的固定资产的新固定资产，往往是价值更低，效率更高，从而能使社会生产规模扩大，速度提高。这是固定资产的简单再生产不同于其他产品的简单再生产的一个明显特点。更新设备时，一定要结合采用新技术，反对"原打原"。固定资产更新的实质是保证原有生产能力不丧失，而不是要求形式上不改变。如果通过更新能促使生产能力扩大，是求之不得的。孙冶方同志一再提出不能"复制古董"，这很有道理。固定资产更新，要切实"更"出"新"来，即通过物质替换，使整个机器设备的面目焕然一新。而这种"新"则应集中反映在生产效率的提高和生产能力的扩大上。只要在生产过程中执行着同样职能，维持并扩大生产能力，那么就不应对具体样式硬加限制。

为了能够通过固定资产更新达到生产能力的扩大，就必须十分重视制造固定资产的物质要素的生产部门的技术革新和技术革命，十分重视提高机器设备的设计和制造质量。因为这些部门的技术水平直接决定着固定资产更新的规模和质量。结合技术改造进行固定资产更新，除了可以大幅度增加产品产量外，还可以达到提高产品质量、增加产品品种、提高落后部门技术水平等项目的。

第三，要有利于提高经济效果。

进行固定资产更新，应当力求在获得与旧机器设备相同的生产能力时要花更少的资金，或者在花费与旧机器设备相同费用时要获得更大的生产能力。同时要考虑固定资产更新后是否可带来劳动生产率的提高，产品成本的降低，原材料、燃料、动力消耗的节约，特别要注意能源的节约。衡量固定资产更新是不是有利于提高经济效果，需要分别计算新旧固定资产的基金回收率（固定基金回收率 = $\dfrac{该种固定资产的产值}{该种固定资产的价值} \times 100\%$），以及劳动生产率、成本、材料消耗、能源消耗等指标，并加以比较，如果用以替换的新的固定资产的这些指标优于旧的固定资产就表明经济效果好，进行更新在经济上是合理的。

为了实现固定资产更新在经济上的合理性，要注意以下几点：

（1）正确掌握固定资产更新的时限。一般来讲，凡能在生产过程中正常发挥机能的固定资产，就不要过早地令其退废，以免造成物化劳动的浪费。但是，并不是在任何情况下，任何一种固定资产物理上的使用年限越长越好。假如某些机器设备是在丧失了应有的精密度、加工能力或作业效率明显下降的情况下使用的，将会影响产品的质量和数量；或者需要花费大于或等于固定资产原值的资金进行大修理才能继续使用；或者虽然可以不必花费更多的修理费用，性能尚属良好，但是消耗的原材料、燃料、动力太多，在这几种情况下，人为地延长固定资产寿命，不予及早地进行更新，在经济上是不划算的。某种陈旧的机器设备在什么情况下进行更换在经济上才是合理的，可以把这种机器设备所生产的产品的个别成本同部门的平均成本加以比较，如果个别成本明显高于部门平均成本，那么这时就应当考虑更新。这是侧重从有形损耗的角度来讲的，从无形损耗角度来讲，由于仍能继续使用的机器设备提前报废，意味着有一部分价值要丧失掉。只有新机器设备同过时的旧机器设备相比，由于劳动生产率提高和单位生产能力投资额相应下降而节约的劳动消耗足以弥补这种损失并且明显有余的情况下，才应当考虑进行更新。

（2）正确掌握用以替换的新机器设备的技术类型。在选择什么样的技术类型来替换报废的机器设备时，一般来讲，凡能更大地提高劳动生产率的先进技术，都应当在首先考虑之列。但是，并非技术上越先进，在经济上就越合理。因为技术越先进，往往机器设备的价格就越昂贵。同样数量的固定生产基金装备的劳动者人数就越少。例如，美国20世纪60年代钢铁企业原来用50万人，在采用新装备以后只用25万人，减少了一半。我国是一个资金缺乏、劳动力资源丰富的社会主义国家，不能通过用很多资金去装备很少的劳动者以致造成大量待业人口来实行固定资产更新。一个国家在不同的发展阶段，面临不同的经济任务，可以采取不同的技术政策。如果是着重在产量上大发展，又有充裕的劳动力，不妨不必用新技术去代替旧技术；如果是着重在产品质量上大提高，劳动生产率水平更快的增长，不妨把每年增加的新技术全部用于提前替换过时的机器设备。当然，这都带有极端性。我们既不应使技术长期停滞，劳动生产率长期处于低下状态，又不应不顾现实情况去盲目效法工业先进国家所走的道路，因此，比较稳妥的办法就是在进行固定资产更新时，采取多层次的技术结构，根据不同部门和不同行业，分别选用先进的、中间的和较为落后的不同技术类型，即适用型技术设备。

（3）正确处理用新机器代替旧机器和旧机器现代化的关系。对陈旧的机器设备可以用新的来代替，也可以把它现代化。究竟用哪一种办法好，可通过经济效果比较来确定。就是把现代化的机器设备和新机器设备的生产率同它们的重置价值加以对照。比如，旧机器值8000元，生产效率是每小时生产100元产值的产品，新机器值12000元，生产效率是每小时生产200元产值的产品，如果要把旧机器加以现代化，使它的生产效率也能达到每小时生产200元产值的产品，那么，用于现代化的费用应当不超过4000元（12000-8000），才是合算的。

（4）正确处理设备更新和充分利用老设备的关系。我国生产力水平还相当低，不及时更新设备，很难赶上国际先进的技术水平，但大量更新固定资产又不能不受到现有技术基础的制约。这一方面要求下决心尽可能地更新那些必须退废的设备，另一方面又要求尽量充分利用老设备。由于生产工艺不同，加工要求不同，即使在某些部门、行业，企业被替换下来的设备，不一定在另外一些部门、行业、企业就不能继续使用。例如，一台精度减退的机床，不宜在精密机床厂使用，可能适合通用机器厂使用；不宜在通用机器厂使用，可能适合金属制品厂使用。又如，现代化企业淘汰下来的设备，可转给手工业部门使用；关键工序淘汰下来的设备可转给非关键工序使用，等等。如果我们能在部门之间进行合理地调剂和使用，这从全社会来讲，就会收到物尽其用之效。但是，这种"降级使用"是有条件的，不应绝对化、普遍化。如果不能导致劳动生产率的提高，产品的数量扩大和质量的改进，消耗的节约，就不应"降级使用"，而应坚决报废回炉，这一方面可以增加炼钢材料，另一方面可以促进技术发展，从而给社会带来更大效益。

在处理设备更新同充分利用老设备的关系时，还要对更新费用与维修费用进行比较。如果为了使老设备能继续使用下去而不得不花费很多的维修费用，那就要考虑在经济上是否合理的问题。在整个使用过程中所花的维修费用总和不应超过更新费用。

总之，只有从我国实际情况出发，依据固定资产再生产的特点和规律性，遵照有利于国民经济比例协调，有利于社会生产迅速发展，有利于少花钱多办事等基本原则来制定有关固定资产更新方面的技术政策，才能更好地适应四化需要。

第五章　固定资产的积累与基本建设

第一节　固定资产扩大再生产的主要形式——基本建设

研究固定资产的再生产，除了弄清它的磨损与补偿、退废与更新的内容之外，还要探讨它的积累问题。固定资产积累是社会财富积累的重要组成组分，也是积累社会财富的重要物质基础。固定资产积累意味着劳动手段的增长，生产能力的扩大，社会成员物质文化生活条件的改善。从长远来看，如果没有固定资产的不断积累，也就没有社会生产的不断发展和经济文化的不断繁荣昌盛。

固定资产的积累是固定资产不断扩大再生产的结果。对生产性固定资产的扩大再生产，可从价值量与生产能力两个方面来考察。

固定资产价值量上的扩大再生产，一般都是通过追加投资，增加新的固定资产实现的；而固定资产生产能力的扩大再生产，虽然也往往需要追加投资，但也可以只用补偿基金，通过对现有固定资产进行局部技术改造或用价值相同而效率更高的设备替换陈旧过时的设备来实现，这就是在价值上维持简单再生产而在使用价值上实现扩大再生产。从社会主义生产目的是满足人民物质文化生活需要这一角度来看，从我国目前财力有限、机器设备利用率不高这一角度来看，都要充分重视后一种固定资产扩大再生产的形式。然而严格地讲，在社会主义经济仍然是商品经济的条件下，固定资产价值量上的扩大再生产则是固定资产积累的典型形式。如果不用价值量去衡量，就很难对固定资产的扩大再生产进行全社会、综合性的分析考察。因此，本章着重论述固定资产价值量上的扩大再生产。

固定资产价值量上的扩大再生产，一般都是通过基本建设的活动进行的。基本建设主要就是在国民经济中建造、添置和安装从而形成各种新固定资产的生产活动，是把大量劳动物化在固定资产上。

基本建设的结果是要形成固定资产的，但不是所有的固定资产都是通过基本建设形成的。例如，为了替换报废而购置的不需要安装的机器设备和运输工具等这类生产性固定资产（巨额资金购置的大型固定资产，如飞机、轮船等除外），以及某些集体单位和家庭购置的高价耐用消费品这类非生产性固定资产，便不用通过基本建设就可形成。

但是，总的来说，固定资产的一部分简单再生产和几乎全部外延扩大再生产都是通过基本建设实现的。通过基本建设建造、添置和安装的固定资产，如果是用来替换原有固定资产报废部分的，属于固定资产的简单再生产；如果是用来增加固定资产数量、扩大其生产能力部分的，则属于固定资产扩大再生产。按照我国现行财政制度规定，企业设备更新和房屋建筑物等固定资产的重建，一般由固定资产更新改造资金开支解决，而不列入基本建设投资，因此，基本建设主要反映固定资产扩大再生产。

基本建设的重要性，实质上是由人类社会对固定资产（包括生产性和非生产性）的需要所决定的。一定时期基建规模的大小，一方面要受制于财力、物力、人力，另一方面则取决于相应时期整个国民经济对各类固定资产的综合要求。

我国原有的物质技术基础薄弱，人民物质文化生活水平不高，因此对生产性固定资产与非生产性固定资产的需要都是极为迫切和大量的。1950—1980年，我国投入基本建设的资金共7000多亿元，累计新增固定资产近5000亿元，为国民经济的发展和人民生活的改善提供了巨大的物质基础，初步建立了工业体系。1979年同1949年相比，工农业总产值增长了十四倍，国民收入增长了七倍多。但是，国民经济对固定资产的需要在客观上是有它的数量界限的。在一般情况下，每个劳动者（包括新增加的就业人员）平均拥有的技术装备水平，不应低于前期，而且要有所提高，这是生产性固定资产扩大再生产的最低数值；每个居民（包括新增人口）平均享用的住宅面积以及教育、文化、卫生、福利等项设施的数量，不应低于前期，而且要有所提高，这是非生产性固定资产扩大再生产的最低数值。固定资产扩大再生产的最高数值，则主要看国家在这个期间能拿出多少人力、物力、财力进行基本建设。

基本建设是一项涉及面极广的综合性的生产活动。它在较长的时间内要占用和消耗大量生产资料、生活资料和劳动力，而不提供任何有效的产品。为了不致影响当年的生产，就不能把基建规模安排过大。

如果基建规模安排过小，会使社会产品扩大再生产对劳动手段提出的追加需要无法满足；会从根本上改变部门结构，特别是使建立新的行业、实现合理的生产力布局成为不可能；会使改善人民群众物质文化生活条件遇到很大困难。我国好些年来，对农业、轻工业、燃料与动力工业、运输业、建筑材料工业等投资相对较少，便形成了明显的"短腿"，拖住了整个国民经济发展。但是，从整个国民经济的投资总额来看，相对于国家现有的财力、物力，不是少了，而是多了。

中华人民共和国成立三十一年的历史事实告诉我们，除1955年的计划，由于前两年农业欠收，基建规模定得比较小了一些外，主要的问题是基建规模过大。周恩来同志在《关于发展国民经济的第二个五年计划的建议的报告》中有这样一段总结："1953年，有些部门和有些地方，在建设工作中曾经发生过到处铺开、百废俱兴、不顾条件、盲目冒进的偏向，结果影响到国家的重点建设，并且造成了财政上的困难和人力、物力的浪费。在1956年年初，……又一次发生了这样的偏向。有些部门和地方，急于求成，企图把七年或者十二年内才能做完的事情，在三年、五年甚至一年、二年内做完。这些偏向，都被党中央及时地发现和纠正了。"可是，后来这些偏向又重新出现了，而且情况更加严重。

人们还记得，在"大跃进"的几年里，在所谓"一马当先，万马奔腾"的局势下，几乎无处不搞基本建设。全国基本建设投资总额由1957年的138.29亿元，一下子增加到1958年的266.96亿元，增加的幅度一年达93％以上，这在中外建设上是罕见的。1959年又升到344.65亿元，1960年再增加到384.07亿元。这三年的基本建设投资额比"一五"时期的五年投资总和还多80％以上，而按年平均的投资额则增加两倍多。由于基本建设规模过大，打乱了原来比较协调的整个国民经济生活秩序，日子很不好过，于是1961年不得不把基建投资总额猛降到123.37亿元，只相当于上年的32.12％，1962年更降到67.62亿元，只相当于上年的54.81％，相当于1960年的17.66％。这种大上导致大下的教训是沉痛的。

然而，沉痛的教训并未记取，20世纪70年代又重蹈复辙。1970年基本建设投资总额由1969年的185.65亿元陡升到294.99亿元，增加58.9%，1971年达321.45亿元，以后几年的基本建设规模虽然有两年比上年减少一些，但一直都保持在300多亿元，1978年则达到479.3亿元，1979年为500亿元，1980年计划控制在500亿元，实际则大大超过这个数额，全国全民所有制单位完成的基建投资额为539亿元，比上年增长7.8%，以致积累率不能明显下降，财政收支不能平衡，连续两年出现大量赤字。

由于基建规模过大，不仅对社会产品的扩大，人民生活的改善产生不利影响，而且对固定资产扩大再生产从根本和长远来说也是不利的。

首先，基建投资的规模与通过基本建设形成的固定资产的数量两者之间虽有密切联系，但并不完全一致。一般地说，在一定时期比如一年，固然不可能设想不增加基建投资就能增加新的固定资产（从连续不断的角度观察，前期基建投资到本期形成固定资产的情况可以舍象），可是也不能认为基建规模越大，形成的固定资产就一定越多。最主要原因就在于建设周期比较长，当年投资往往不能当年就形成固定资产。而建设周期的长短，虽然本质上是由工程项目本身的内容、性质决定的，但是，它也取决于很多其他因素，例如，因为资金不足、建筑材料和设备缺乏，就明显地要影响到建设周期。而我们这些年来恰恰是这方面原因造成建设周期比"一五"期间延长一倍。而这又是由于基建规模过大导致的。由此可见，基建规模过大并不利于固定资产再生产的扩大。

其次，在原材料、燃料、动力、运输等跟不上的条件下，过多地从事建设，在项目完工投产后，或者是新企业开工不足,不能充分发挥新增固定资产扩大再生产的能力;或者使同类的老企业被排挤停产、减产,原有的固定资产生产能力闲置或大大减弱,那么,这也会使新增的固定资产所发挥的生产能力有相当部分只能起到简单再生产的作用。

最后,由于基建规模过大,造成建设周期拖长、在建工程增多、工程质量下降、工程造价提高,这就影响到固定资产的再生产不能多快好省地进行。

为使基建规模能更好适应固定资产扩大再生产的需要,要注意解决以下几个问题:

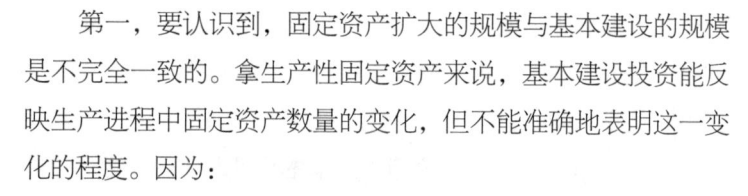

第一,要认识到,固定资产扩大的规模与基本建设的规模是不完全一致的。拿生产性固定资产来说,基本建设投资能反映生产进程中固定资产数量的变化,但不能准确地表明这一变化的程度。因为:

(1)基建投资中有一部分是不形成固定资产的。例如,生产职工培训费、施工机构转移费、施工企业经常费、建设单位搬迁费、移交其他单位的财产和拨款等正常核销部分以及停缓建工程维护费、窝工损失、报废工程和器材损失等不正常核销部分,虽然计入完成投资额中,但并不包含在形成固定资产数量之内。

(2)一部分基本建设投资用于非生产性基本建设,不增加生产过程中的固定资产数量。所以在确定新增生产能力时,只计算能增加生产能力的那部分生产性固定资产所需要的投资数额,而不是计算全部投资数额。

(3)相当数量的基本建设需要经过一定年限才能在生产中发挥作用,而该年新投入生产中的固定资产许多是数年前连续投资的结果,从而一年中的基建投资数量和新增的固定资产数量并不相同。

（4）每年都有一定数量的厂房、设备通过基建投资来重置更新，如果把单位固定资产的价值量变动因素置而不论，那么这部分基本建设投资只是使原有固定资产数量维持不变，并没有实现固定资产扩大再生产。

只有清楚地了解到这些关系，才能使基建规模较好地适应国民经济对固定资产扩大再生产的需要。

第二，要认识到，对固定资产扩大再生产的需要量取决于很多因素，不能笼统地认为越多越好。在考虑固定资产扩大再生产需要的时候，主要是根据计划期内生产的进一步增长对生产性固定资产的需要，人民物质文化生活水平提高对非生产性固定资产的需要。计划期对新增生产能力的需要量等于计划期末需要达到的生产能力减计划期初现有的生产能力加计划期退废的生产能力减原有固定资产技术改造而增加的生产能力。从这一公式中，可以看到，计划期初现有的生产能力越大和由于原有固定资产技术改造而增加的生产能力越大，那么，在完成一定量社会产品的条件下，对新增生产能力的需要量就相对越小。我们要尽量挖掘现有企业的生产能力，通过对原有固定资产的技术改造来增加生产能力。

第三，要认识到，基本建设规模大小牵连到积累与消费之间、两大部类之间、简单再生产与扩大再生产之间、生产发展与人民生活改善之间等有关国民经济重大的综合性的比例关系和相互适应关系如何安排，涉及工业、农业、运输和邮电业、商业、科学、教育、文化、卫生等各个部门和生产、分配、交换、消费等各个环节，所以，基建规模的确定既要根据各部门、各方面对各类固定资产的需要，又要根据在一定时期能拿出多少资金、建筑材料和设备，拥有多少勘察、设计、施工等力量，也就是要量力而行。

第二节　基本建设投资效果与固定资产再生产

上一节我们讲过，为什么要进行基本建设，这是因为社会需要增加生产性固定资产和非生产性固定资产。那么，怎样才能使基本建设又多又快又好又省地提供固定资产，就成了十分重要的问题。解决这一问题的关键，乃在于提高基本建设投资的经济效果。

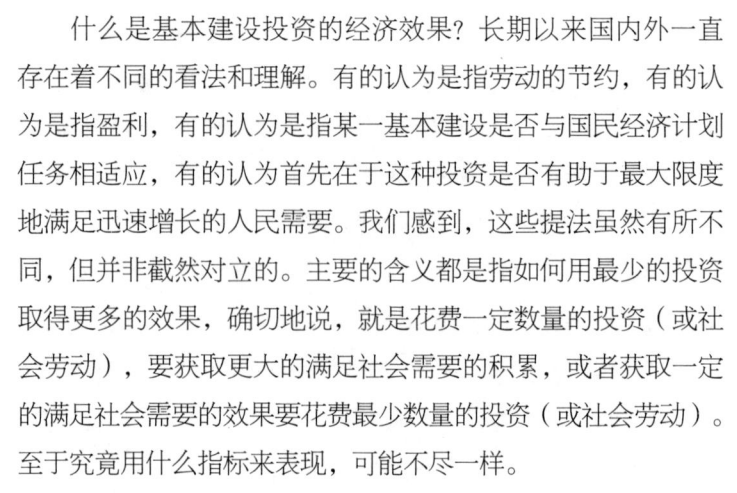

什么是基本建设投资的经济效果？长期以来国内外一直存在着不同的看法和理解。有的认为是指劳动的节约，有的认为是指盈利，有的认为是指某一基本建设是否与国民经济计划任务相适应，有的认为首先在于这种投资是否有助于最大限度地满足迅速增长的人民需要。我们感到，这些提法虽然有所不同，但并非截然对立的。主要的含义都是指如何用最少的投资取得更多的效果，确切地说，就是花费一定数量的投资（或社会劳动），要获取更大的满足社会需要的积累，或者获取一定的满足社会需要的效果要花费最少数量的投资（或社会劳动）。至于究竟用什么指标来表现，可能不尽一样。

应当明确，衡量基建投资效果，可从宏观和微观的不同角度加以分别考察。从宏观角度考察，就是从整个国民经济的范围着眼。从微观角度考察，就是从一个具体的工程项目，或一个地区、一个部门的范围着眼。前者属于全局，后者属于局部。两者从根本上来讲，具有一致性，但就一个时期一个方面来讲，又具有矛盾性。可能出现这种情况：在局部看来，投资的经济效果是好的，但从全局看来则是不理想的，或者相反。在这种情况下，一般的原则是要局部服从全局。除了局部和全局的这种关系外，还存在近期和远期的矛盾，如果发现从近期看投资的经济效果好,但从远期看则不理想,那么,一般地讲,也要近期服从远期。

从整个国民经济范围来看,投资经济效果的大小,可用投资效果系数来表示:

$$国民经济投资效果系数 = \frac{国民收入的增长额}{投资额}$$

关于如何计算投资额,有同志鉴于我国基本建设周期长,提出采用终值法。它以复利计算原理为基础,"终值"即是本利和。终值的计算公式是:$Z_n = T(1+E)^n$。

式中:Z_n——n 年末的终值;

T——投资额;

E——利息率;

n——投资的使用时间。

用这一指标评价经济效果,就把时间因素的影响考虑进去了。我们认为这是可取的。其实,一些西方国家在衡量投资效果时,都很重视利息因素,我们则长期忽视,这种状况应当扭转。投资效果系数说明每增加一单位的投资,能增加多少单位国民收入,当然是得数越大越好。

国外通常用资本系数来表明投资效果,就是用上述公式的倒数❶,它说明每增加一单位的国民收入,需要增加多少单位投资额,得数越小越好。据日本经济学家估算,我国的资本

---

❶ 根据哈罗德—多马尔经济增长模型。国民收入增长率的计算公式是:设国民收入增长率为 g,储蓄率为 s,资本产出率为 c,则 $g = \dfrac{s}{c}$,由此可得出:国民收入增长率 $= \dfrac{积累率}{资本系数}$,资本系数 $= \dfrac{积累率}{国民收入增长率}$。

系数为 4，日本为 3，而美国（3.12），联邦德国（3）、法国（2.9）、英国（2.8）等也大体为 3。说明我国投资效果与工业发达的国家相比，是有相当差距的，而且与我国历史上相比，也有很大差距，如"一五"时期每增加 1 元国民收入只需 1.8 元投资，而 1966—1976 年则为 3.88 元。这意味着每一单位的生产性固定资产所提供的产量不是增加了，而是减少了。

当然国民收入的增减，不完全取决于投资额的多少，还取决于国民经济结构是否合理，管理体制是否完善，以及职工技术熟练程度、科学技术进步快慢等因素，但是，它无疑比较综合地反映了投资经济效果的概貌。因为归根到底，通过基本建设形成的生产性固定资产效果的提高，表现在社会劳动生产率的提高程度上，而劳动生产率的提高，则同增加生产性固定资产所提供的产量分不开。

如果不是从国民经济的范围，而是从一个部门、一个地区、一个企业的范围来考察投资的总经济效果，则可以用下列公式来表示：

$$部分（或地区、企业）投资总经济效果 = \frac{利润增长额}{该部门（或地区、企业）生产性工程项目的投资额}$$

它说明一个部门（或一个地区、一个企业）每投入一个单位的建设资金，就会给社会上提供多少剩余产品，得数越大，意味着投资的经济效果越大。这一公式的倒数即为投资回收年限，它表明基本建设投资总额在多长时间内由提供的利润全部收回来，得数越小，意味着投资的经济效果越大。我国 1952—1978 年，工业企业的平均投资回收期大体是 10 年，而苏联为 5 年，美国为 4 年，日本只有 3 年，反映出我国的投资经济效果相当差。

同样数量的资金，投到不同部门，产生的效果是不一样的。例如，1975—1978年轻纺工业每百元固定资产提供的利润等于重工业的3.6倍，轻工业资金回收期一般比钢铁工业快4倍。同样的资金投到不同地区，效果也是不一样的。例如，同是钢铁企业，平均每吨钢的生产能力投资，在工业发达地区为1000元左右，而在内地则将近3000元，约为工业发达地区的3倍，而投资的结果，内地的钢铁企业往往利润增长很少甚至亏损。同样的资金，即使在同一部门、同一地区，但投在不同类型、不同规模的企业，其效果也是不一样的。这就要求全面衡量一下是多办资金密集型企业还是根据我国劳动力资源丰富情况多办劳动密集型企业合算，是多办大型企业还是根据各地所长因地制宜多办一些中小型企业合算。即要本着少花钱多办事的原则，而又不能像林彪、"四人帮"那样，只强调所谓算"政治账"而反对算经济账。

除了采取上述总的投资效果的指标之外，还可从不同角度来分析投资效果。

粉碎"四人帮"后，我国规定，对基本建设投资效果采用十项指标进行考核：①完成实物工作量；②新增生产能力；③建设工期；④工程质量；⑤投资额；⑥材料消耗；⑦工程造价；⑧形成固定资产比例；⑨建成投产后投资回收的年数；⑩达到设计能力的时间。无疑，这些指标从不同侧面对基本建设全过程的不同阶段的投资效果作了反映，能分别说明各有关单位从事基本建设活动的成果。但是从基本建设是形成固定资产的生产活动这一角度来考察，应主要抓住下面三个指标：

第一，固定资产动用系数，也叫固定资产交付使用率，它表明一定时期完成的基建投资额中，在同期有多少形成了新增加的固定资产。用公式表示：

$$固定资产动用系数 = \frac{本期新增固定资产价值}{本期基本建设投资完成额} \times 100\%$$

这一指标分母相当于基本建设方面的消耗，分子相当于基本建设方面的收益。固定资产动用系数大，就表明投资效果大。我国这一比例，"一五"时期为83.7%，比较高；"二五"时期为71.4%，有明显下降；1963—1965年为87.1%，是最高的时期；而1970—1975年林彪、"四人帮"横行时期又降为61%，其中1971年、1972年只有56.5%和56.32%；1978年有所回升，达到了74.3%，但仍低于"一五"时期和1963—1965年调整时期；1979年达到了83.7%，相当"一五"时期水平，尚未及1963—1965年调整时期水平。1952—1979年总平均为69%，这比国外（一般均在80%~90%）低很多。1980年为79.2%，仍低于国外水平和我国历史最高水平。固定资产动用系数低，说明有相当一部分基本建设投资没有很快交付使用，而是处于在建过程中。

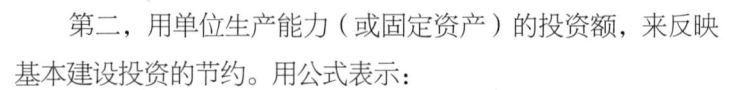

第二，用单位生产能力（或固定资产）的投资额，来反映基本建设投资的节约。用公式表示：

$$单位生产能力投资 = \frac{某项目累计完成投资额}{某项目新增生产能力}$$

它表明增加一定的生产能力所消耗的建设资金多少。显然，为获得所需要的新增生产能力，花费的投资额越少越好。因为这样就意味着用相同数量的投资可获得更多的生产能力。在一般正常情况下，本来应当是新增一定生产能力所用投资越来越少，可是我国实际情况却不尽如此。从主要工业部门单位生产能力的综合造价来看，"一五""二五""三五"较低，1963—1965年和"四五"以后较高。"一五"效果较好，"二五""三五"造价所以较低，其中包含有降低建设标准的因素，不能完全反映效果好。"四五"以来，一方面由于建设标准提高，另一方面由于效果降低，以致单位生产能力造价大幅度上升。例如，"一五"和"四五"相比，吨钢综合生产能力的平均投资，由 1342 元增加到 2452 元，提高 80%；吨煤开采能力的平均投资，由 56 元增加到 119 元，提高一倍多。造价提高的原因，有主观因素和客观因素。交通部对一部分深水泊位造价增高的原因作了分析，属于码头等级荷载标准提高、材料涨价等客观因素的占 70% 左右，属于贪大求洋、规划设计不当、施工管理不善等主观因素的占 30% 左右。

第三，用平均建设工期（年、月）的长短来反映基本建设的速度快慢。用公式表示：

$$平均建设工期 = \frac{全部投产项目工期之和}{全部投产项目个数}$$

所谓建设工期是指某一项工程项目从正式开工起到建成投产止所经历的时间。如建设中曾经停建，应另外计算扣除停工时间的实际工期。这个时间越短越好。但我国的实际情况却是越来越长。例如，45 万吨的煤炭矿井平均工期"一五"时期为两年半，而 1976—1979 年则长达五年零九个多月；大中型水泥厂平均工期"一五"时期为两年零四个月，1976—1979 年则长达七年半。

也可以用大中型项目的平均建设周期（年、月）的长短来反映基本建设速度的快慢。用公式表示：

$$平均建设周期 = \frac{平均每个大中型项目全部计划投资额}{平均每个大中型项目本年完成的投资额}$$

例如，平均每个大中型项目的全部计划投资为 5000 万元，平均每个大中型项目本年完成的投资额为 500 万元，则大中型项目的平均建设周期则为 10 年。我国"一五"时期平均建设周期约为6年，"四五"时期则为11.5年，拖长近一倍。

国内外有一种意见认为，在反映投资数量与投资效果的关系上，"时滞"（The time 1ag）比建设周期更确切些，因为"时滞"既考虑建设周期，又考虑投资在建设周期内各年分配的比重，由于投资额通常并不是一年全部投入完毕，也不是均衡地在各年投入的，所以"时滞"能够更准确地反映建设单位占有投资的平均时间。所谓"时滞"，即以投资期各年投资比重分别乘该投资时间到投产时间的间隔年数之和。用计算公式表示：设 L 为"时滞"，K 为投资期各年投资比重，T 为间隔年数，则

$$L = \sum_{i=1}^{T} Ki(T-i+1)$$

公式表明，资金从投入到投产发挥效果的平均时间，得数越小，效果越好。

总起来说，我们的投资效果很差，形成这种状况的原因很多，从确定项目、勘察设计、建筑施工到竣工验收整个过程的每一阶段、每一环节出了毛病，都会造成程度不同的浪费，从而影响投资效果。但是总起来说，施工造成的浪费小于设计造成的浪费，设计造成的浪费小于项目安排造成的浪费，项目安排造成的浪费小于计划造成的浪费。也就是说，计划失算是最大的浪费。

可以认为，建设项目的确定，是带关键性的。这一关把得好不好，对投资效果大小起着决定性作用。

项目的确定包括在一定时期内上多少项目，上什么项目，在什么地方上项目等。在这些方面，我们都存在着不少问题。比如，不顾国家现有财力、物力是否能承担得了，就到处铺新摊子，形成建设项目太多；有些属于国民经济薄弱环节的项目

该上没有安排，而不属于社会亟须的项目却挤着上马，普遍出现"重复建设"❶；不认真进行可行性研究，不切实按基建程序办事，在水文地质不清楚或不适合的地方定点建设，等等。这样，就势必产生停工待料、时打时停、返工报废、无效劳动等现象。以川汉输气管线工程为例。由于对川汉天然气的资源和开采工艺还没有把握就仓促上马，修了近千里公路，建成了制造大口径的钢管厂和其他辅助工程，结果因无气外输，使工程已花投资和积压设备3亿多元不能发挥作用。原设计使用四川天然气的化肥厂、为川汉管线建立的汽轮机厂、管子拉拔厂等工程也无法按原计划开工和完工，制造出的专用设备大量积压，造成严重浪费。其结果，通过基本建设活动并没有多快好省地形成固定资产的扩大再生产。1953—1978年，在完成投资的总额中，约有76%形成了固定资产，在形成的固定资产中，有20%多是无效的，在未发挥作用的固定资产中约有50%是由于基本建设工作的缺点造成的。有同志计算，近几年建成投产的项目和工程中，由于基本建设方面的原因而不能发挥效益的占30%左右。这说明，基本建设工作质量及投资经济效果好坏，对固定资产的形成及其生产能力的发挥程度，影响是非常大的。

---

❶ 就一般意义上来说，进行相同项目的建设，都可称为"重复建设"，这是不应一概加以否定的，而现在都是从否定意义上来使用这个概念，严格地讲，是不确切的，从而是不科学的，但既已流行，可以借用，不过需要说明，这里谈的"重复建设"是指相对于客观需要和可能来说，属于不必要的、多余的建设。

第三节　加速动用新生产能力的途径和方法

基本建设的目的，一是形成生产性固定资产，增加新的生产能力（或效益），以满足社会生产发展的需要；二是形成非生产性固定资产，增加住宅面积和其他文化福利等设施，以满足人民生活改善的需要。但是，这只有在工程建成，交付使用后才能实现。

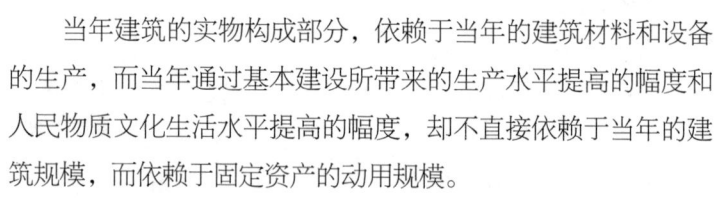

当年建筑的实物构成部分，依赖于当年的建筑材料和设备的生产，而当年通过基本建设所带来的生产水平提高的幅度和人民物质文化生活水平提高的幅度，却不直接依赖于当年的建筑规模，而依赖于固定资产的动用规模。

让我们着重就生产性固定资产情况来加以说明。

大家知道，由建筑业提供的生产性固定资产是要装备生产者的。但劳动技术装备的提高不仅取决于基建规模与速度，而更直接地取决于各年新固定资产的动用情况。换句话说，生产扩大的过程（这里着重指外延扩大再生产），主要表现在国民经济固定资产的动用上。社会主义再生产的一个特点，从长期来看，也就表现为固定资产动用额的不断迅速增长。

要想通过基本建设扩大生产能力，必须提高固定资产动用系数。如果有大量的在建工程，那只能作为劳动对象存在那里，还不能作为劳动资料发挥作用。20世纪70年代以来，我们每年的基本建设投资额，有30%~40%不能形成新的固定资产，从而不能形成新的生产能力。而"一五"时期，这个比例不到20%。如果我们的固定资产动用系数，能达到历史最高水平（工业战线1957年曾达到89%），那就意味着在不增加基本建设投资的情况下，每年新增固定资产要比现在多20%

左右。

固定资产动用系数可以大于1，等于1或小于1。但在实践中经常出现的情况是小于1。这不仅因为投资额中有一部分不能形成固定资产，而且还因为每个计划期内都有计划期初的未完工程和转到下一期的未完工程，由于计划期的基本建设规模往往大于报告期，因此转到下一计划期的未完工程数量也就常常多于计划期初的未完工程的数量。在基本建设规模不断扩大的情况下，动用系数略小于1（比如85％左右）是合理的，但不能过分小于1。如果过小，就说明未完工程增加过多，大量人力、物力、财力处于在建过程中，不能形成新的生产能力。如我国"五五"计划前三年平均年末在建工程占用率（ $= \dfrac{\text{年末未完工程}}{\text{当年投资额}} \times 100\%$ ）达187.6％，1979年年底全国在建工程所占用的资金为当年投资的1.5倍。这比苏联（国家规定不得超过65％，实际已超过85％）和美国（在建工程只为当年投资的40％）高得多。这种情况需要加以改变。

我国固定资产动用系数在相当长的一段时间内，为什么没有提高反而降低了？换言之，动用新的生产能力的速度减慢的原因何在？

决定动用速度快慢的因素很多，诸如施工技术情况和建设对象（投资部门、投资规模、建设性质）情况不同，都会影响动用系数，而最主要、最直接的原因则是基本建设战线过长、平均建设周期过长。

所谓基建战线过长，是就过多的基建项目同时上马而言，主要指：①基建工程项目超过财力、物力客观上所允许的限度，造成建设规模与建设力量之间不相适应；②投入建设的资金、物资、劳力过于分散，造成投资总额与固定资产动用之间不相适应。

所谓平均建设周期过长，是就基建项目从勘察设计到建筑施工再到交付使用单位投产所需要的时间太久而言，主要指：①在正常情况下，可以短期竣工的项目却由于劳动效率不高而拖长了建设周期；②非因工程本身的浩大、艰巨所产生的客观需要，只是由于计划安排不妥，组织管理不善，造成窝工、停工而拖长了建设周期。

基建战线过长，势必导致基建周期过长，两者紧密相连。由于这两个"过长"，就出现了大量"胡子工程"，严重影响固定资产动用速度。

为了加快固定资产动用速度，根据国内外正反两方面经验，我们感到应从以下几方面入手：

第一，在当前调整时期，要坚决缩短基本建设战线，集中使用有限的物力、财力和人力。

三十年来，我们在建设上有许多成功的经验，也有不少失败的教训。有一条最大的教训就是：基本建设项目贪多，有的大型项目上得太草率，一建多年，竣工不了，长期形不成综合生产能力。由于同时上马项目太多，一拥而上，齐头并进，平均和分散使用力量，使很多工程都不能加快建设速度，不能如期和提前交付使用。

基建规模安排过大，是因为没有认识到，基本建设的规模和速度，任何时候都不能离开现有生产基础。进行基本建设，从价值形态看，必须要有积累；从使用价值形态看，必须要有追加的生产资料和生活资料，同时，还要有追加的劳动力。而要有积累及与积累相适应的生产资料和生活资料，则必须有剩余产品。剩余产品从哪里来？这就要靠现有生产。如果现有生产提供不了那么多的剩余产品，进行基本建设就没有物质基础。

根据基本建设"在较长时间内取走劳动力和生产资料，而在这个时间内不提供任何有效用的产品"❶这一特点，不能把摊子铺得很广，把建设周期拖得很长。

我们必须按照需要与可能既要严格控制年度基建投资规模，又要控制各计划期的基建投资总规模，而后者更具有战略性质，必须格外重视（过去是重视不够）。在安排建设计划时，一方面要注意有多少钱办多少事，有多少物办多少事，对年度计划的工程项目要努力做到投资计划、财务拨款、设备、材料和施工力量五落实；另一方面要对施工项目进行排队，集中使用施工力量和建筑材料，缩短战线，分批施工，建成一批，再搞一批。由于一批工程能及时或提前投产，就可腾出力量转向另一批工程，从而保证另一批工程也可及时或提前投产。又由于重点工程都是在国民经济中具有重大作用的建设项目，它们的及时或提前投产，就会为生产的迅速发展和下一期工程建设的竣工提供更为有利的条件。

第二，要严格按照客观规律办事。

这首先就是要求遵循社会主义基本经济规律。无论进行基本建设还是增加固定资产，归根结底无非是满足人民物质文化生活的需要，这也是社会主义基本经济规律的一项基本要求。这些年来，我们的基本建设违反这一规律的现象是不少的，诸如：一方面，有些社会亟须的项目或没有列入计划，或虽列入计划但没有保证它的及时完工；另一方面，则是搞重复项目、长线项目或"无米之炊"项目，不符合社会需要。

---

❶ 《马克思恩格斯全集》第24卷，人民出版社1972年版，第396页。

社会主义基本经济规律的要求，在计划经济制度下，主要是通过国民经济计划实现的。如何保证固定资产的动用额与投资额之间保持必要的衔接，是国民经济有计划按比例发展规律的要求所提出的一项重要任务。然而在现实经济生活中则出现：①大搞计划外工程；②制订基建计划留缺口；③安排项目不注意综合平衡。由于大搞计划外工程，你上我也上，项目自然要摆脱必要的控制，自发地膨胀。由于计划留有缺口，资金、设备、建筑材料、施工力量都没有给予足够保证，工程自然无法按期完成。由于安排的项目事先不经过周密调查，不考虑投产后的原材料、动力、销路等是否有保证，建设过程中发生了问题，被迫中途下马，这样"半拉子"工程自然会多。

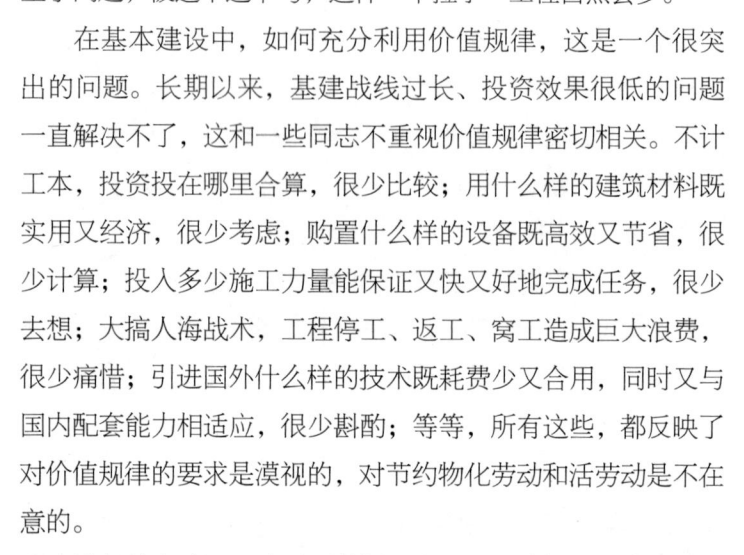

在基本建设中，如何充分利用价值规律，这是一个很突出的问题。长期以来，基建战线过长、投资效果很低的问题一直解决不了，这和一些同志不重视价值规律密切相关。不计工本，投资投在哪里合算，很少比较；用什么样的建筑材料既实用又经济，很少考虑；购置什么样的设备既高效又节省，很少计算；投入多少施工力量能保证又快又好地完成任务，很少去想；大搞人海战术，工程停工、返工、窝工造成巨大浪费，很少痛惜；引进国外什么样的技术既耗费少又合用，同时又与国内配套能力相适应，很少斟酌；等等，所有这些，都反映了对价值规律的要求是漠视的，对节约物化劳动和活劳动是不在意的。

进行基本建设，除了要遵循上述一些经济规律之外，还要遵循有关的自然规律。建设各类厂房、建筑物等，要求有合适的水文地质、工程地质及资源等客观条件，投产后要求有满足需要的电力、水源、运输等客观条件，这就要求严格按照基本建设程序办事，也就是从编制计划任务书、进行勘察设计、组织施工，一直到竣工验收，必须一环扣一环，循序渐进。前些年，在林彪、"四人帮"干扰破坏下，有不少建设工程由于设计漏项、错项、缺胳膊少腿，投产后还得填平补齐，由于主体工程和配套工程不是同步进行，难免中途返工；由于水文地质情况不明，匆忙施工，终致工程报废，这都给国家造成巨大损失。十多年来，许多项目或长期建不成，或虽建成了但不能投产，究其原因，绝大部分是违反基本建设程序造成的。

只要我们认真按客观规律办事，就能有效地解决基本建设投资额与固定资产动用额之间不相适应的矛盾。

第三，建立健全一套科学的管理制度和办法。

要想通过基本建设能更高、更快地提供新增的固定资产，还需要改革现行的基本建设管理体制。

中华人民共和国成立以来，我国基本建设一直实行由国家预算拨款、建设单位无偿使用的供给制办法。至于用一定的基建投资额，能不能更多、更快、更好、更省地提供固定资产，那对建设单位来说，似乎无关紧要，既不负任何的经济责任和法律责任，也没有相应的指标进行考核。长期以来着重用基本建设投资完成额来衡量建设单位的活动成果大小，这就更加助长了只顾花钱而不关心固定资产的交付使用这一倾向。为了改变这种状况，应当强调采用一些经济手段进行管理。诸如，基本建设投资由财政拨款逐步改为银行贷款；实行基建投资大包干制度；推行基本建设合同制度；物资供应机构、勘察设计单位逐步实行企业化；试行投标办法；等等，这都会促使从事基本建设的各单位从物质利益上关心基本建设各方面工作的改进，从而可以大大提高固定资产的动用速度。

固定资产动用速度加快，意味着新的生产能力迅速增加。然而，生产能力的增长速度与固定资产增长速度并不是等同的，前者往往超过后者。这是因为：

（1）新建企业和老企业相比，改造老企业可以更好地利用原有生产场地和厂房、建筑物等，在老企业安装最新技术设备，能导致固定资产中积极部分比重增加，因而生产能力增长的速度也就可以超过固定资产增长的速度。

（2）对现有固定资产进行技术改造，虽然也可能增加固定资产的价值量，但其生产能力的增加会更多。

（3）在保持一定精密度的条件下，现有固定资产使用期限的延长，以及现有机器设备使用积累的改进，都可以不增加固定资产数量而使生产能力增加。

（4）一个企业由于专业化和协作，由原来生产对它不甚合适的产品改为只生产对它合适的产品，也能够在固定资产数量不变的情况下增加生产能力。

因此，在我们探讨加速动用新的生产能力的途径和方法的时候，除了解决基本建设方面的诸多问题以求加速动用新增固定资产之外，还要充分重视通过不增加或少增加固定资产数量，而加速增加新的生产能力的其他方面的途径和方法。

第六章　技术进步与固定资产的再生产

第一节　劳动资料同科学技术的结合

无论是固定资产的简单再生产还是它的扩大再生产,都同技术进步有着非常密切的联系,因此有必要专门论述两者的关系。

劳动资料从来都是同一定的科学技术相结合的。生产工具实际就是一种工具形态的技术,是物化的科学。科学技术的内容很广泛,科学技术的进步也表现在多方面,但主要还是通过生产工具的改进和新生产工具的采用来反映。所谓科学技术是生产力❶,也主要是指这方面而言。"知识和技巧的积累,社会的智慧所含有的一般生产力",要被吸收到"资本里面并从而表现为固定资本的特性,因为固定资本是作为真正的生产手段而加入生产过程的。"❷撇开生产关系的内容,马克思的这一分析也适用于固定资产(下同)。当然,新材料、新工艺的发明和推广也体现着科学技术是生产力,但这些新材料、新工

---

❶　应用科学技术无疑是生产力,但基础科学技术(理论)则要有一个转化为生产力的过程,在我们理解科学技术是生产力时不能忽略这种情况。

❷　马克思:《政治经济学批判大纲(草稿)》第3分册,人民出版社1963年版,第348页。

艺也往往要运用于生产工具的制造上；同时还不应忘记，生产工具毕竟是生产力中最革命、最活跃的因素。马克思讲："社会生产力是用固定资本来衡量的，它以具体形态存在于固定资本之中。"❶因此如何正确认识和处理科学技术进步同劳动手段不断完善之间的关系，对推动生产力的迅速发展具有重要意义。

可以说，科学技术进步的过程，也就是劳动手段不断完善的过程，从而也是推动生产力迅速发展的过程。

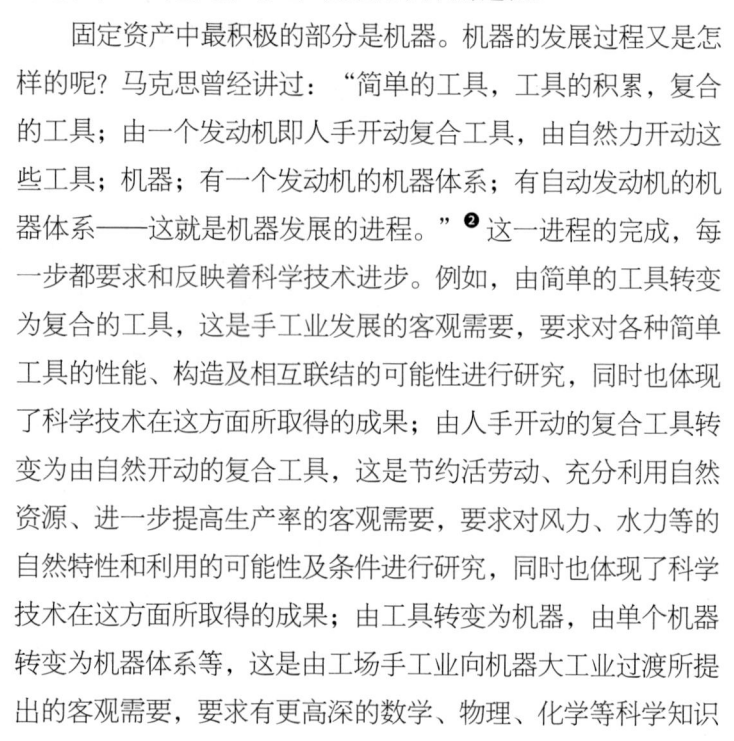

固定资产中最积极的部分是机器。机器的发展过程又是怎样的呢？马克思曾经讲过："简单的工具，工具的积累，复合的工具；由一个发动机即人手开动复合工具，由自然力开动这些工具；机器；有一个发动机的机器体系；有自动发动机的机器体系——这就是机器发展的进程。"❷这一进程的完成，每一步都要求和反映着科学技术进步。例如，由简单的工具转变为复合的工具，这是手工业发展的客观需要，要求对各种简单工具的性能、构造及相互联结的可能性进行研究，同时也体现了科学技术在这方面所取得的成果；由人手开动的复合工具转变为由自然开动的复合工具，这是节约活劳动、充分利用自然资源、进一步提高生产率的客观需要，要求对风力、水力等的自然特性和利用的可能性及条件进行研究，同时也体现了科学技术在这方面所取得的成果；由工具转变为机器，由单个机器转变为机器体系等，这是由工场手工业向机器大工业过渡所提出的客观需要，要求有更高深的数学、物理、化学等科学知识

---

❶ 马克思：《政治经济学批判大纲》第3分册，人民出版社1963年版，第348页。

❷ 马克思：《马克思恩格斯选集》第1卷，人民出版社1972年版，第132页。

和更丰富的制造、操纵生产工具的技能经验，同时也体现了科学技术在这方面所取得的成果。

马克思还说过："从面粉磨的历史可以探究出机器的全部发展史。直到现在英文还把工厂叫作 mill（磨房）。"❶而面粉磨在自己的发展中又经历了以下几个阶段：（1）中世纪。这时期是手磨、由牲畜推动的磨和水磨。② 16 世纪。这时期是拉成筛子的网，细磨细罗装置；靠磨本身而发生震动。③ 17 世纪。这时期出现了在曲轴上安装了飞轮的面粉磨。开展了关于飞轮、飞翼和一般飞轮运动的某些理论研究。④ 18 世纪。这时期出现了以更大的动力用一个水轮来推动两台磨。发展了关于摩擦的学说，关于水的阻力或压力的理论。⑤ 18 世纪下半叶。这时期出现了用蒸汽机推动的磨。⑥ 18 世纪末。这时期有了磨的自动机器体系❷。从这一发展过程，可看到劳动资料始终是与一定的科学技术相结合的。

劳动资料的完善同科学技术的进步，两者之间的关系，基本表现在两方面。一方面，从根本上说，科学技术的进步决定于物质生产的发展水平，而物质生产的发展水平又在很大程度上决定于劳动资料的数量和质量，因此可以说，劳动资料完善的程度如何，在相当大的程度上决定着科学技术进步的速度。另一方面，从历史发展的某段时期或某些领域来说，劳动资料不断完善的实践过程，往往是缓慢地跟在科学技术理论的后面，例如，从创立发电机的理论基础到能在生产上应用发电

---

❶ 马克思：《马克思恩格斯全集》第23卷，人民出版社1972年版，第386页。

❷ 马克思：《机器。自然力和科学的应用》，人民出版社1978年版，第64—66页。

机,这要经过实验,历史上,这一实验经历了35年。虽然现在这种过程已大大缩短❶,但仍要有一段过程,因此可以说,科学技术的进步通常成为劳动资料革新的先导,为新劳动资料的出现及其不断完善开辟着广阔的道路。

恩格斯曾说过:"以前人们夸说的只是生产应归功于科学的那些事;但科学应归功于生产的事却多得无限。"❷并明确地指出:"科学的发生和发展一开始就是由生产决定的。"❸这就告诉我们,科学技术进步是基于生产发展包括劳动资料完善的需要。举例来说,"当马车和大车在交通工具方面已经不能满足日益发展的要求,当大工业所造成的生产集中(其他情况除外)要求新的交通工具来迅速而大量地运输它的全部产品的时候,人们就发明了火车头,从而才能利用铁路来进行远程运输"❹。当前,全世界科学技术的日新月异的进步,也是和社会化大生产的突飞猛进的发展在客观上提出了各种各样的需要分不开的。仅以能源为例,由于现代化大生产消耗的能源是大量的,而可供开发利用的能源是有一定限度的,因此产生了带有世界性的所谓"能源危机"。面临这种"能源危机",迫切要求科学技术给予解决,于是各国纷纷开展对潮汐能、太阳能、核能等的研究与运用,兴建各种能源的发电站和设施。为了节约能源,对各种机器设备,包括各种交通运输工具,进行

---

❶ 现在世界上的科学技术从发现、发明到应用周期越来越短:蒸汽机80年,电动机65年,电话50年,真空管32年,飞机20年,原子弹6年,晶体管3年,激光只用了1年。

❷ 恩格斯:《自然辩证法》,人民出版社1975年版,第163页。

❸ 恩格斯:《自然辩证法》,人民出版社1975年版,第162页。

❹ 《马克思恩格斯全集》第3卷,人民出版社1972年版,第344页。

技术改造，使之消耗的比较稀缺的能源，用比较充裕的能源代替，由耗能较多变为耗能较少；等等。这就会促进劳动资料伴随着科学技术进步成果的运用而发生革新和变化。两者的一致点在于，它们都是由生产力的进一步发展所引起的，结果又将导致生产力的进一步发展。

从某种意义上可以说，劳动资料是科学技术的结晶品。青铜器时代、铁器时代所使用的各项劳动工具，凝结着16世纪以前古代科学技术的成果。继使用铁器之后，于18世纪60年代开始了以蒸汽机的广泛使用为主要标志的第一次技术革命。而蒸汽机之所以能够被广泛使用，是由于瓦特应用了当时热学的潜热现象的新发现。继蒸汽机使用之后，于19世纪70年代开始了以电力的发明和应用为重要标志的第二次技术革命。这次革命的一个重要方面是在生产上应用了发电机。而发电机之所以能够被广泛使用，是由于法拉第发现了电磁感应定律。至于20世纪以来出现的种类众多、质地全新、效能高超、用途广泛的劳动手段，诸如汽车、飞机、电子计算机、自动控制装置、遥感装置、机器人（智能机），等等，都是和以出现原子能、电子计算机和空间技术为重要标志的第三次技术革命分不开的，也就是说，要归功于现代科学技术。科学不仅能直接推动生产发展，而且已经走在生产前面，起着指导生产的作用。

由于劳动资料的革新和完善与科学技术的进步和发展，两者之间的关系极为密切，因此，在考虑固定资产再生产的时候，不能不弄清楚科学技术进步对固定资产再生产的巨大影响，以及固定资产再生产如何适应科学技术进步的要求。

第二节　技术进步对固定资产再生产的影响

技术进步对固定资产再生产的影响有很多方面，举其要者：

首先，技术进步促使劳动手段质量的提高。

机器进化的历史明显地告诉我们技术进步是如何影响固定资产的质量的。从机器材料方面来说，石器—铜器—铁器—自然材料—人工材料（现代高分子材料）；从机器动力方面来说，风力、水力—热力—电力—原子能；从机器处理信息能力方面来说，完全靠人控制和管理机器—完全靠电子计算机进行控制和管理机器，这些都是技术不断进步的结果和反映。

随着技术的不断进步和科学研究成果的广泛运用，或者机器零部件质量提高了，或者仪表、仪器精确度加强了，或者制造设备的材质改进了，这些都会结合固定资产的局部更新和整体更新，使劳动手段的部分结构或整体结构得到改造，性能更加良好，效率更高。劳动手段质量的提高，最明显地表现在新型劳动手段的出现上面。

如果说，技术进步对现有劳动手段质量的影响具有渐变性，那么技术进步引出新型劳动手段问世则具有突变性。新型劳动手段在功能和效用上，是旧劳动手段完全不能代替的，至少有一部分不能代替。例如，拟人机器的功能和效用就是普通机床完全不能代替的；高速电气机车的功能和效用也是蒸汽机车无法代替的，至少有一部分（高速）是不能代替的。

各种新型劳动手段的出现，标志着劳动手段现代化的新水平，开拓着劳动手段发挥作用的新领域。例如，在可预见的未来，能够完成最繁重和最单调的工序自动控制器将在劳动手段的系统中占据显著地位；在把各种能变为电能或热能的过程中，生物过程能将越来越成为积极的劳动手段；电子计算机不仅可以用来进行科研计算，而且还可以用来参与生产的管理，它既是生产工具，又是教育工具、科研工具和管理工具。

由于技术进步所引起的现有劳动手段质量的提高，意味着同样数量的固定资产所具有的生产能力扩大了，从而产品产量可以获得相应增加。

其次，技术进步促使整个机器系统的组成发生重大变化。

马克思曾经指出机器系统有工作机、动力机、传动机构三部分组成。工作机由简单的手工工具发展到复杂的机器；动力机由畜力、风力、水力发展到蒸汽机、发电机、电动机、内燃机；传动机构由皮带轮传动、机械传动、液压传动发展到气动传动、电气传动。这都是技术不断进步的结果和反映。更重要的是，现在机器系统又增加一个组成部分，即控制机，它是以电子计算机为中心的信息控制系统。从物质能量系统到信息控制系统，这标志着科学技术的一大飞跃，也对机器系统的组成起着巨大的影响作用。

又其次，技术进步促使旧劳动资料替换速度加快。

诚然，技术进步可使劳动资料更耐久，从而根据有形损耗情况可使固定资产更新速度延缓，但总的来说，技术进步必然加快机器设备的无形损耗，从而会使劳动资料替换速度加快。在其他条件不变的情况下，劳动资料的替换速度加快，势必要求生产生产资料的第Ⅰ部类的增长速度加快。

再次，技术进步促使固定资产结构发生变化。

由于技术进步的成果在机器设备上比在厂房建筑物上反映得更普遍、更及时，从而会影响到固定资产中积极部分所占比重呈上升趋势。

在固定资产积极部分中，高精尖的机器设备所占比重要呈现上升趋势。当然，高精尖的标准带有相对性，今天是高精尖的机器设备，到明天会变为不是高精尖，但在一定时期内它还是稳定的，这部分固定资产所占比重不断提高。

技术进步是基于生产发展需要而发生的，在能源紧张的情况下，如何以耗能少的机器设备代替耗能多的机器设备，开展以节能为中心的技术改造，是一个重要课题。随着这方面的科学研究成果的出现和推广，可以预计，耗能少的机器设备所占比重会不断提高。

从固定资产的部门结构看，伴随技术进步而来的是资金有机构成的提高，是机器劳动日益广泛地代替手工劳动，因而，原来机械化水平比较低的部门，如农业、手工业及某些轻纺工业部门所拥有的劳动手段在国民经济全部固定资产中所占比重会有提高。

最后，技术进步促使劳动手段同劳动对象、同劳动者的结合上发生变化。

科学技术的进步使生产生产资料的工业有可能越来越多地生产出接近最终产品的毛坯，减少加工部门的工序，从而可创造出能够同时完成获得产成品的全部工序的机器设备。由于机器设备加工制造能力大大提高，消耗的原材料数量将大大增多，从而劳动手段同劳动对象之间的对比关系也会与前不同。

马克思说："现代工业通过机器、化学过程和其他方法，使工人的职能和劳动过程的社会结合不断地随着生产的技术基础发生变革。"❶ 技术进步使劳动手段高度自动化，劳动者从

---

❶ 《马克思恩格斯全集》第23卷，人民出版社1972年版，第533页。

笨重的体力劳动中解放出来，转为自动控制和远距离操纵，由直接在机器上操作改为通过仪表、仪器监视生产过程，工人几乎不用直接参加生产过程本身。随着辅助工程和服务过程机械化和自动化水平的提高，使得这方面工作越来越接近于工程技术人员的工作。所有这些，都会导致人和物的关系，人在生产过程中的地位和作用发生更大的变化。

上述这些，都对固定资产再生产产生重大影响，要求固定资产本身及其与社会产品、劳动对象的关系，与劳动力的关系要和技术进步相适应。

第三节　固定资产再生产如何适应技术进步的要求

列宁指出："经济学家要永远向前看，向技术进步这方面看，否则他马上就会落后。"[1] 特别是在组织固定资产再生产的过程中，经济理论工作者和实际工作者，更应着眼于技术进步的要求。

首先，不能把劳动手段类型凝固化。

过去要求大修"不变形"，更新"原打原"，这就是把劳动手段类型凝固化了。它违反技术不断进步的客观规律，使固定资产的再生产过程排除技术进步的影响，一方面是办不到，另一方面是阻碍了技术进步成果的运用和推广，束缚了生产能力的扩大。事实证明，在固定资产再生产过程中，吸收的科学技术成果越多、越快，生产效率也就提高得越显著。因此，对固定资产局部更新和整体替换采用新技术，在思想认识上和规

---

[1] 《列宁全集》第24卷，人民出版社1957年版，第435页。

章制度上，只能是尽量提倡和鼓励，而不应加以阻挠和制止。我们要着眼于通过固定资产的局部更新和整体替换，尽可能采用新技术以最大限度地提高劳动手段的生产效能。例如，通过大修理，以质地更加优良的零部件来更换原有机器上的比较劣质的零部件，或以更完善的发动机、辅助装置、自动控制仪器等来改装现有设备；通过更新，用功率更高、技术参数（高速、高温、高压、高周波等）更高，结构更精良的机器设备来替换原有的效能低、技术陈旧的机器设备，这都能够大大提高劳动手段的生产效率。应力求通过每一次大修、每一次更新，都使机器设备的技术面貌发生程度不同的变化。在技术日新月异的情况下，通过大修和更新，能否使机器设备的质量得到提高，这应当是衡量固定资产简单再生产是否与技术进步相适应的重要尺度。

其次，要适当加快机器设备的更新速度。

有人估计，最近十年间，科学技术的发明创造超过了过去两千年的总和，新设备的更换速度大大加快，工业部门的技术手段有30％已被淘汰，而电子工业部门则有58％以上被淘汰。相比之下，我国的设备更新速度是相当慢的，同当今的技术进步步伐是不合拍的，因此，应当适当加快设备更新速度。技术进步对固定资产再生产的影响，主要反映在机器设备更新上。通过机器设备更新，可运用科技成果使原有机器设备升级换代。以新设备替换旧设备的过程，也就是科学技术变成直接的生产力的过程。在这一过程中，吸收、包含的新技术因素越多，劳动手段作用于劳动对象的能力越强。我们应使生产设备替换的速度尽可能地接近技术进步速度。

由于各有关技术领域中的技术进步不同，对各类固定资产的无形损耗的影响也不同。因此，不能不管什么样的固定资产都一律要求以相同的加速度进行更新。现在一些西方国家往往也是陈旧的设备和新设备同时配合使用，亦即所谓"传统加进步"。对关键性的设备要及时更换，对一般性设备就不必用那么快的速度更新，至于厂房如果旧式结构还很坚固，不影响生产效率，更可不必急于用现代化钢结构去代替。但是，总的来说，技术的不断进步在客观上是要求加快设备更新速度的。例如，世界上有些国家的铁路早就实现了牵引电气化、内燃化，而我国的蒸汽机车目前仍占机车总数的80％以上。不适当加快固定资产更新速度，我国与技术先进国家之间的差距就将会越来越大。

又其次，合理安排固定资产内部结构。

无论是固定资产的简单再生产还是它的扩大再生产，都会由于受到技术进步因素的影响而使固定资产的内部结构发生变化。在组织固定资产再生产、安排其内部结构时，要充分注意这种影响。

结合采用新技术进行局部补偿（大修理），虽然从实物形态上不会影响固定资产中积极部分和非积极部分所占比重的变化，但是从价值形态上则会在一定程度上引起这一比重发生变化。因为在保证固定资产恢复原有使用价值的条件下，由于技术进步零部件价值降低，大修理费用可能会减少，特别是机器设备会减少得更多。这样，从价值上来讲，机器设备的大修理费用占固定资产总值的比重就会下降。根据这一情况，在安排确定大修理费用时，就要掌握其所占比重不宜逐渐提高，而应逐渐降低。

结合采用新技术进行整体替换，会对固定资产结构有较大影响。如果是在保证原有生产能力的条件下，由于技术进步生产出效能更高的新型机器设备，那么，就无须用同样多的机器设备（主要体现在价值量上）来替换原有机器设备就可维持使用价值上的简单再生产，同时因为厂房、建筑物等非积极部分更新时限间隔较长，在相当长的期间内不需实物替换，且再生产价值下降比较缓慢，这会导致积极部分在固定资产总值中所占比重下降。根据这一情况，在安排和确定固定资产更新时，在保证生产一定社会产品的情况下，就不需要花费比原有的被替换的机器设备价值更多的费用，不应当通过设备更新来提高固定资产中积极部分所占比重。

结合采用新技术进行固定资产的积累，会对固定资产结构有更大影响。技术进步，促使了许多新型劳动手段的出现，从而会大大改变原来固定资产的结构。如果说，在固定资产简单再生产的条件下，由于技术进步会使得积极部分在全部固定资产中所占比重下降的话，那么，在固定资产扩大再生产的条件下，由于技术进步则会使这一比重提高。因为，提高积极部分比重可更迅速地提高生产能力，技术进步的一项任务就是要促进这一部分更快增加；同时，随着技术进步不用或少用厂房、建筑物，多用各种各样的新式机器设备，新的生产工艺和加工方式会不断被创造出来。根据这一情况，在安排确定固定资产扩大再生产时，就要尽量提高积极部分所占比重。

再次，合理安排固定资产再生产同外部的关系。

这主要包括正确处理劳动手段同社会产品之间的关系，劳动手段同劳动对象之间的关系，劳动手段同劳动力之间的关系。关于这些方面的关系，将在下面三章分别专门论述，这里只着重从技术进步的要求这一角度简单说明一下。

一方面，由于技术进步，劳动手段效率提高，必然引起每百元固定资产的产值增加，或单位产品所占用的固定生产基金数量减少；另一方面，如果以机器劳动代替手工劳动，劳动者技术装备程度提高，又可能使每百元固定资产的产值减少，或单位产品所占用的固定资产基金数量增加。但总的趋势，技术越进步，一定数量的固定资产所生产的社会产品数量会越多❶，从而安排生产一定数量社会产品的时候，其所需固定资产数量亦可相对减少。

技术水平高低对社会产品两大部类相互关系的变化也有很大影响。国民经济技术水平较高，在劳动生产主要靠机械的情况下，扩大再生产所需要的生产资料所占比重相对要大些，第Ⅱ部类对第Ⅰ部类的依赖相对地就大些，扩大再生产要更多地依靠生产资料增长。相反，国民经济技术水平较低，在劳动生产主要靠人力的情况下，扩大再生产所需要的劳动力所占比重相对要大些，第Ⅰ部类对第Ⅱ部类的依赖相对地就大些，扩大再生产要更多地依靠消费资料的增长。

由于技术进步，劳动手段同劳动对象之间的比例关系，也会发生变化。在以机器代替手工劳动为主的技术进步阶段，往往会使加工每一单位劳动对象所需劳动手段数量增加；而在以高效能的机器设备代替低效能的机器设备为主的技术进步阶段，则一定数量的劳动手段所加工的劳动对象的数量会增加。因此，在安排加工一定数量劳动对象的时候，其所需固定资产的数量，在前一阶段要相对增加，在后一阶段可相对减少。

由于技术进步，劳动生产率提高，生产相同数量的社会产品可用相对少的劳动力。但在我国劳动力资源比较丰富，每年有相当数量的补充劳动力需要安排就业的情况下，即使保持每

---

❶ 日本钢铁连续多年保持在每年增产500万吨以上，一个重要原因就是抓了大型化高温高压的高炉、转炉代替平炉，连铸连轧等六大主体技术。

个劳动者的技术装备程度不变,也要求固定资产数量有相应增加;何况,随着技术进步,一般来说,劳动者的技术装备程度总是应当提高的,这就要求固定资产的增长速度必须快于劳动力的增长速度。同时,随着科学技术的进步,对劳动者操纵机器设备所具有的科学技术水平也要求相应提高,这也是在处理劳动手段与劳动力的关系时应当特别注意的。

最后,研究和制定适合我国情况的技术发展战略和政策。

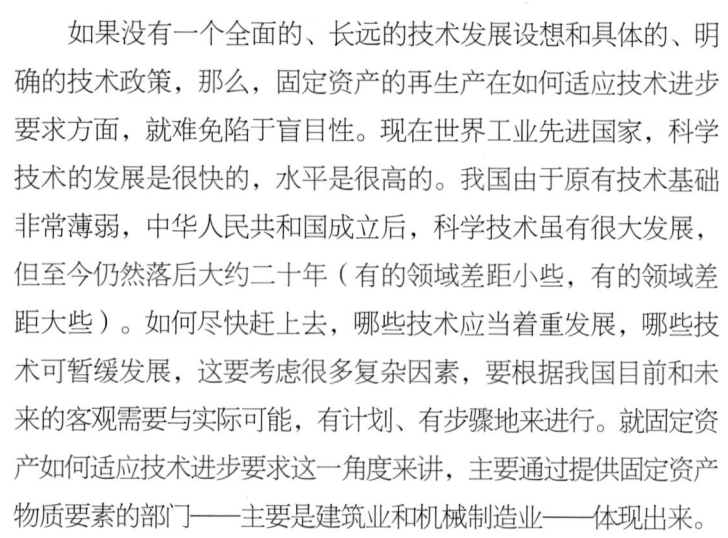

如果没有一个全面的、长远的技术发展设想和具体的、明确的技术政策,那么,固定资产的再生产在如何适应技术进步要求方面,就难免陷于盲目性。现在世界工业先进国家,科学技术的发展是很快的,水平是很高的。我国由于原有技术基础非常薄弱,中华人民共和国成立后,科学技术虽有很大发展,但至今仍然落后大约二十年(有的领域差距小些,有的领域差距大些)。如何尽快赶上去,哪些技术应当着重发展,哪些技术可暂缓发展,这要考虑很多复杂因素,要根据我国目前和未来的客观需要与实际可能,有计划、有步骤地来进行。就固定资产如何适应技术进步要求这一角度来讲,主要通过提供固定资产物质要素的部门——主要是建筑业和机械制造业——体现出来。

先进的科学技术,需要经过建造设计这个中间环节才能在生产实践中获得成果。例如,美国冶金工业采用顶吹氧气或底吹氧气转炉代替平炉,采用冷轧和连轧机代替热轧机;日本丰田汽车公司采用节拍式作业的直线式生产方式等先进设备和生产工艺流程,都是首先体现在工艺设计和建筑设计中。因此,在通过基本建设活动建造安装固定资产时,就要考虑采用最佳的设计方案,以保证所形成的新增固定资产能够最大限度地适应技术进步的要求。

固定资产的积极部分——机器设备,是由机械制造业提供的。这部分固定资产的质量如何，关键取决于机械制造工业的成果如何。我国机械制造业解放后有很大发展，填补了旧中国遗留下来的很多空白，初步建立起了门类比较齐全、具有相当规模的机械制造系统。从机床拥有量（260多万台）来看，位居世界前列。但不可否认，我们的机械产品质量还很不理想，现代化的机器设备只占一小部分，百分之七八十属于一般通用机床，且内部结构也不合理。只有使机械制造业的生产由重数量转为重质量，制造出的机器设备能够反映和促进技术进步，才能更好地使固定资产再生产适应技术进步的要求。

在考虑技术政策时，还要正确处理坚持自力更生同必要的引进两者之间的关系。像我们这样具有十亿人口、九百六十万平方公里土地的社会主义国家，如果不坚持自力更生的方针、不发扬创造精神，而是仰仗外国、步他人后尘，这是自寻绝路，后果不堪设想；但我们又是一个技术落后的国家，处在世界技术交流日益频繁和广泛的当代，不能闭关锁国，拒绝学习和利用其他国家的先进技术。正确的做法应当是以自力更生为立足点，同时进行必要的技术引进。引进外国的技术要有选择，多引进"软件"，少进口"硬件"，多买"鸡"，少买"蛋"，不要多进口成套设备，要进口那些我们不能自制的、关键性的设备，并要注意仿制。对引进的技术设备，要按照周总理概括的"一用、二批、三改、四创"的原则，做到既能很快普遍化，又能很快用我们自己的创造性劳动加以提高。总之，引进技术设备应当有助于独立自主地发展经济，不能影响、更不能代替自己的发明、创造，要在引进的基础上启发、推动我们加快创立自己的一套先进科学技术体系。这是使固定资产再生产适应技术进步要求应当遵循的方向。

第七章　固定资产再生产与社会产品再生产

第一节　固定资产再生产是社会产品再生产的条件

前面几章已着重就固定资产再生产内部的一些基本关系进行了考察，后面三章将着重就固定资产再生产外部的一些基本关系进行考察。本章首先考察固定资产再生产与社会产品再生产的关系。

固定资产再生产与社会产品再生产之间的内在联系，可以概括地说：固定资产再生产是社会产品再生产的主要物质条件，同时又是社会产品再生产的一个结果。

固定资产再生产是社会再生产的一个重要组成部分。体现生产性固定资产的劳动资料同劳动对象和有目的的劳动自身一起构成社会再生产过程的要素。作为社会生产要素的劳动资料，虽然它本身并不能生产出产品来，但缺少它社会产品就生产不出来。只有劳动者把劳动资料置于自己和劳动对象之间，并用劳动资料把自己的活动传导到劳动对象上去，才能创造出为满足人们一定需要的社会产品。此外，还有一类属于广义上的劳动资料（如土地自身、工地场所、道路等），不直接加入社会生产的劳动过程，但没有它们，社会再生产也不能顺利进行。

劳动资料在社会再生产过程中逐渐被生产地消费，到一定时期就不能再使用，从而必须在一定时间内被再生产出来。如果在再生产过程中，固定资产再生产受到阻滞或中断，从根本上来说，社会产品的再生产也会受到阻滞或中断；如果在整个再生产的过程中，固定资产的再生产是畅通无阻的，或是不断扩大的，在其他条件不变情况下，社会产品的再生产也可以畅通无阻，或不断扩大。这就是说，社会产品的再生产是以固定资产的再生产为前提条件的。

社会产品的再生产受固定资产再生产哪些因素影响呢？

（1）社会产品再生产受固定资产的规模所制约。这表现在：社会产品生产的规模大小和速度快慢，不仅依存于新增加的固定资产的规模，同时也依存于旧的、已退废的固定资产的补偿和更新的规模。如果社会不能保持原有固定资产再生产的规模，即使动用的固定资产规模扩大了，社会产品的再生产规模也可能没有扩大，或没有达到相应的扩大，甚至可能缩小。因此，一般说来，社会产品再生产的增长规模是以固定资产再生产维持原有规模为基础，以固定资产再生产的扩大程度为转移。对于这一点，在计划社会产品再生产的时候是不容忽视的。

（2）社会产品再生产依存于固定资产的质量。广义地说，固定资产的构成、它的技术特征和性能，体现着固定资产的质量。机器设备的技术水平和精密度级别、劳动资料的坚固状况和完善程度，是直接影响固定资产生产能力的重大要素，从而直接影响社会产品的再生产。所以，对现有固定资产进行技术改造，合理地利用现有固定资产生产能力，以及使新建企业具有更现代化、更完善和有效的劳动工具，把投资用于发展新的技术设备以提高固定资产的质量，促使生产能力的增加，便成为社会产品生产迅速增长的物质技术基础。

（3）社会产品的再生产还依存于固定资产的利用程度。如果固定资产闲置不用，或利用得不充分，将会影响社会产品再生产。因为固定资产使用或利用得不充分，不仅会受到自然力的侵蚀而蒙受损失，而且会使它的生产能力下降。所以，应当有效地利用固定资产，如改善劳动组织，及时供应原料、燃料，增加工作班次，减少甚至消除生产的季节性，逐步采用连续性生产的工艺过程，延长和加速固定资产的运转，增加其生产效能等，使同量的固定资产在相同的条件下由于充分利用而生产更多的社会产品。固定资产利用得越是充分，社会产品的产量便越能增多。

一般地说，固定资产增长，社会产品也会增长。但是，在一定条件下，固定资产增长的动态往往可以同社会产品增长的动态不相一致（见表5）。

表5 我国国营工业企业固定资产增长速度同工业产值增长速度对比

时期	固定资产增长速度（假定为1）	工业产值增长速度
"一五"	1	1.05
"二五"	1	0.27
1963—1965年	1	2.73
"三五"	1	1.50
"四五"	1	0.79
"五五"	1	0.90

从表5可见，"一五"时期，1963—1965年调整时期以及"三五"时期工业产值增长都快于固定资产的增长，有的甚至是其2倍多；而"二五""四五""五五"时期，工业产值增

长速度则远落后于固定资产的增长速度,表明工业固定资产与工业产品产值增长很不一致。这是由于:

(1)生产条件的改变。生产条件的变化,可能出现固定资产的增加同社会产品生产之间不一致的现象,特别是受自然条件影响较大的生产部门,这种情况尤为明显。

例如,在煤炭工业生产中,为了保持它的原有生产规模,一方面,要建设新矿井来抵补报废的旧矿井;另一方面,还必须不断地对旧矿井追加投资,进行后期工程和开拓延伸工程,增添固定资产。又如在森林采伐工业中,从采伐过的林迹中,必须不断延伸铁道运输线和进行某些设施的建设,即不断追加投资,增加固定资产,才能维持原有的木材年产量。这就是说,固定资产再生产规模扩大了,而社会产品再生产仍然维持原有规模的这种状况,在采掘和采伐部门是普遍存在的。

在农业生产中,由于土地肥沃程度和天气变化等条件的差异,在追加农业固定资产的情况下,农产品产量可能没有相应地增加,甚至还可能缩减;相反,固定资产维持原有规模,农业产品生产也可能扩大,从固定资产看是简单再生产,从产品看却是扩大再生产。这是因为农业的再生产是同自然再生产交错在一起的,它在很大程度上要受到自然条件的制约。

在铁道运输中,则受经济条件变化的影响较大,比如地区间产销关系的变化,农业丰欠的变化,都会引起货运量和货物流向的改变,使铁道运输能力发生不平衡。这一线路运量下降,将会引起相关的线路运输的利用率下降。另外,某一线路运量过于集中,又会出现运输能力的紧张,需要增添一些设施(如回让站、股道等),增加这些固定资产的设施,就某一地区、某一线路来看,是增加了运输能力,但就整个铁道运输部门来说,仅仅是为了适应生产条件的变化和维持原有运输量。

因而也出现了固定资产动态同铁道运输量动态的不一致。

有些同志把上述采掘等工业部门中为了维持产品简单再生产而不断扩大固定资产规模的特点,拿来同加工工业的状况进行类比,他们说在加工工业中,如纺织、机械等生产部门,在产量不变的场合,为了适应增加花色品种,提高产品质量的需要,必须追加投资,以改进工艺过程和增添新的技术设备,这也是产品维持简单再生产、固定资产则扩大生产的又一例。我们认为,这个观点值得商榷。因为加工工业再生产中的这种情况,与上述采掘等工业部门中的特点,不尽相同。诚然,在这种状况下,加工工业按其固定资产的完全价值(原始价值),用不变价格计算所反映出来的固定资产的实物量,是扩大再生产,也就在这一点上,同采掘工业部门是相同的。但是,在加工工业部门因增加固定资产而使产品的品种有所增加、质量有所提高,虽然产品的实物量没有变,然而能不能说因产品实物量不变就认为产品仍是简单再生产呢?我们的回答是否定的。

社会产品和固定资产的实物量、使用价值量、价值量之间可能出现不同比例的增减,甚至可能出现方向相反的变化,在实物量不变情况下,使用价值量和价值量却可以改变❶。试举简单例子:

假定生产10双鞋子,每双可穿用1年,每双耗费的社会必要劳动时间为1小时。

则其实物量、使用价值量、价值量之比为:10双:10(10×1年):10(10×1小时)=1:1:1。

现在假定追加投资,改进工艺过程,增置一些设备的部

---

❶ 通常认为实物量与使用价值量是一致的。但是我们认为,严格地说,是有差别的。

件、零件，虽然这时鞋子的实物量不增，但鞋子的质量提高了，比如说，每双可穿用1.5年；同时，生产每双鞋子与所耗费的物化劳动和活劳动也有了增加，假定每双增加了0.2小时。

这样，鞋子这一产品实物量、使用价值量、价值量之间的比例也就发生了变化，即：

实物量：价值量 =10 双：10×1.2 小时 =1：1.2，

实物量：使用价值量 =10 双：10×1.5 年 =1：1.5，

使用价值量：价值量 =10×1.5 年：10×1.2 小时 =1：0.8。

这说明，在这个场合，一个单位的实物量（一双鞋）所含的使用价值（穿1.5年）和价值（1.2小时）都增加了，而单位使用价值所包含的价值则减少了；反过来，单位价值所包含的使用价值则增加了。

从这个例子可以看出，在加工工业中，由于增加固定资产，产品的实物量可以不变，但产品的使用价值量和价值量却可以扩大。按照以使用价值作为衡量再生产规模的尺度，那么，这应当说是扩大再生产。

由此可见，社会产品的再生产及作为条件的固定资产的再生产，两者在实物量、使用价值量、价值量几个方面不但不一定发生等量的变化，而且还可能出现方向相反的变化。它们在再生产过程中有着不同的结合。所以，国家在进行固定资产的更新和扩大时，应当结合社会产品再生产的各个方面的条件来考虑：是维持固定资产的原有价值量、扩大它的生产能力，来增加社会产品的生产，还是维持固定资产的原有生产能力，把多余资金用于其他方面，对于整个国民经济的发展更为有利。这需要有计划地进行综合平衡。

（2）技术的改变。固定资产再生产的内容是与技术变化分不开的，而固定资产再生产又是社会产品再生产的物质技术条件，所以，技术变化的许多因素就不能不直接影响到固定资产增长同社会产品增长之间的对比关系。其中，有的因素会引起单位产品固定资产占用量（这里是指固定资产额对产品额的比值）的提高，即固定资产增长超过社会产品的增长；有的因素会引起单位产品固定资产占用量的降低，即社会产品的增长超过固定资产的增长。

技术进步的变化发展大致表现为两个不同阶段，即以机器代替手工劳动的阶段和进一步以新机器代替旧机器的阶段。在以机器代替手工劳动的初期，一开始采用机器，就会有机器产品率的提高。技术进一步的发展，以新机器代替旧机器，又会大大提高机器产品率。在还没有充分地实现以机器代替手工劳动这一期间，以机器代替手工劳动和以新机器代替旧机器这两种形式往往是交错并存的。在这种情况下，引起单位产品固定资产占用量提高或降低的诸因素，会彼此相互消长。但是，这些因素起作用的结果，在不同的技术发展阶段呈现出一个主要趋势。现分述如下：

甲、以机器代替手工劳动

这种技术进步是以更多的机器装备来代替活劳动进行社会产品生产为特点的。在这种场合，技术构成和资金有机构成相应地提高，机器一部分只代替活劳动，并不增加产品产量，使得固定资产比社会产品增长得更快，这是在开始采用机器来代替笨重体力劳动的时期，即实行社会主义工业化初期的一个特有过程。

比如在农业中实行机械化、电气化，在纺织工业和食品工业中实行大规模的机械化，就会使得劳动资料的增长数量超过原材料和产品的增长数量。又如在采掘工业中（煤炭、石油、铁矿等），劳动对象是自然生产物，完全不用材料，只使用一些辅助性的材料。在这些生产部门中采用机器，也会使劳动资料的增长数量超过原材料和产品的增长数量。这表明固定资产会比社会产品增长得更快。在工业化初期，这个过程还由于需要相应地实行运输手段的机械化而持续下去。

乙、技术进步的进一步发展

这种技术进步是以不断完善和提高机器设备本身的性能（如加快转速、提高功率和改善工艺过程）来从事生产为特点的。在这种场合，往往不仅能够进一步节约活劳动，而且还能够进一步提高固定资产的生产效率，降低单位固定资产折旧费，使社会产品的增长超过固定资产的增长。这是在新技术进一步发展，以新机器代替旧机器的条件下的主要趋势。

比如在动力工业、加工工业、采掘工业和运输业采用新的技术和更完善的机器，以及机械化和自动化系统的建立，生产联合化的扩大，不仅能够促使大量劳动对象和活劳动的节约，而且可以促使单位产品生产能力投资的节约，因而在单位劳动时间内能加工更多的原材料，单位固定资产价值量能够生产更多的产品。在进一步提高固定资产效能的过程中，为了扩大企业的生产能力，增加产品产量，用较少的投资对现有固定资产进行现代化技术改造，也是具有重要意义的。同采用机器代替手工劳动相反，技术进一步的发展，固定资产生产能力进一步的提高，将会导致产品生产增长超过固定资产的增长。正如马克思所说："所使用的机器数量和价值会随着劳动生产力的发展而增加，但并不是和劳动生产力按相同的比例增加，也就是说，不是和这些机器提供的产品数量按相同的比例增加。"❶

---

❶ 《马克思恩格斯全集》第25卷，人民出版社1974年版，第124—125页。

技术进步的不断发展，一方面可生产出更多的新型机器设备，减少设备本身重量；另一方面可降低厂房营造物的造价，使得劳动资料的实物构成引起变化，提高了生产设备在全部劳动资料中的比重。这通常也会增加固定资产总体的生产能力，降低产品的固定资产占用量，使产品的数量不仅比厂房等建筑物的价值增长得更快，而且往往比全部固定资产增长得更快。

（3）生产结构的改变。各个生产部门的增长速度及相互间的比例关系，对于国民经济全部固定资产同社会产品的对比具有重大影响。

假定国民经济分为甲、乙、丙三个生产部门，原来的生产结构是：甲占50％，乙占30％，丙占20％；单位产品的固定资产占用量甲是0.5，乙是1.0，丙是1.5。那么，国民经济固定资产同社会总产品的对比即为0.85（0.5×50％+1.0×30％+1.5×20％）。现在假定生产结构改变如下：甲部门上升为70％，乙部门下降为20％，丙部门下降为10％；那么，在这个场合，国民经济固定资产同社会总产品的比例则下降为0.70（0.5×70％+1.0×20％+1.5×10％），意味着社会产品增长超过了固定资产的增长，换句话说，单位产品的固定资产占用量下降。

生产结构的这种改变，表明在国民经济中，如果单位产品固定资产占用量较低的部门的产品增长得更快，就会使社会总产品的增长超过全部固定资产的增长；反之，如果单位产品固定资产占用量较高的部门的产品增长得更快，就会使全部固定资产的增长超过社会总产品的增长。

例如，加工工业的单位产品固定资产占用量一般小于采掘工业，而在加工工业比采掘工业增长得快的情况下，这会使国民经济的平均固定资产占用量下降,也就是会成为使社会产品比固定资产增长得更快的一个因素。

又如,重工业的单位产品固定资产占用量一般大于轻工业,而在重工业比轻工业增长得快的情况下,就会使国民经济的平均固定资产占用量上升,成为使固定资产比社会产品增长得更快的一个因素。

但是,在大部分物质生产部门中,不断地降低产品的固定资产占用量这一趋势起着主导的作用。因此,总的来说,由于生产结构的改变,社会产品的增长会比固定资产的增长更快。

我国由于管理体制存在缺陷,管理方法比较落后,经济结构不够合理,机器设备利用率不高等原因,单位产品产值的固定资产占用量有提高的趋势。具体情况见表6。

表6 我国国营工业企业产品产值同固定资产原值对比

时期	每百元固定资产原值提供的工业总产值(元)	每百元产值占用的固定资产原值(元)
1952年	133.7	75
"一五"	140.5	71
"二五"	140.4	71
1963—1965年	85.8	171
"三五"	102.3	98
"四五"	111.0	90
"五五"	100.4	100

我们认为,在正常的情况下,尤其在技术进一步发展的状况下,固定资产占用量会出现下降的趋势。

除上述外,技术进步的不同形式,生产的专业化和协作的发展,现有机器设备的改进,机器设备寿命的变化,设备无形损耗的速度,劳动机械化的性质(单纯节约劳动或生产增长下节约劳动等），劳动组织的完善程度，固定资产利用的状况，生产关系的变革，以及工人的觉悟程度和劳动熟练程度等因素，也都会对社会产品的增长同固定资产的增长之间的对比关系发生影响。而从总的方面来看，社会产品增长速度超过固定资产增长速度，是更符合于社会主义再生产的客观要求的。

第二节　固定资产再生产是社会产品再生产的结果

固定资产再生产一方面是社会产品再生产的主要物质条件，另一方面它同时又是社会产品再生产的一个结果。在社会再生产过程中，生产资料与劳动者相结合，生产出来的社会产品退出劳动过程，构成社会产品的生产资料表现为劳动资料和劳动对象，这时的劳动资料即反映社会产品再生产的一个结果。

作为劳动资料发挥机能的固定资产，它的再生产，即它的<u>不断补偿更新和积累扩大，是依靠社会产品的补偿部分和积累部分实现的</u>。

先来看固定资产的补偿更新同社会产品再生产的关系。在价值上，固定资产的补偿更新有赖于社会产品价值的实现。为了维持固定资产原有生产能力的简单再生产，在固定资产补偿之前，就必须把固定资产转移到社会产品中去的价值，从社会产品的实现中逐渐地收回来。这部分收回来的价值，通过折旧形成补偿基金，用于补偿已消耗掉的固定资产的价值。如果社会产品价值不能实现，则固定资产的补偿也将会落空。所以，固定资产的补偿，是与社会产品的实现分不开的。

当固定资产经过一定时间的使用，价值和使用价值一同丧失以后，就不仅需要在价值上补偿，而且要在使用价值上补偿，这就要有相应的劳动资料被生产和再生产出来，以便在自然形态上替换陈旧的固定资产。在这里，以实物形态代置退废的固定资产，是靠社会产品（第Ⅰ部类产品）中相当于用来补偿劳动资料要素的那部分，通过大修、更新改造等形式来实现的。

再来看固定资产的积累扩大同社会产品再生产的关系。一般地说，固定资产的积累扩大要依靠社会产品的积累部分来实现。在价值上，增加固定资产的价值额，要依靠社会产品中新创造的价值，即国民收入中的积累基金部分，主要通过国家预算的固定资产投资、银行贷款和地方、企业自筹资金来实现。在使用价值上，固定资产的生产能力或实物量的扩大则要依靠社会产品（第Ⅰ部类）中用于积累的劳动资料要素部分，通过基本建设的建筑安装工程和添置新的机器设备等形式来实现。

固定资产价值补偿和物质替换有着不同的周转，折旧基金的提取时间同固定资产报废和更新的时间常常是不一致的；同时，固定资产的退废规模，在各年之间也会发生变动。因此，从固定资产再生产是社会产品再生产的结果这一角度来考虑，在安排社会产品再生产时，就应当充分注意固定资产的价值补偿和实物补偿的不一致性，特别要着眼于它的实物补偿需求量的不同变化，以求得与固定资产的简单再生产相适应。而在确定固定资产更新速度时，也要顾及社会产品中是否有足够数量的、符合更新要求的劳动资料做保证。至于固定资产的扩大再生产也同样要求有相应的社会产品做保证。这里需要说明的是：固定资产的简单再生产与扩大再生产，由于它们的价值补偿与实物替换不一致而呈现出相互交错的复杂关系。

扩大再生产的速度越快，固定资产年龄构成下降得越多，提取的折旧基金超过当年退废更新需要的投资的差额就越多。这个超过当年补偿更新投资的多余折旧基金，代表着固定资产自然形态暂时代置的价值部分，现实中可以作为固定资产实物扩大再生产的追加来源。马克思说："……不变资本很大，特别是由固定资本构成的那部分不变资本很大的地方，一切领域的固定资本的简单再生产，以及与此并行的生产固定资本的现有资本的再生产，就会形成一个积累基金，也就是为更大规模的生产提供机器，提供不变资本。"❶除去资本的本质，这对社会主义来说，也是适用的。因而，到期退废的固定资产，如果其更新补偿的投资是维持价值的简单再生产，那么，在使用价值上就必然是扩大再生产。所以，社会主义国家必须注意充分地利用多余的折旧基金，在积累和消费比例许可的范围内，把它用之于扩大固定资产的规模，并且注意使这部分价值形态的折旧同实物形态的机器设备相互平衡，做到有财有物，有物有财，财物对口，以实现非积累的扩大再生产。

固定资产的实物替换和扩大，由哪些生产部门来提供这些物质要素呢？直接的有建筑业和机器制造业生产部门，以及修理业所提供的生产活动；间接的有为建筑业和机器制造业提供生产资料和消费资料的其他生产部门。例如，建筑部门生产的产品，像生产用厂房、营造物、道路等，是固定资产的一个部分；机器制造业生产的产品，包括各种机器设备、工具、仪器等，则是劳动资料中的积极部分。修理业一般是为恢复现有固定资产服务的，它进行维修和替换所需要的零件、部件、组合件以及其他金属材料和建筑材料，仍然是来自机器制造业和建

---

❶ 《马克思恩格斯全集》第26卷，人民出版社1972年版，第55页。

筑业及其他生产部门，实际上修理业是从属于机器制造业和建筑业的。

与此同时，固定资产的再生产还间接依存于为建筑业和机器制造业提供生产资料和消费资料的生产部门。例如，冶金工业部门为建筑业和机器制造业提供钢材、生铁和各种金属材料，森林采伐工业部门和水泥工业部门为建筑业提供建筑用的木材和水泥，电力工业部门为它们提供动力，煤炭工业部门和石油工业部门为它们提供燃料。农业部门不仅为建筑业和机器制造业及其相邻的一系列生产资料工业部门提供某些农业的生产资料和皮革及绳索等原材料，而且同轻工业一起为它们的劳动者提供消费资料。

如果上述那些生产资料工业部门的生产不能满足建筑业和机器制造业所需要的生产资料，那么建筑业和机器制造业的生产就会受到影响。同样，如果农业生产不能为建筑业、机器制造业和其他生产资料工业部门的生产劳动者提供足够的消费资料，建筑业和机器制造业的生产也会受到重大影响，特别是在建筑业有机构成比较低、占用劳动力比较多的情况下，受农业生产的影响就会更大，这是农业作为国民经济发展的基础的又一例证。

由此可见，固定资产的扩大再生产，不仅直接依存于建筑业和机器制造业，而且间接要求其他许多生产部门也要有相应的扩大，特别是不能脱离作为发展国民经济基础的农业状况。这里存在着一系列错综复杂的联系。因此，固定资产的扩大再生产同整个国民经济的扩大再生产是息息相关的，它是整个社会再生产的一个有机组成部分。在安排固定资产扩大再生产投资规模时，是不能离开整个国民经济综合平衡的。

第三节　固定资产规模与制造劳动资料生产规模之间的关系

固定资产规模的变化，首先要取决于制造劳动资料生产规模的变化。现就两者之间的对比关系及其变化情况作一初步探索。

为了简化分析条件，我们在这里把生产出来的劳动资料转变为固定资产所需要的时间这一因素舍象掉了，还把劳动资料本身生产时间这一因素也舍象掉了，而且假定劳动资料是当年制造出来的，并且在当年被动用，形成新的固定资产。

我们假定：固定资产更新周期为3年，制造劳动资料的生产部门每年生产6000单位的劳动资料，第1年形成的固定资产也是6000单位。所形成的固定资产在它到期更新之前，无须在自然形态上加以补偿。制造劳动资料的部门即使每年仍然维持原有的生产规模（即6000单位）也会引起固定资产规模的扩大再生产，如第2年固定资产规模扩大为12000单位（6000+6000），比上年增长了100%；第3年扩大为18000单位（12000+6000），比上年增长了50%。

可见，在新建立的固定资产从开始投产到需要退废更新的这段期间以内，提供固定资产的劳动资料制造部门的简单再生产，可以容纳固定资产规模的扩大再生产。马克思对这种关系曾作过精辟的分析，他说："……即使投在机器制造业的全部资本仅够补偿机器每年的损耗，它所生产的机器也会比每年所需要的机器多得多，因为损耗有一部分只是观念上存在，而在现实中只是过若干年之后才要以实物形式补偿。可见，这样使用的资本每年会提供大量的机器，这些机器可以用于新的投资,并且使这种新的投资提前实现。"❶社会主义再生产的状况也是这样。正确安排劳动资料制造部门的简单再生产同固定资产的扩大再生产之间的这种比例关系,对协调整个社会再生产具有十分重要的意义。因为当新建固定资产到期更新之前这段期间内,制造劳动资料的生产部门,不必追加投资扩大其生产,而保持原有的生产规模,也可以扩大新建固定资产的规模,另建更多同类的新企业。

但是,如果劳动资料制造的生产部门继续维持简单再生产,从第4年起就会出现一种新的情况。由于这时新建立的固定资产需要退废更新,因此,固定资产同劳动资料制造两者之间就会并行地维持着简单再生产。对于这种情况,以及它们两者在不同条件下的种种数量关系变化,需要作进一步的探讨。

(1)在固定资产简单再生产的情况下,假定固定资产到期退废同补偿更新的规模相一致,固定资产维持简单再生产,劳动资料制造部门生产也维持简单再生产。

现沿用上述数例,从第4年至第6年这段期间内,假定劳动资料每年继续生产6000单位,由于从第4年起到期退废的固定资产每年也是6000单位,这样,新增固定资产恰好同到期退废的固定资产相一致。所以,固定资产规模不变,同第4年一样,维持在18000单位的规模上。换言之,劳动资料制造部门只要年生产6000单位,即维持原有生产规模,就足以替换更新到期退废的固定资产,保证固定资产规模(18000单位)的简单再生产了。正如马克思所说:"在同一年中,总有一定数量的机器等会达到确实必须换新机器的阶段,因此,每年都有一

---

❶ 《马克思恩格斯全集》第26卷Ⅱ,人民出版社1972年版,第548—549页。

定数量的旧机器等确实需要在实物形式上用新机器来替换。机器等每年的平均生产就是与此相适应的。"❶ 这就是说,在固定资产到期退废同补偿更新的规模相适应的情况下,劳动资料的简单再生产,是可以同固定资产规模的简单再生产并行的。

（2）在固定资产由简单再生产向扩大再生产过渡的条件下,假定固定资产更新周期（再生产时间）为 n 年,则制造劳动资料部门当年的年产量增长率将 n 倍于固定资产的增长率。

仍用上述数例,假如第 7 年固定资产由简单再生产向扩大再生产过渡,增长率为 10%,从 18000 单位增加到 19800 单位,即净增加 1800 单位（18000×10%）；新增加的固定资产,连同需要补偿的固定资产（6000 单位）,共 7800 单位。但是,制造劳动资料部门的年产量原来只有 6000 单位,仅仅够用于固定资产的补偿更新,为了满足固定资产规模扩大的需要,就要求制造劳动资料部门的产量必须从上年的 6000 单位增加到 7800 单位,即增长 30%。在这里,制造劳动资料部门的增长率 3 倍于固定资产的增长率（30%：10%）,这个倍数恰等于固定资产的再生产时间。

这种数量关系,可用公式表述如下：

设：C_0 代表劳动资料年产量；

C_1 代表扩大再生产年份的劳动资料产量；

n 代表固定资产使用年限；

P_f 代表固定资产净增长率；

P_e 代表劳动资料产量净增长率；

K_i 代表固定资产规模（按原值计算）；

---

❶《马克思恩格斯全集》第26卷Ⅱ,人民出版社1972年版,第547—548页。

$$K_i = \begin{cases} iC_0 & i = 1, 2, \cdots, (n-1) \\ nC_0 & i \geqslant n \end{cases}$$

$$C_1 = K_i \left(\frac{C_0}{K_i} + P_f \right)$$

$$P_e = \frac{C_1 - C_0}{C_0} = \frac{K_i \left(\frac{1}{i} + P_f - \frac{1}{i} \right)}{K_i \left(\frac{1}{i} \right)} = iP_f$$

$$i = 1, 2, \cdots, (n-1)$$

$$\text{或} P_e = \frac{C_0 + K_i P_f - C_0}{C_0} = nP_f \quad i \geqslant n \text{。}$$

因此，当整个国民经济的固定资产规模从维持原有规模向扩大再生产过渡的时候，就必须急剧地提高（按上述数量关系）劳动资料的增长率，才能协调固定资产同制造劳动资料之间的比例关系，使社会再生产按比例的发展。

（3）在固定资产等速扩大再生产的情况下，固定资产规模、制造劳动资料的产量都可以逐年稳定在一定的速度上来继续扩大再生产。但是，固定资产规模的等速度增长先要有一个过渡时间。

下面仍沿用上述数例并列表说明（表7）：

表7 第10年固定资产增长10%，即规模扩大2581.8单位（25818×10%），连同固定资产补偿更新7800单位，劳动资料的年产量就必须从第9年的9438单位增加到10381.8单位（2581.8+7800），也同样增长了10%。

第11年、第12年，由于固定资产稳定在增长10%的速度上来扩大生产，同样制造劳动资料的部门也以等速度扩大再生产。

但是，固定资产规模要与制造劳动资料部门的产量同时

表7　第8年到第12年固定资产规模和制造
劳动资料部门产量的增长速度

时期\项目	固定资产规模 总量	增长（%）	制造劳动资料部门产量 用于补偿	用于扩大生产	合计	增长（%）
第8年	22380	+13%	6000	2580	8580	+10%
第9年	25818	+15.4%	6000	3446.52	9446.52	+10%
第10年	28399.8	+10%	7800	2581.8	10381.8	+10%
第11年	31239.78	+10%	8580	2839.9	11419.9	+10%
第12年	34363.758	+10%	9438	2123.978	12561.978	+10%

以等速度来扩大再生产，它需要有一个过渡时间。例如，在我们的例子中，固定资产规模从第10年起与劳动资料生产稳定在10%的增长速度上，要有两年的过渡时间，即第8年和第9年，在这个时间内先要求制造劳动资料部门稳定在10%的增长速度上，然后固定资产规模才能够在第10年也过渡到等速增长。所以，为了要达到两者以等速度扩大再生产，就必须考虑"过渡时间"这一因素。

过渡到等速扩大生产的时间长短是如何确定的呢？这是以固定资产再生产的周期（使用年限）为转移的。它的再生产的周期越长，过渡的时间也越长；反之，再生产的周期越短，过渡的时间也越短。假定固定资产再生产周期（使用年限）为n年，则固定资产过渡到与制造劳动资料的部门等速扩大生产的时间应不小于n年。

（4）在固定资产的加速扩大再生产的情况下，制造劳动资料部门的增长速度比固定资产的增长速度更快。

仍沿用以上数例列表说明（表8）：

表 8　第 13 年到第 15 年固定资产规模和制造
劳动资料部门产量的增长速度

时期 \ 项目	固定资产规模 总量	固定资产规模 增长（%）	制造劳动资料部门产量 用于补偿	制造劳动资料部门产量 用于扩大生产	制造劳动资料部门产量 合计	制造劳动资料部门产量 增长（%）
第 13 年 *	39518	+15%	10382	5155	15537	+23.7%
第 14 年	47422	+20%	11412	7904	19316	+24.3%
第 15 年	59278	+25%	11562	11856	23418	+21.2%

注：* 第 13 年以后，采取四舍五入法计算。

如第 13 年固定资产规模的增长速度比上年高，不是 10%，而是 15%。这样，固定资产增加 5155 单位（34363.758×15%），加上补偿更新固定资产 10382 单位，劳动资料产量就必须从上年的 12561.978 单位增加到 15537 单位（5155+10382），即急剧地增长 23.7%。在这里，劳动资料产量比固定资产规模的增长速度快得多。第 14 年和第 15 年逐年加速扩大生产，也出现同样的数量关系。

上面所考察的这种数量关系，可以说是社会主义再生产的基本特征之一。如果国民经济的固定资产规模发展速度继续加快，则劳动资料的生产（包括机械制造业）就必须以更快的速度继续发展，而这又必须成为国民经济生产资料优先增长的重要因素之一。因此，正确地安排固定资产同劳动资料产量之间这种比例关系，使它们在扩大再生产中相互衔接，对完成国民经济平衡的任务，实现整个社会主义扩大再生产，是具有重要意义的。

（5）如果固定资产规模以减速来进行扩大再生产，则制造劳动资料部门的增长速度将比固定资产的增长速度下降得更快，甚至要缩小其生产。

仍沿用上述数例列表说明（表9）：

表9　第16年到第18年固定资产规模和制造
劳动资料部门产量的增长速度

项目 时期	固定资产规模 总量	固定资产规模 增长（%）	制造劳动资料部门产量 用于补偿	制造劳动资料部门产量 用于扩大生产	制造劳动资料部门产量 合计	制造劳动资料部门产量 增长（%）
第16年	71134	+20%	15537	11856	27393	+17.0%
第17年	81804	+15%	19316	10670	29986	+9.5%
第18年	85894	+5%	24418	4090	28508	−4.9%

如第16年固定资产比上年增长速度低，不是增长25%，而只增长20%。这样，固定资产只增加11856单位（59278×20%），加上需要补偿更新的固定资产15537单位，共27393单位，劳动资料部门的产量就只须从上年的23418单位增加到27393单位，只增加17.0%，比固定资产规模增长速度下降的幅度更大。另一种情况是：如第18年，固定资产规模增长速度比上年低，只增长5%，在这种情况下，不仅制造劳动资料部门的产量无须增长，而且还要缩小生产4.9%。

（6）如果固定资产由扩大再生产回复到简单生产，又会发生一些什么变化呢？在这种情况下，就要求制造劳动资料部门的产量时而缩小，时而扩大。

现沿用上述数例列表说明（表10）：

表10中第19年固定资产从上年扩大生产50%下降为零，即只维持原有规模。这样，社会只需要补偿固定资产27393单位，因而要求制造劳动资料部门的产量必须从上年的28508单位缩减为27393单位，即缩小生产3.9%。

第20年，固定资产仍维持上年的规模，社会补偿更新到

表10　第19年到第21年固定资产规模和制造
劳动资料部门产量的增长速度

项目 时期	固定资产规模 总量	增长（%）	制造劳动资料部门产量 用于补偿	用于扩大生产	合计	增长（%）
第19年	85894	0	27393	0	27393	−3.9%
第20年	85894	0	29986	0	29986	+9.5%
第21年	85894	0	28508	0	28508	−4.9%

期退废的固定资产比上年增多，不是27393单位，而是29986单位，即要求制造劳动资料部门的产量既不是缩小，也不是维持原有规模，而是要扩大生产9.5%。

如果固定资产继续维持简单再生产，则需求制造劳动资料部门的产量，在以后各年也是时而缩小，时而扩大。

为什么会产生这种现象呢？因为各年投入生产使用的固定资产并不是均衡的，即使在固定资产维持原有规模的情况下，各年到期退废的固定资产仍然会有起有伏、时多时少，所以需要补偿更新的劳动资料的产量也就有时增多，有时缩减。

以上我们从再生产的角度，考察了固定资产规模同制造劳动资料部门的产量之间的数量关系的变化状况。这些数量关系的形成，是与固定资产再生周转的一个根本特点，即它的价值和使用价值之间的矛盾运动相联系的。诚然，实际经济生活会比这里所说的要复杂得多。但是，从前面的分析中，还是可以窥见两者间的一些主要数量关系的变化情况。

大家知道，社会主义再生产是以扩大再生产为特征的。固定资产的再生产从而制造劳动资料部门的再生产也是以扩大再生产为特征的，它们之间的数量关系是在扩大再生产中形成的。在现实经济生活中，所出现的将是固定资产、制造劳动资料部门的不断扩大再生产,而固定资产、制造劳动资料部门同时以等速来扩大生产的状况乃是罕见的,经常出现的是不同增长速度的扩大再生产。由于社会主义计划经济的优越性,社会主义国家能够正确地认识和掌握固定资产和制造劳动资料部门在扩大再生产过程中的相互关系,并正确地处理固定资产再生产同社会产品再生产之间的关系。

固定资产与制造劳动资料部门之间的上述不同增长速度的扩大再生产,会对国民经济的发展发生重大的影响。在固定资产规模不断扩大再生产的情况下,如果撇开可以增加进口机器设备这一因素不说,必然要求制造劳动资料部门有更高速度的增长,在技术进步的条件下,这就必然成为社会生产第I部类优先增长的一个重要因素,但不能把生产资料优先增长绝对化,在扩大再生产速度下降的情况下,就要求消费资料增长更快。另外,固定资产规模的不断扩大,要求追加制造劳动资料的投资,也就必然成为提高国民收入中的积累的一个重要因素,并且意味着必须要把积累优先用于第I部类的生产上。但是,在固定资产扩大再生产的情况下,首先要求制造劳动资料部门的产量必须满足固定资产的补偿额。这就是说,制造劳动资料部门的产量的最低限取决于固定资产的补偿。为了保证固定资产再生产的顺利进行,必须遵循"先简单再生产、后扩大再生产"的原则。否则,不仅影响固定资产简单再生产,而且会反过来影响固定资产的扩大再生产,从而影响国民经济的发展速度。

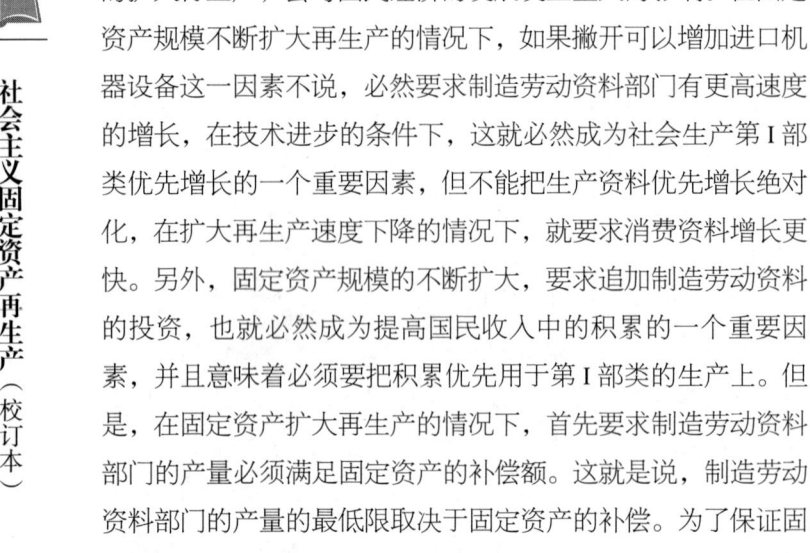

综上所述,固定资产再生产同社会产品再生产之间的关系,表明了前者既是后者的主要物质条件又是后者的一个结果;固定资产的动态和制造劳动资料部门产量的动态之间也存在着复杂的内在联系。正确地认识和掌握这些内在联系,并据

此来正确地安排制造劳动资料部门同其他各个生产部门以及整个国民经济之间的比例关系，以达到既保证固定资产的简单再生产，又保证固定资产的扩大再生产，从而促使社会产品的迅速增长和国民经济的全面高涨，乃是社会主义国民经济计划综合平衡的一项极其重要的任务。

第七章　固定资产再生产与社会产品再生产

第八章　固定资产再生产与流动资产再生产

第一节　固定资产与流动资产的不同周转特点

弄清固定资产再生产与社会产品再生产的关系还不够，还要进一步弄清固定资产再生产与流动资产再生产的关系，因为单有固定资产是不能够生产出社会产品来的。

马克思说："不管劳动过程在什么样的社会条件下进行，每一个劳动过程中的生产资料都分为劳动资料和劳动对象。"[1]劳动资料是固定资产的物质承担者（即存在形式），劳动对象则是流动资产的物质承担者。固定资产与流动资产是劳动过程中生产资料的不同组成部分，是再生产的必要物质条件，两者紧密联系，相互结合。因此，考察固定资产再生产问题，不能不从流动资产再生产与固定资产再生产的关系这个侧面来进行剖析。

为了弄清固定资产再生产与流动资产再生产的关系，应首先对它们各自的特点及其在国民经济中的作用有所了解。

马克思说："固定资本和流动资本的形式规定性之所以

---

[1]《马克思恩格斯全集》第24卷，人民出版社1972年版，第181页。

产生，只是由于在生产过程中执行职能的资本价值或生产资本有不同的周转"❶，如果把反映资本主义生产关系的"资本"改为反映社会主义生产关系的"资产"，这分析对我们也是适用的。

在社会主义条件下，固定资产仍然具有使用价值和价值两重性，它的使用价值运动和价值运动，是沿着不同周转方式进行的。固定资产虽然在生产过程中因使用价值渐次被磨损，它的价值也相应地渐次转移到产品上去，但是当它的使用价值被磨损完毕以前，即在它死灭之前，却以其自然形态同开始投入生产使用时一样发挥机能，只有到了它不能使用而报废，才需要再生产出新的固定资产来替换。

马克思就固定资产这种独特的流通，引起独特的周转，指出："这种劳动资料的价值这时获得双重存在。其中一部分仍然束缚在它的属于生产过程的使用形式或实物形式上，另一部分则作为货币，脱离这个形式，在劳动资料执行职能的过程中，它以实物形式存在的那部分价值不断减少，而它转化为货币形式的那部分价值则不断增加，一直到它的寿命完结，它的全部价值和它的尸体脱离，转化为货币为止。在这里，生产资本的这个要素在周转上的特征显露出来了。"❷ 这就是说，从固定资产投入生产使用到更新这个周转过程，出现了固定资产使用价值同它的价值周转的差异。这种差异构成了固定资产周转不同于流动资产周转的基本特点，具体表现在：

---

❶ 《马克思恩格斯全集》第24卷，人民出版社1972年版，第187页。

❷ 《马克思恩格斯全集》第24卷，人民出版社1972年版，第183页。

第一,生产性固定资产作为使用价值,从它的物质的客观存在来看,它绝不离开生产过程,直到它不能使用为止,它总是以它的实物形态独立地发挥它的机能。它只被生产地消费,而不进入个人消费。它的实物形态不加入它发生作用所形成的产品或使用价值,只有作为价值,才加入它所帮助完成的产品价值中去,从而才会加入流通。

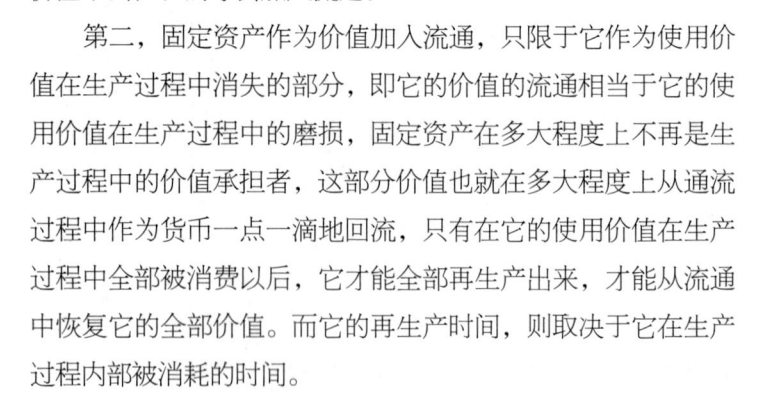

第二,固定资产作为价值加入流通,只限于它作为使用价值在生产过程中消失的部分,即它的价值的流通相当于它的使用价值在生产过程中的磨损,固定资产在多大程度上不再是生产过程中的价值承担者,这部分价值也就在多大程度上从通流过程中作为货币一点一滴地回流,只有在它的使用价值在生产过程中全部被消费以后,它才能全部再生产出来,才能从流通中恢复它的全部价值。而它的再生产时间,则取决于它在生产过程内部被消耗的时间。

第三,投在固定资产的价值,在它发挥机能的整个期间是全部一次垫付的,并不要求重新垫付,它的价值则一部分一部分地因磨损而由它帮助完成的产品带入流通中而流通,从而转化为货币,但不要求转化为原来的实物形态。

与固定资产的周转相比,流动资产周转的基本特点则是它的价值存在同它的使用价值存在合而为一。

流动资产的实物形态主要体现在劳动对象上,就是原料、主要材料、辅助材料、燃料、半成品等,它整个地参加每一个生产过程,当劳动对象被活劳动在生产过程中消费掉,它的实物形态转化为新的产品形式,并离开生产过程,在产品被销售以后,以其销货收入重新购买劳动对象,以保证生产过程的继续进行。正如马克思所说,为使生产过程不致中断"必须储备一定量的原料和辅助材料,以便生产过程在相当长的时间内,

按照预定的规模进行"。❶

从货币形态来看,流动资金在产品再生产过程中的不同阶段——从购买原材料、燃料进入储备,到投入生产处于在制品,再到产成品,最后通过销售转化为货币收入——依次采取储备资金、生产资金、成品资金和货币资金等形式,不断循环下去,构成流动资金的周转。也就是说,再生产过程的资金循环包括三个阶段:企业购买生产资料;在生产中消费这些生产要素;出售产品和实现其价值。第一阶段和第三阶段是处在流通领域,第二阶段是处在生产领域。流动资金通过这些阶段周转一次的时间,等于它经过生产过程和流通过程的时间的总和,而处于生产过程的储备资金和生产资金为流动基金,处于流通过程的成品资金和货币资金为流通基金,两者合在一起构成流动资金。

流动资金区分为流动基金和流通基金,反映着它们在再生产过程中有着不同的作用。

流动基金是直接地保证企业能够拥有材料、燃料等生产储备,从而成为保证企业生产持续不断进行的条件之一。社会必须满足企业生产上所需的这部分储备的资金的数量。

流通基金则不起这样的作用,比如成品资金,只有在保证生产正常进行的限度内,储存一定数量的产成品才是必要的,即产品在产出后不能立即销售出去,需要一定时间,只有在这个时间内储存一定数量产成品需要占用的资金量才是允许的。如果超过这个限度,就不是生产的必要前提,甚至往往会影响生产的顺利进行。在再生产过程中,需要有相当的储备资金,

---

❶ 《马克思恩格斯全集》第24卷,人民出版社1972年版,第138页。

如果成品资金占用过多，就会挤占储备资金。在储备资金定额适当但被挤占的情况下，势必影响生产。所以，应当尽量创造条件，减少流动资金中流通基金的比例，保证必要的流动基金需要量，提高其在流动资金中的比重。当然上述做法也不能过分，因为这两部分流动资金不是截然分开的，而是不断地随着再生产循环往复，不断更替的。流通领域的资金运用的好坏，会影响生产领域的资金运用状况。反之，生产领域中的流动资金运用的好坏，也会影响流通领域中的资金运用状况。因此，对于流动资金作为再生产条件之一，我们要把握住它的这些性质和特点，以便更好地发挥它在再生产中的作用。

第二节 固定资产再生产与流动资产再生产的关系

随着我国社会主义生产的发展，国民经济中的流动资金也有很大的增长，1980年年底国营企业流动资金达3230亿元，比1952年增长17.8倍，其中商业企业流动资金最多，占48.7%；工业企业次之，占34.6%；物资供销企业占12%多一点；其他企业合计不到5%。流动资金与固定资金一样，都是我国社会主义财富，是我国经济发展的物质基础，在社会再生产中发挥着重要作用。

由于流动资产和固定资产各有不同的周转特点，从而所用的固定资产与流动资产之间的对比关系同所费的固定资产与流动资产之间的对比关系（以下简称固流比例）是大不相同的。从实物运动来看，在整个再生产过程中，固定资产周转一次，流动资产要周转多次，如果说流动资产周转与某种产品生产周转期相一致，则固定资产周转一次，就会包括这种产品生产的许多周期。这就决定了再生产过程所垫支的生产基金中的固流比例同补偿基金中的固流比例是不一样的。在国民经济的垫支生产基金中固定资产总量要比流动资产总量大得多；相反，在补偿基金中，流动资产补偿价值比固定资产补偿价值多许多倍。比如，目前我国国民经济中固定资产总额比流动资产总额大约多60%，固流比例约为1比0.61；而在补偿基金中固定资产补偿价值只占5.4%，流动资产补偿价值却占94.6%，固流比例为1比17.5。至于在积累基金中固定资产（指形成的固定资产）价值要比流动资产（即储备和后备）价值大得多。但在我国由于通过基本建设形成的固定资产效果不理想等原因，固定资产价值在整个积累基金中的比重没有达到应有的水平，应引起注意。上述这些比例关系，同一国的经济发展水平高低以及管理好坏关系极大。经济发达国家固定资产规模越大，其总值超过流动资产总值的倍数也就越多，而固定资产折旧在补偿基金中所占比重则随着更新期的缩短呈现提高的趋势，在固定资产投资效果提高、每年新增固定资产增加较快的情况下，积累基金中的固定资产比重也将随之提高，而流动资产比重则下降。

固定资产在再生产基金中的比重越大，其周转时间就越长，因为固定资产在生产过程中消费得比较缓慢，有趣的是固定资产价值的逐渐回流，只有通过流动资产作为中介，才能从产出的产品中得到实现。一旦劳动时间延长，固定资产磨损价值的回流就会延滞下来，在这里，不仅按照劳动时间所垫支的资金会被拘束较长时间，而且新的资金还必须垫付下去（如工资、原材料和辅助材料等），即表现为垫付的流动资金增加。但是，缩短劳动时间，从而缩短流动资金的垫付时间，通常又与增加固定资产的投资联系在一起（关于这一点，以后还要谈到）。也就是说，投在固定资产上面的那部分生产基金的价值,是为构成固定资产的那一部分生产资料执行机能的整个期间全部地一次预付的,在这个时间以内,由于实物形态上无须更新,因而其价值无须重新预付。但是,如果生产过程延滞,从而劳动时间延长,则需要预付更多的流动资金。

固定资产与流动资产之间的对比关系,除了受它们的周转特点和周转速度这一决定性因素制约外,从国民经济范围来考察,还要受部门结构变化的影响。因为各部门原有的物质技术基础不同,生产工艺过程不同,所拥有和需要的劳动资料与劳动对象不同,所以固流比例也就不同。在其他条件不变的情况下,只要部门结构发生了变化,整个国民经济中的固流比例也势必随之发生相应变化。

现以我国国营工业结构的变化对固流比例变化的影响为例,来说明这一情况。

表 11 我国国营工业结构同固定资产和流动资产的比重变化

时期	占工业总产值百分比（%）		占生产基金百分比（%）	
	轻工业	重工业	流动资产	固定资产（原值）
1952 年	64.4	35.6	23.6	76.4
"一五"	59.9	43.1	21.4	78.6
"二五"	40.8	59.2	26.0	74.0
1963—1965 年	46.3	53.7	27.3	72.7
"三五"	47.8	52.2	27.2	72.8
"四五"	43.2	56.8	26.6	73.4
"五五"	44.4	55.6	24.6	75.4

从表 11 中数字所反映的情况,可以看出:在总产值中轻、

重工业所占比重的变化同生产基金中固流比重的变化，两者间存在着密切关系。在一般情况下，随着重工业在总产值中所占比重提高，固定资产在生产基金中所占比重也有提高，如前者由1952年的35.6%上升到"一五"时期的43.1%，由"三五"时期的52.2%上升到"四五"时期的56.8%，后者也相应地由1952年的76.4%上升到"一五"时期的78.6%，以及由"三五"时期的72.8%上升到"四五"时期的73.4%；随着重工业在总产值中所占比重的下降，固定资产在生产基金中所占比重也有下降，如前者由"二五"时期的59.2%下降到1963—1965年的53.7%，后者也相应地由74%下降到72.7%。当然，也有不一致的现象，如"二五"时期重工业在总产值中所占比重比"一五"时期提高了，固定资产在生产基金中所占比重却下降了。"五五"时期前三年比"四五"时期重工业比重略有下降，固定资产比重却有上升。这种情况表明，固流比例的变化固然受部门结构变化的重大影响，但它所取决的因素要比部门结构变化更广泛、更复杂，而且即使就部门结构变化这一因素对固流比例的影响来讲，情况也是各种各样的，这需要进行具体深入的分析。

　　固定资产与流动资产之间的对比关系还要取决于技术进步的状况。技术进步是影响流动资产和固定资产占用多寡的重要因素之一。技术进步的作用可能提高固定资产在生产基金中的比重，也可能提高流动资产在生产基金的比重。把生产结构的变化，以及现有生产基金的利用程度等因素撇开不说，技术进步，究竟使每一单位劳动对象所需要的固定资产的数量增加，还是使每一单位的固定资产所加工的劳动对象的数量增加，这在技术进步发展不同阶段是有所不同的。

　　在以机器代替手工劳动为主的技术进步阶段，开采和加工每一单位普通原料要求有更多和更复杂的技术装备,而且,加工的原料所通过的连续加工的每一阶段,都要求用功率强大的技术装备,这就明显地促进固定资产在生产基金中所占的比重提高。这就是说,在这一阶段,有可能加工每一单位劳动对象所需要的固定资产数量增加起来。

而技术进步进入以新的更完善的机器设备代替陈旧的落后的机器设备为主的阶段,单位固定资产所加工的劳动对象的数量增加起来,从长期观点来看,其发展趋势也是如此。因为技术的进步,使固定资产的效能大大提高,它的重要表现就是,单位固定资产所加工的劳动对象数量增加,这也符合单位产品固定资产占用量下降的总趋势。

这就是说,表现为由机器操作代替手工劳动的技术进步,总的来看会提高固定资产在生产基金中的比重;表现为以效率更高的机器代替效率低的机器的技术进步,则会提高流动资金在生产基金中的比重。

总之,流动资产与固定资产作为垫支生产基金的两个组成部分,在再生产过程中相互区别又相互联系;相互制约又相互促进。两者由于执行的职能各异而相互区别,但又缺一不可而紧密联系。由于不同部门、不同行业的劳动资料要求与之相适应的劳动对象不同,从而固定资产与流动资产在种类、数量上两者相互制约,同时又可通过提高固定资产质量和加快流动资金周转等而相互促进。

第三节　我国固定资产与流动资产比例
关系的概况和问题

固定资产与流动资产的比例关系是整个社会再生产比例

关系的组成部分。正确处理好这一比例关系，是社会生产按比例、协调地稳定发展的前提条件之一，是国民经济计划综合平衡的必要内容。

但是，过去比较多的是从企业核算角度分别考察固定资产与流动资产的问题，很少或几乎没有深入地从两者之间的相互关系方面，从国民经济角度去考察，也就是仅仅从微观经济角度分别地去考察，而没有从宏观经济角度去综合考察固定资产与流动资产比例关系及其发展的规律性。为此，本节结合我国三十年来社会主义经济建设的实践，从国民经济角度来考察固定资产和流动资产的比例关系。

经过三十多年的社会主义经济建设，我国国营企业固定资产与流动资产1980年年底分别已达5203亿元和3230亿元，分别比1952年增长20多倍和17.8倍。国民经济生产基金中固流比例变化，根据全民所有制工业企业资料计算如下（表12）：

表12 国民经济生产基金中固流比例变化

时期	固流比例
1952年	3.2∶1
"一五"	3.7∶1
"二五"	2.9∶1
1963—1965年	2.7∶1
"三五"	2.7∶1
"四五"	2.8∶1
"五五"	3.1∶1

从表11和表12可以看出，在全部生产基金中，固定部分的比重从"一五"时期的78.6%下降到"三五"时期的72.8%，"四五"时期开始上升到73.3%以上；流动部分的比重从"一五"时期的21.4%上升到"三五"时期的27.2%，

"四五"时期开始下降到26.6%以下。固流之比,除"一五"时期和"五五"时期分别为3.7:1和3.1:1以外,其余各个时期都在2.7~2.9:1,即不到三比一。流动部分的比重之所以提高,这是基本建设投资虽然增长很快,但形成的固定资产在投资总额中的比重下降,物资积压严重,流动资金占用多、周转缓慢的结果。

再来看看工业固定资产与流动资产的增长速度同工业产值增长速度的情况,根据全民所有制工业企业资料计算如下(表13):

表13 工业固定资产与流动资产的增长速度同工业产值增长速度情况

时期	工业固定资产增长速度(%)	工业流动资产增长速度(%)	工业产值增长速度(%)
"一五"	17.7	14.5	18.5
"二五"	20.5	21.1	5.5
1963—1965年	4.0	3.4	10.9
"三五"	7.0	12.7	10.9
"四五"	10.7	12.5	8.4
"五五"前三年	5.6	7.1	5.1
"五五"	8.9	6.6	8.1

从表13看出,"一五"时期工业产值的增长速度超过工业固定资产与流动资产的增长速度,但三者比较接近,产值增长快于生产基金增长,说明资金运用效果较好。而"二五"时期工业产值增长速度大大慢于固定资产与流动资产的增长速度,并且流动资产的增长速度超过固定资产的增长速度,三者之间已开始出现不协调现象,特别是产值增长明显低于生产基金增长,反映了资金运用效果很差。1963—1965年调整时

期，带有恢复性质，工业固定资产与流动资产的增长速度都大大减缓了，但工业产值增长速度却上升了。"三五"时期以后各个时期，除"五五"时期后两年调整发生变化以外，流动资产增长速度超过固定资产增长速度，也超过了工业产值的增长速度，这除了说明资金运用效果差以外，也反映了固流比例不甚协调，因为流动资产的增长速度所以快于固定资产的增长速度，在很大程度上并非出于正常需要，而是由于流动资金周转速度下降造成的。

再看固定资产更新速度和流动资金的周转速度情况。我国固定资产的更新期限平均为二十七年左右，自"一五"时期直到现在基本没有变化，而流动资金由于平均周转一次需要的天数增加，导致了周转速度下降，见下列材料（表14）：

表14 我国工业流动资金和商业流动资金的周转无数

时期	工业流动资金	商业流动资金
"一五"	71.6	158*
"二五"	102.8	
1963—1965年	104.3	165**
"三五"	119.2	177
"四五"	119.0	206.8
"五五"前三年	126.3	179.7

注：* 为1957年数字。
** 为1965年数字。

由表14可以看出，流动资金的周转天数"三五"时期以后比1957年和1965年都多，出现了周转速度越来越慢的趋势。

由于流动资金周转速度下降引起流动资金占用的增多，这是非正常的，从而形成流动资金增长速度快于固定资产增长速度也是不应当的。但需说明，从占用资金的经济效果来看，不仅流动资金，而且固定资产也存在着严重问题。下面再来看看资金占用及其实现的利润和税收的状况（表15）。

表15 全民所有制工业企业资金占用和资金效果（单位：元）

时期	平均每百元资金实现的税收和利润	平均每百元固定资金实现的利润	平均每百元产值占用的流动资金
1952年	25.4	19.00	23.10
"一五"	31.6	22.44	19.68
"二五"	33.96	27.30	28.18
1963—1965年	25.30	17.33	29.90
"三五"	25.88	17.38	32.34
"四五"	25.58	17.64	32.86
"五五"前三年	25.57	13.77	34.37
"五五"	22.86	14.64	32.84

从表15资料看，每百元产值占用的流动资金"一五"时期最少，而自"二五"时期以后逐步增多，"五五"时期前三年比"一五"时期多占用14.69元，即提高74.6%，"五五"时期比"一五"时期仍多占用13.16元，表明流动资金使用效果比"一五"时期大大降低。而每百元固定资产实现的利润，除"一五"时期和"大跃进"时期，由于浮夸风盛行，利润不实的情况外，"三五"时期以后也是逐步下降的，如"五五"时期前三年比"一五"时期少8.67元，降低了38.6%；"五五"时期比"一五"时期仍少7.8元，反映着固定资金的使用效果下降了许多。全部资金的利用效果情况也是如此，"五五"时期前三年每百元资金实现的税收和利润比"一五"时期少6.03元，下降了19.1%，"五五"时期比"一五"时期仍少

8.74元。

也就是说，我们在考察国民经济中固流比例是否适当的问题时不能撇开资金的使用效果。只有在固流两部分资金在生产过程中都充分发挥了自己的职能作用的情况下所形成的比例关系，才是合理的比例关系。

目前我国的情况是，一方面投资日益增多，另一方面资金使用效果日益下降。比如自1950年至1979年，我国基本建设投资总额约达6512亿元，其中仅有4541亿元形成了固定资产，占投资总额的69.7%，报废损失达700多亿元，占百分之十几。在4541亿元形成的固定资产中，真正发挥效益的只不过3179亿元，占形成固定资产的70%。换言之，30%处于闲置而未发挥作用。至于流动资金，全国国营企业1980年年底占用了3230亿元，几乎相当于当年工农业总产值6619亿元的一半，接近当年国民收入的总额（3630亿元）。在全部流动资金中，1979年处于超储积压的资金达410亿元，占全部流动资金的15%~20%（其中机电产品、钢材和商业库存最为严重），这部分超定额储备变成了死物。再看流动资金的周转速度，北京和上海两市的工业信贷周转速度，分别为一年周转0.5次和1.7次，都比过去慢。最近几年，全国的商业流动资金每年约周转2次，比过去一般情况下的正常速度约拉长了1倍。1978年我国国营工业流动资金仅周转2.96次，国营商业流动资金仅周转1.94次；1979年全国国营企业流动资金的周转次数由1957年的3次，降为2.3次，大大慢于国外。据估计美国和日本的商业零售周转天数比我国快4倍，日本的商业批发周转天数约比我国快1倍。诚然，国际间有许多因素不可比，但依然可以看出我国资金利用程度是很低的。在这种情况下，流动资金因周转慢而造成增长快于固定资产的部分，以及固定资产因未发挥作用而造成增长快于流动资金的部分，都是固流比例关系中不合理的构成部分，这两种不合理的构成部分，在我国现实经济生活中都是存在的。从所引用的统计数字看，流动资金因周转速度下降而导致的增长速度加快，从而所占比重有所提高的情况比较明显；但同时又不能忽略在固定资产所占比重有所下降的情况下，还包含着陈旧设备利用率很低的事实。

以上就是我国三十多年来固流比例关系、增长速度、周转速度与使用效果的基本状况。总起来说，从规模看，固定资产和流动资产扩大很快；而从周转速度看，固定资产一直保持着缓慢的更新速度，流动资产周转速度则日趋下降；从使用效果看，固定资产闲置比重提高，单位产品产值占用流动资金也日益增多，整个资金效果呈下降趋势。也就是说，相对于目前的生产结构和生产水平来说，整个国民经济中现有固定资产规模和流动资金总值不是小了，而是大了，即有这么多的生产基金（包括固定的和流动的），按理应该能够生产出更多的社会产品，然而，事实并不是这样，如"五五"时期平均每百元固定资产实现的工业产值比"一五"时期下降了28.8%，而每百元工业产值占用的流动资金则比"一五"时期提高将近67%，这表明了固流比例和增长速度的变化同国民经济发展不相适应的情况：一方面，相对于现有固定资产生产能力来讲，流动资金短少，这表现在因缺乏原材料、燃料等而造成开工不足；另一方面，相对于正常需要来讲，流动资金又占用过多，这表现在因库存物资积压过多而造成生产过程的延缓和停滞。前一种情况，表明流动资金所占比重偏低，后一种情况则表明流动资金所占比重偏高。这种矛盾现象，反映了不同部门和企业所拥有和使用的物资及设备情况同客观上的需要和可能相比，是极不相称的，很不均衡的，反映着国民经济中固流比例关系的极不协调，它妨碍了社会生产按比例高速度发展，成为国民经济综合平衡的一个严重问题。

造成固流比例不协调的原因很多，从计划平衡方面来考察，主要有：

（1）基建规模过大以及投资分配不当，严重影响固流比例协调发展。多年来我们缺乏科学的计划，对于扩大固定资产再生产的主要形式——基本建设，长期以来安排的规模过大，因财力、物力跟不上，形成的新增固定资产比例下降，从而促使固流比例中"固"的比重下降。同时，由于建设周期延长，以及在"大下"情况下，半拉子工程势必增多，这就需要拿出大量流动资金去维护这些"胡子工程"。据计算，基建施工企业的流动资金差不多相当于全国基本建设占用资金总额的30％，从而促使固流比例中"流"的比重上升。

由于基建规模过大，在生产性固定资产交付使用后，原材料、燃料、动力不能保证供应，这又造成了固流比例不协调。

此外，由于投资分配结构不合理也会引起固流比例不协调。假定投资分配偏重于长线产品的生产，而忽视发展短线产品的生产，就会形成长线产品积压，短线产品不足，前者意味着流动资金因产品积压而增长；后者意味着固定资产因短线产品不足，缺乏所需要的原材料而开工不足，闲置起来，造成固流比例失调。假定投资分配偏重于制造劳动资料部门，而忽视制造劳动对象部门，将会形成固定资产增长，而流动资金不足，使国民经济中固定资产比重提高，而流动资金比重下降。上述两种情况都属于不正常的现象。过去由于投资分配比例不合理，形成重重、轻轻、轻农的畸形经济结构，而一般地说，重工业生产基金构成中固定资产比重高于轻工业生产基金构成中固定资产比重。因此，在经济结构中重工业比重越高，整个国民经济中固定资产比重也就越高,而流动资金的比重则越低。在这种不合理的经济结构的基础上所形成的固流比例就蕴藏着它的不合理性(表现为固定资产比重提高,流动资产比重降低)。然而现实情况却是流动资金比重提高,固定资产比重降低,这就形成了双重的不合理性:既没有满足不合理的经济结构的需要,也没有在改变这种经济结构方面起到任何积极作用。目前整个来说,部门和企业的固定资产不是少了,而是多了,流动资金则也不是少了,而是多了。于是出现一方面机器设备开工不足,另一方面物资库存积压的矛盾现象,其根源在于违背了节约劳动时间和在各部门有计划按比例地分配劳动时间的规律。

(2)片面追求速度,严重影响固流比例同经济增长速度之间的协调发展。制订计划只求速度,不讲比例,把速度当成计划的出发点和归宿点,而不是把它看作按比例发展的结果,这首先反映在:由于速度是以社会产品产值来表示,因此,片面追求速度,就必然片面追求产值。为了追求产值,就不管社会需要与否,不管经济效果好坏。结果,产值膨胀了,速度表面上去了,实际上真正实现的价值并不那么多,生产出来的产品有相当大一部分变成了没有使用价值的废物。于是形成了很不合理的相互矛盾状况:社会需要的没有生产或生产不足,社会不需要的反而大量生产积压很多,以致非正常超储备部分越来越大,由此拘束着不应拘束的大量流动资金,被沉淀在生产和流通过程中,妨碍着社会扩大再生产的顺利进行。显然,"重复建设",意味着形成的固定资产规模有相当部分不恰当地扩大了,流动资金总额也有相当部分被耗用了;"重复生产",意味着不仅多占用固定资产,也多耗费了许多流动资金,这都说明固定资产与流动资金膨胀得不合理,得了"浮肿病",同时也说明以产值表示的速度有很大虚假成分。

固定资产膨胀过快，是忽视对现有企业固定资产的更新和现代化，搞盲目新建和扩建的结果。新增固定资产规模不断扩大，而原有固定资产陈旧和技术落后，使用效果日益下降，致使原有企业不能够生产出新品种和高质量的产品来，只能多消耗能源、多消耗原材料，伴随而来的是产品生产高消耗、高成本、低产量、低质量，亏损企业越来越多，亏损金额越来越大，长期扭转不过来，甚至靠银行贷款过日子，这就必然占用更多的流动资金，导致固流比例中"流"的比重不合理的提高。

（3）片面强调统一调拨、包购包销的管理体制，严重影响生产基金的经济效果。过去不承认社会主义经济仍然存在商品生产，自然也就不承认商品交换，因而忽视商品流通这个环节。由于自然经济观在人们思想上作祟，生产上搞"小而全""大而全"，各大区以至各省、市都要建成独立的完整的经济体系，按行政区划来组织流通，层层设库、画地为牢、货到地头死，产销计划不衔接，产品收购、销出的时间很长，产销之间往往出现相向运输、迂回运输和远距离运输等❶，所有这些都必然要大量占用流动资金。

由于物资设备实行统一调拨，无偿占用，国营企业也就争物资、争设备。一些根本不需要的或目前不需要的物资设备被

---

❶ 例如，据有关资料：各部门在沈阳设立的生产资料仓库就有五六十个之多。按行政办法规定用户申请指标到实际领用，逐级上报，层层下达，往往拖延时日。又如，广东省的县从省里领到煤炭，分送到实际使用地点，竟长达五个多月；某些出口产品，外贸部门收购后，要等到在"广交会"上找到买主成交，才能调往口岸仓库。在商业系统内部也是层层调拨、大流转，如上海市调往郊区的工业品，有时也要三四十天才能运到农村基层商店。

大量储备起来。本来物资储备，在社会再生产过程中起着"蓄水池"的作用，以调剂不平衡使之转化为平衡。然而一些部门和企业的物资储备过大，超过正常定额，就会造成另一些部门和企业的需要得不到满足。也就是说，一些部门和企业的超正常储备加大，造成流动资金比重不适当的提高，而另一些部门和企业流动资金又感不足，因而固定资产生产能力相对富余，造成固定资产比重不适当的提高。

第四节　合理地安排固定资产与流动资产的比例关系

马克恩曾经讲过，再生产过程生产资金中固定部分和流动部分要有一定比例，那么，国民经济中固定资产与流动资产比例关系合理化的标志是什么？这是需要研究的问题。我们初步认为其衡量的尺度主要有三：

（1）固流比例是在单位产品占用的固定资产和流动资产达到最小值的基础上形成的；

（2）固流比例是在固定资产和流动资产的周转速度最快的条件下实现的；

（3）固流比例反映固定资产和流动资产的经济效果（即资金利润率）最高。

为了达到这些合理的标志，在计划安排上主要应当注意以下几个方面：

（1）要根据经济结构的变化来安排国民经济的固流比例。如前所述，固定资产与流动资产需要多寡很大程度上取决于国民经济生产结构，某些部门生产基金中固定资产比重较高，另一些部门流动资产比重较高。一般地说，重工业主要是生产生产资料，农业和轻工业主要是生产消费资料，生产生产资料部类的固定资产在生产基金总额中所占比重高于生产消费资料部类，而生产消费资料部类的流动资金在生产基金总额中所占比重高于生产生产资料部类。

例如，苏联1956年年初的固流比例状况是，整个工业为7∶1，其中，煤炭、石油部门为30∶1；而轻工业和食品工业部门约为2∶1。

又如，我国全民所有制工业部门固流比例的状况（见表16）是：

表16　我国全民所有制工业部门固流比例状况

	1965年（%）			1978年（%）		
	合计	固定资金	流动资金	合计	固定资金	流动资金
工业总计	100	80.0	20.0	100	75.0	25.0
轻工业	100	67.5	32.5	100	66.0	34.0
重工业	100	82.5	17.5	100	77.0	23.0
冶金	100	83.5	16.5	100	79.0	21.0
电力	100	97.0	3.0	100	96.6	3.4
煤炭	100	91.5	8.5	100	90.5	9.5
石油	100	82.8	17.2	100	84.2	15.8
化工	100	77.2	22.8	100	76.0	24.0
化肥农药	100	86.3	13.7	100	82.0	18.0
机械	100	73.0	27.0	100	64.2	35.8
农机	100	76.0	24.0	100	65.5	34.5
建材	100	84.3	15.7	100	80.7	19.3
森工	100	71.8	28.2	100	82.1	17.9
纺织	100	72.2	27.8	100	64.3	35.7
食品	100	71.0	29.0	100	67.2	32.8
造纸	100	80.3	19.7	100	77.5	22.5

从表16资料可看出，1965年整个工业固流比例为4∶1，其中，轻工业固流比例为2.1∶1，重工业固流比例为4.7∶1；而1978年整个工业固流比例为3∶1，其中，轻工业固流比例为1.9∶1，重工业固流比例为3.3∶1。就是说，重工业固流比例总高于轻工业。在正常情况下，如果重工业在整个国民经济中的比重提高，则固定资金在社会生产基金中的比重也提高；如果轻工业在整个国民经济中的比重提高，则流动资金在社会生产基金中的比重也会相应提高。同时，由于一年内流动资金可周转若干次，而固定资金则只周转其总值的十几分之一或二十几分之一，因而，如果重工业在国民经济中的比重提高，社会生产基金周转就会缓慢；如果轻工业在国民经济中的比重提高，社会生产基金周转就会加快。在计划安排时，应以部门结构变化作为确定固流比例的依据。当要求多发展能源生产、建材生产和运输部门时，计划就要多增加固定资产；当要求多发展轻纺工业、食品工业时，就要多增加流动资金。这是生产结构的客观需要。

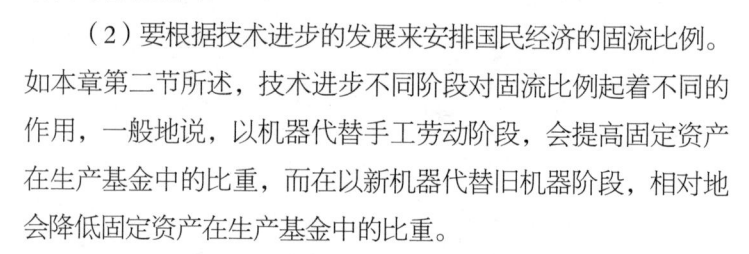

（2）要根据技术进步的发展来安排国民经济的固流比例。如本章第二节所述，技术进步不同阶段对固流比例起着不同的作用，一般地说，以机器代替手工劳动阶段，会提高固定资产在生产基金中的比重，而在以新机器代替旧机器阶段，相对地会降低固定资产在生产基金中的比重。

例如，我国工业化初期第一个五年计划固流比例为78.6∶21.4，1952年的固流比例为76.4∶23.6，固定资产在生产基金中的比重提高了2.8%，而在第四个五年计划和第五个五年计划期间固流比例分别为73.4∶26.6和75.4∶24.6，固定资产在生产基金中的比重比第一个五年计划时期分别下降了5.2%和3.2%。又如，在苏联国民经济中，单位产品固定资金占用量下降和上升的两种趋势都有，但主要是下降的趋势，其他国家的情况也大体相同。这样，在其他条件不变的情况下，将会促使固定资产在生产基金中所占比重降低。因此，计划要以技术进步的不同发展阶段为依据，对直接和间接地影响固流比例的技术进步因素，进行具体分析，看看哪些因素占主导地位，以便合理安排固流比例。

（3）要根据资金周转速度来安排国民经济中的固流比例。生产基金的周转时间由固定资产和流动资产的周转时间组成，而两者由于周转不同，造成周转时间差异性很大。但是总的来说，加速固定基金特别是加速流动基金的周转，会影响固流比例的变化，并影响生产的发展速度。马克思说："投在劳动力和生产资料上的流动资本的价值，只是为制成产品所需要的时间而预付的，它要和固定资本的大小所决定的生产规模相适应。"❶ 所以，制订计划既要计算固定基金的周转时间，也要计算流动基金的周转时间。也就是说要计算总生产基金的周转速度。

下面我们列出其计算公式：

设：总生产基金为 K

其中：流动部分为 δK （$0<\delta<1$）

　　　固定部分为 $(1-\delta)K$

又设：δK　　　一年周转 n 次

$(1-\delta)K$　P 年周转 1 次（即 1 年周转 $\frac{1}{P}$ 次）

$P>0$，且 $\frac{1}{P}<n$

---

❶ 《马克思恩格斯全集》第24卷，人民出版社1972年版，第186页。

则：在 $\frac{1}{n}$ 年里，δK 部分的全部以及 $(1-\delta)K$ 部分中的 $\frac{1}{nP}(1-\delta)K$ 部分也周转一次，即在 $\frac{1}{n}$ 年里 $\delta K + \frac{1}{nP}(1-\delta)K$ 周转一次。

设 T 为总生产基金周转一次的时间

则：$\frac{1}{n} : T = \left[\delta K + \frac{1}{nP}(1-\delta)K\right] : K$

即总生产基金周转周期计算公式为

$$T = \frac{P}{n\delta P + (1-\delta)} = \frac{P}{1+\delta(nP-1)}$$

从求偏导数可得出周转周期 T 同 δ、n、P 之间的关系：

（1）$\frac{\partial T}{\partial \delta} = \frac{-P(nP-1)}{[1+\delta(nP-1)]^2}$

因 $nP > 1$

所以 $\frac{\partial T}{\partial \delta} < 0$，$T$ 是 δ 的严格单调递减函数（即 δ 越大，T 就越小）。

这个结果表明：当流动部分 δK 越小，即固定部分 $(1-\delta)K$ 越大，周转周期 T 就越长。换言之，总生产基金中固定部分比重越高，总基金周转时间越长。

（2）$\frac{\partial T}{\partial \delta} = \frac{-P^2 \delta}{[n\delta P + (1-\delta)]^2} < 0$

同（1）相仿，表明流动部分周转越快（n 越大），则周转周期 T 就越短。换言之，流动基金周转越快，总生产基金周转也越快。

（3）$\frac{\partial T}{\partial P} = \frac{1}{1+\delta(nP-1)} - \frac{Pn\delta}{[1+\delta(nP-1)]^2} = \frac{1-\delta}{[1+\delta(nP-1)]^2} > 0$

因 $0<\delta<1$，T 是 P 的严格单调递增函数。

这个结果表明，固定部分使用年限越长（P 越大），则周转周期 T 也就越长。反之，P 越小，T 也越短。

可见要加快基金周转，就应加快固定资产更新的速度，以缩短其周转时间，这从原有资金价值量上看并没有提高固定资产在生产基金中的比重，但社会产品量却提高了，从而降低了产品的固定基金占用系数。同时，应当加快流动资金的周转速度，因为固定资产一年内只周转其总值的一小部分，而流动资产总值可周转若干次，假使固定资产周转速度及其他条件不变，流动资产在一年内周转速度加快一倍，则意味着生产等量价值的社会产品可以少占用一半流动资金。据有关调查资料，目前全国国营企业如果能够加快流动资金周转速度，把流动资金的占用率恢复到历史最好水平，就可以节约 470 亿元，其结果会降低流动资金在生产基金中的比重，可以把腾出的资金作为用于扩大生产的追加投资，来加快社会产品的生产。

为了缩短社会产品的再生产和流通过程，减少垫付的流动资金，降低流动资金在生产基金中的比重，应当采取各种措施来加速流动资金周转。首先，采用完善的和现代化的机器设备，以缩短建设时间。如在农业上，使用收割机、脱粒机、烘干机，可以缩短已成熟的农作物转化为商品形式的劳动时间。而修筑交通道路以及运输工具的改良、车速的加快等，又可以缩短流通时间。其次，可以加强协作和分工。某些部门，仅单纯通过协作的扩大就可缩短生产时间。如挖水库、筑公路、动用大批劳动者，在许多地点同时施工可以缩短这些工程的建成时间。在某些部门采取分工专业化，也可缩短生产时间。如电器、手表等行业实行制造机器的零部件专业化、标准化，然后进行总装配，可以大大缩短生产时间。流动资金周转时间由于增加垫付固定资金而缩短，这无疑是必要的和正确的，虽然它是以提高固定资产在生产基金中的比重来实现的，但是节约了劳动时间，加快了社会产品生产，这是符合增加国民经济效果的要求的。在计划平衡时，应当计算由于采取这些办法需要增加多少资金，但又可从中节约出多少资金，进行比较，以求得固流比例关系相互适应。

综上所述，应当从我国经济发展的实际出发，以马克思再生产理论为依据，吸取三十多年来的经验教训，在目前调整和今后的长期计划中，要认真搞好国民经济综合平衡。在统一计划指导下安排好固流比例关系，通过合理安排固流比例促进国民经济协调发展。并要切实控制长线产品，扩大短线产品，以实现按需生产。为此应根据实际需要和订货合同来确定增加固定资产生产能力和追加流动资金，既要考虑新形成的固定资产所需的基本建设投资总额，又要考虑用于补偿固定资产更新改造的投资需要额。同时，既要考虑基本建设投资的需要量，又要考虑原有流动资金和追加流动资金总额。尤其要注意的是国家财政应当根据基本建设投资所形成的固定资产生产能力，恰当地增加流动资金。只有这样全面进行综合平衡才能使固定资产和流动资产保持恰当的比例，以促进国民经济稳定持续地增长。

第九章 固定资产再生产与劳动力再生产

第一节 "两种生产"的重要组成部分

进行社会再生产,单纯有劳动手段与劳动对象的结合是不行的,必须首先要有人(劳动者)和物(生产资料)的结合。因此,绝不能仅限于考察固定资产再生产与流动资产再生产的关系,还需要考察固定资产再生产与劳动力再生产的关系。

恩格斯说:"根据唯物主义观点,历史中的决定性因素,归根结底是直接生活的生产和再生产。但是,生产本身又有两种。一方面是生活资料即食物、衣服、住房以及为此所必需的工具的生产;另一方面是人类自身的生产,即种的繁衍。"❶ 人类社会延续和发展的过程,也就是物质资料生产发展和人类自身发展的矛盾运动过程。物质资料生产同人类自身生产的相互联系和制约,构成社会生产活动的基本内容,两者的相互适应,构成社会生产的最基本的比例关系。固定资产的生产是物质资料生产的重要组成部分;劳动力的生产是人类自身生产的重要组成部分。因此,研究分析固定资产再生产同劳动力再生

---

❶ 《马克思恩格斯选集》第4卷,人民出版社1958年版,第2页。

产的关系，不仅不能离开"两种生产"的基本原理，并且要以"两种生产"之间的关系作为直接依据。

物质资料生产与人类自身生产，前者决定后者，后者也对前者发生重大影响。两者最基本的内在联系是：作为生产者的劳动人口，它的数量与质量必须同生产资料生产相适应；作为消费者的全体人口，其生存、发展、享受所需要的消费品数量、品种、规格等必须同消费资料生产相适应。这种相互适应的基本要求，对科学确定固定资产再生产同劳动力再生产之间的关系，具有直接指导作用。

先就生产者与生产资料相适应的要求来讲。生产者数量，亦即劳动力数量；生产资料数量等于劳动资料加劳动对象的数量，而劳动资料在这里可视为固定资产。生产资料中这两部分之间是要求保持一定比例关系的。在劳动资料与劳动对象比例一定的情况下，固定资产的规模同劳动力再生产的规模也要求有确定的值。它们之间的关系是：在社会上历史地形成的生产力为既定的条件下，一定数量的劳动手段要求加工一定数量的劳动对象，从而也要求有相应数量和质量的劳动者来使用这些劳动手段去加工劳动对象。只有这三者之间的关系是协调的，社会生产才能正常地进行。因此，在我们考察固定资产再生产与劳动力再生产的关系时，对劳动对象的因素是不能置而不顾的。如果是在劳动手段与劳动对象不合比例的基础上建立起来的固定资产再生产与劳动力再生产的关系，尽管社会上拥有的机器设备有相应的劳动者来操纵，但由于原材料等不足或过多，也不能达到预期的生产效果。所以我们认为，固定资产再生产与劳动力再生产之间相互适应关系的确立，应以劳动手段与劳动对象之间相互适应关系为前提条件。

再就全体人口与消费资料相适应的要求来讲。表面看来这种适应关系同固定资产再生产与劳动力再生产适应关系之间的联系似乎不那么紧密，其实不然。这是由于：一方面，全体人口固然不能等同于劳动人口（劳动力），但考察劳动力再生产却不能离开全体人口。道理很简单，一定时期的劳动力数量，是由一定时期人口总量及其结构变化决定的。我们要求某一时期应当再生产多少数量的劳动力，就必须考虑到总人口的增长速度和各时期所能形成的劳动适龄人口（16~64岁）规模。简言之，在一般情况下，要求有多少劳动力，相应地就要求有多少全体人口，反过来，在全体人口为已定的情况下，客观上提供的劳动力数量也就成了确定的值。以我国实际情况而论，中华人民共和国成立三十一年来，人口出生率年平均达到2.9%，自然增长率年平均达到1.9%，而全部劳动力就业人口的增长速度年平均大约为2.5%。劳动力就业增长速度所以快于人口增长速度，除了20世纪50年代解决了旧中国遗留下来的大量失业人口（全国解放前夕城市失业人员达400万人，相当于1949年年末职工人数的一半）就业这一因素外，还与人口年龄结构的变化密切相关。1954—1957年和1962—1975年两次生育高峰，使20世纪70年代和80年代的劳动适龄人口猛增，从而势必促使劳动力就业量的增长速度更快。到1979年，我国在物质生产领域和非物质生产领域就业的人口占总人口的41%。所有这些都说明，劳动力再生产与人类自身再生产是密不可分的。另一方面，全体人口的总量，应当同消费资料相适应，这里需要指出，劳动者的报酬，除了满足自身的生活需要外，还要维持其家庭成员的生活需要。消费资料不仅与劳动力再生产发生着直接（劳动人口本身要消费）或间接（由非劳动适龄人口向劳动适龄人口过渡要消费以及劳动适龄人口要负担老年人口的消费）的密切联系，而且与固定资产再生产也发生着直接（每人都需要消费一定数量和种类的非生产性固定资产）或间接（生产消费资料需要有相应的劳动资料）的密切联系。因此，在科学确定固定资产再生产同劳动力再生产的对比关系时，也不能不考虑全体人口同消费资料生产的对比关系。对抚养指数 $\left(=\dfrac{少年人口+老年人口}{劳动适龄人口}\right)$ 变化（我国 1953 年为 0.67，目前为 0.92 左右）的分析研究，可以有助于我们正确处理这种关系。

安排固定资产再生产与劳动力再生产的关系，在确定未来对劳动力的需要时，应根据生产性固定资产可能增长的速度，并一般地不降低每个劳动者的技术装备水平的情况，来计算劳动力的数量；同时，应根据固定资产同所需要的劳动对象的对比关系，确定所需要的原材料、燃料、动力等数量；在计算生产资料同劳动力适宜比例以后，再根据这么多劳动力数量和现有人口年龄结构来预测对总人口增长的要求；同时，还要根据消费资料的可能增长速度，并一般地不降低每个人口的消费水平的情况，来计算总人口的规模，把它同按劳动人口要求计算出的总人口规模两相对照比较，最后确定适度人口。然而，在现有总人口和劳动适龄人口为已定的情况下，又要根据已经形成的劳动力规模来考虑生产性固定资产的生产规模，根据已经形成的全体人口规模及其对消费资料生产的需求来考虑非生产性固定资产的规模，同时，根据这么多消费资料对劳动资料的需求来考虑全部固定资产的规模。

总之，物质资料和人类自身这两种生产的关系跟固定资产再生产同劳动力再生产的关系是极为密切的，只有把固定资产再生产同劳动力再生产的关系放在物质资料再生产同人类自身再生产的关系之内来处理，才真正符合社会主义基本经济规律和国民经济有计划按比例发展规律的要求；反过来，由于劳动资料在物质资料中、劳动力在全体人口中起着决定性作用，因此，"两种生产"关系的安排，只有以固定资产再生产同劳动力再生产关系的合理安排作为基础，才能更好地推动人类社会向前发展。

第二节　固定资产再生产与劳动力再生产的适应关系

马克思说："如果没有充分的生产资料，买者所支配的超额劳动就不能得到利用；他对于这种超额劳动的支配权就没有用处。如果现有生产资料多于可供支配的劳动，生产资料就不能被劳动充分利用，不能转化为商品。"❶根据这一论述，可以很自然地推断出这样的道理：如果没有充分的作为劳动资料的固定资产，劳动力就会相对过剩；如果现有的固定资产超过了现有的劳动者所能支配的程度，机器设备等就要闲置。这种适应关系，不但要求在总量上，而且要求在结构上，不但要求在数量上，而且要求在质量上都体现出来。

所谓在结构上相适应，主要是指在部门结构上要协调。农业、工业、建筑业、运输业与邮电业、商业等物质生产部门，都需要各类生产性固定资产，但各部门单位固定资产所容纳的劳动力数量却是很不相同的。例如，我国目前每百万元固定资产能装备的劳动力，重工业平均为94人，轻工业（包括纺织工业）平均为257人，而轻工业中的服装、日用五金、皮革、手工业和工艺美术等行业平均为800人（不包括大量的厂外加工

---

❶ 《马克思恩格斯全集》第24卷，人民出版社1972年版，第34页。

人员）。另据上海市1978年统计，平均每人的技术装备率，建工局系统为2004元，纺织工业局系统为2013元，冶金局系统为3978元。从1980年我国各部门的劳动者固定生产基金装备程度来看，见下表（表17）：

表17　1980年我国国营各部门劳动者固定基金装备程度

部门	职工人数（万人）	固定资产原值（亿元）	每人平均固定资产（元）
工业	3109.0	3294.8	10597.6
建筑业	671.2	80.4	1197.9
农林牧*	810.4	146.8	1811.5
交通邮电	463.9	890.2	19189.5
商业、饮食服务业	1027.8	358.7	3490.0
城市公用	97.3	59.1	6074.0

注：*职工人数为农、林、水、气部门。

从表17来看，我国1980年年底劳动者固定资金装备程度最高者为交通邮电部门，次之为工业部门，分别为19189.5元和10597.6元；最低者为建筑业部门和农林牧部门，仅分别为1197.9元和1811.5元，表明这两个部门机械化水平很低，甚至仍以手工劳动为主。

各部门的劳动者技术装备程度所以不同，主要是原有的生产力水平、技术构成状况不同造成的。在我国目前的技术水平条件下，为了保持各部门原有的劳动者技术装备程度不降低并得到适当提高，势必会形成这种情况：当加快发展劳动者技术装备程度高的部门，使其比重提高的时候，追加同样数量的固定资产只能吸收相对少的劳动力，从而会导致总量中的固定资产与劳动力的比重前者上升后者下降；相反，当加快发展劳动者技术装备程度低的部门，使其比重提高的时候，追加同样数量的固定资产可以吸收相对多的劳动力，从而会导致总量中的固定资产与劳动力的比重前者下降后者上升。因此，只从总量中来考察分析固定资产与劳动力的对比关系的变化，还不能得出这种变化是否合理的科学结论，我们不能仅凭总量中每个劳动力平均装备的固定资产数值有所下降就简单地加以否定，还要进一步考察分析这种下降，是在各部门、各产业的劳动者平均装备水平有所降低的基础上形成的，还是有所提高的基础上形成的。如果各部门、各行业的劳动者技术装备水平分别都有提高，只是由于部门结构的变化，劳动者技术装备水平低的部门所占比重提高了，因而国民经济总量上的劳动者技术装备水平下降了，这是正常的现象。

就各部门、各行业的固定资产与劳动力的对比关系来看，情况也是不断变化的。衡量两者是否相适应，要分别从量和质两个方面来考察。

首先，要在量上适应。

一定数量的生产性固定资产，在客观上要求有相应数量的劳动者来使用它们。比如，拥有一定年产量的煤矿或油井，它总是需要配备相当数量的煤矿工人或石油工人；又比如，具有固定设计生产能力的各种机器设备，也总是需要配备相当数量的相应工种的工人。这种数量关系的确定，在有些情况下是根据经验数字，即通过实践证明，多少数量的固定资产安排多少数量的劳动力，既能充分利用机器设备等劳动资料，又能充分发挥生产者的作用，以达到产量最高。但在一般情况下，对机器设备这类固定资产来说，都是以技术定额作为根据的，即什么样的机器设备需要多少相应工种的工人来操纵，在设计上是有规定的。当然，由于工人的换班系数不同，这种比例会起变化，显然，如果机器设备数量不变，而工人作业却由一班制改变为三班制，则要求的劳动力数量就会增加两倍。

技术进步的因素对固定资产与劳动力的对比关系的影响是很大的。在要求生产一定数量的社会产品的条件下，用比较简单的生产工具与用比较复杂的生产工具，用效率比较低的生产工具与用效率比较高的生产工具，所需要的劳动力数量是不同的。技术构成越低，一定数量的固定资产要求的劳动力数量就相对越多；技术构成越高，一定数量的固定资产要求的劳动力数量就相对地越少。随着技术的不断进步，各部门的技术构成是不断提高的，因此，从总的趋势看，一定数量的固定资产要求的劳动力数量会越来越少，也就是在两者对比关系中，后者所占比例将愈益下降。这种趋势在技术比较先进的国家表现很明显。

现以美国、英国、联邦德国 1929—1956 年制造业❶中每一在业工人均摊的固定资本价值（1950 年美元价格）为例，来说明这一情况（表 18）。

表 18　1929—1956 年美国、英国、联邦德国制造业中每位在业工人均摊的固定资本价值（1950 年美元价格）

年份	美国	英国	联邦德国
1929	4900	1300	1900
1937—1938（平均）	4200	1300	1800
1948	4600	1700	2000
1956	5200	2200	2300

---

❶ 这里的制造业包括冶金、金属加工、机器制造、电力、运输机器制造、化工、煤炭和石油加工、纺织、食品等工业。

从表18中可看出，工人技术装备程度除1937—1938年比1929年没有提高（英国）甚至有所降低（美国、联邦德国）之外，1948年比1929年（美国例外）、1956年比1948年，都有大幅度提高。而且越到后来，提高的幅度越大。有的同志计算，美国从20世纪50年代初期到70年代后期，工人技术装备程度每十年就提高60％以上。日本的资本装备率1965年也比1956年提高二倍多。

中华人民共和国成立以来，劳动者的技术装备程度也是不断提高的。现以工业部门为例（表19）。

表19 我国国营工业企业各个时期劳动者固定基金装备程度

时期	固定资产原值（亿元）	职工人数（万人）	每个职工平均占有固定资产（元）	各时期发展速度（以1952年为100）
1952年	149.2	516.0	2891.5	100.0
"一五"平均	253.4	649.8	3899.7	134.9
"三五"平均	677.1	1845.6	3668.7	126.9
1963—1965平均	648.4	1172.0	5532.7	191.3
"三五"平均	1054.6	1557.4	6771.5	234.2
"四五"平均	2015.0	2338.0	8618.3	298.1
"五五"平均	3178.8	2736.0*	11618.6	401.8

注：* 为1976—1977年平均数字。

从表19中数字可以看出，我国国营工业部门各个时期劳动者装备程度同1952年相比，都有不同程度的增长，其中"二五"时期增长幅度最小，仅增长0.26倍；"五五"时期增长幅度最大，增长3倍多，表明我国国营工业就业人数虽然不断增加，但是由于通过基本建设所形成的固定资产数量以更大的规模不断扩大，因此劳动者装备程度仍逐期上升。

其次，要在质上适应。

这里所谈的质上适应，主要是指一定种类和性能的机器设备，要求具有相应的技术水平和劳动熟练程度的劳动者去掌握和运用。如果仅有量上的适应，而不能保持质上的适应，还是无法促进社会生产的顺利发展。

需要强调指出，劳动手段与劳动者的结合，在科学技术水平很低，基本上使用手工工具进行生产的条件下，对劳动者的数量要求是主要的，而在科学技术迅速进步，机器装备不断更新，生产机械化、自动化程度显著提高的条件下，对劳动者的质量要求便日益成为主要的了。如果劳动者的质量不能与现代化的生产工具相适应，那就会带来一系列不良后果：现有的先进设备因缺乏懂技术、会操纵的工人而不能运转；或勉强充数使用而不能充分发挥设备效能，甚至造成事故；或因不会保养维修导致设备过早"死亡"；并且一定会出现熟悉某种劳动技能的劳动者因不能满足需要而形成缺乏，而不熟悉某种劳动技能的劳动者因满足不了需要而形成过剩，资本主义国家存在的结构性失业❶，就和这种情况相关。我国目前一方面存在大量待业人口，另一方面又感到技术人员和熟练工人不够，这绝不仅是反映了劳动手段与劳动力之间量上的不相适应，而且更反映了两者质上的不相适应。

早在机器生产发展起来的时候，马克思就指出：劳动者能否全面发展、具有多种技术，已构成大工业生产本身"生死攸关"的问题。他说："劳动资料取得机器这种物质存在方式，要求以自然力来代替人力，以自觉应用自然科学来代替从经验

---

❶ 结构性失业是指劳动力的专业、质量等结构与市场的要求不一致所造成的失业。

中得出的成规。"❶而我国长期以来在"左"的思想指导下，对培养人才、训练职工的工作是严重忽视的。"一五"时期工业固定资产增长1.2倍，工程技术人员增加2倍，应当说对提高劳动力质量还是很注意的。然而到后来就忽略了，1958—1965年工业固定资产增长2.9倍，工程技术人员只增加1.1倍；1965—1977年，工业固定资产增长1.73倍，工程技术人员只增加50％。据1980年统计，全国科技人员只有500多万，平均每万人中仅500多人；农林业科技人员只有30多万人，平均每万农业人口中才3人多，而美国则为21人，比我国约多6倍，日本为9人，比我们约多2倍。

粉碎"四人帮"以后，我国开始重视职工教育，目前企业的办学面在50％左右，参加学习的人员占职工总数的20％左右。但总的来讲，职工的文化技术水平还相当低，据1979年年底对2000万职工调查，现有职工80％的人是初中以下文化水平，其中文盲、半文盲占7.8％。工人的技术等级多在三级以下。工业部门的技术人员占职工总数的比例仅为2.8％，其中相当多的人未受过高等教育，一些技术骨干也存在知识老化问题。❷因此，如何采取切实有效措施，加快提高我国劳动力的质量是一个迫切而重要的问题。

最近二十年以来，以西奥多·舒尔茨、贝克尔等为重要代表，提出一种人力资本理论，流传日广，影响也越来越大。这种理论认为，由于人力资本不仅表现于劳动力数量，而且表现

---

❶ 《马克思恩格斯全集》第23卷，人民出版社1972年版，第423页。

❷ 详见《袁宝华同志在全国职工教育工作会议上的讲话》，《中国工运》，1981年第4期。

于劳动力质量，因此一定的产量取决于一定的资本投入量和一定的质量不同的劳动投入量的组合比例。亦即在劳动力数量不变的条件下，质量较高的劳动投入量所占比重的增加，在一定程度上等于在劳动力质量不变的条件下，较低的劳动投入的数量增加，并且一定的质量较高的劳动可以同一定的质量较低的劳动相互替代。我们觉得，尽管这种理论是属于资产阶级经济学体系的组成部分，我们不能原封照搬，但其中关于劳动力数量与质量之间可以相互转化和代替的观点还是有参考价值的。具体地说，我国拥有数量丰富的劳动力资源，是可以转化为高质量的劳动力的，这当然需要时间和条件。但是，如果不转化，尽管数量很多，却不能完全代替质量上的高要求；如果有了较高质量的劳动力，却可以代替为数更多的较低质量的劳动力。在我们从数量上和质量上来考察、来衡量固定资产再生产与劳动力再生产相互关系是否适应的问题时，是不应忽略这一点的。

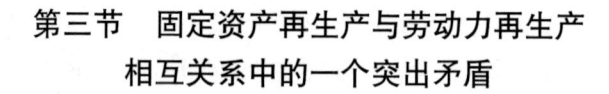

第三节　固定资产再生产与劳动力再生产相互关系中的一个突出矛盾

处理固定资产与劳动力的关系，实质上就是通过合理分配物化劳动和活劳动，充分发挥物力、人力的作用，以求得更高的资金产出率和劳动生产率。

我们可以把资金产出率和劳动生产率是否不断提高以及提高的幅度，看作是衡量固定资产再生产与劳动力再生产的关系是否协调以及协调程度的两把尺子。如果用这两把尺子来衡量一下我国过去的实际，就会发现情况并不理想，见表20。

表 20 我国国营工业企业固定资产产出率和劳动生产率状况

（以 1957 年为 100，各年的发展速度%）

年份	每百元固定资产原值实现的工业产值	每个职工创造的工业产值
1952	96.6	65.7
1953	106.1	71.1
1954	98.2	78.0
1955	94.4	87.9
1956	108.9	104.6
1957	100.0	100.0
1958	129.6	91.5
1959	135.6	84.1
1960	138.7	92.2
1961	64.4	65.7
1962	51.4	75.7
1963	54.3	95.9
1964	60.9	115.2
1965	70.9	141.1
1966	79.8	159.6
1967	64.1	129.0
1968	58.5	120.0
1969	75.2	142.0
1970	84.6	159.8
1971	89.0	158.4
1972	83.4	149.9
1973	79.4	154.9
1974	72.8	146.9
1975	76.0	157.7
1976	69.3	144.2
1977	71.4	155.8
1978	74.1	175.8
1979	74.4	186.1
1980	73.0	189.9

第九章　固定资产再生产与劳动力再生产

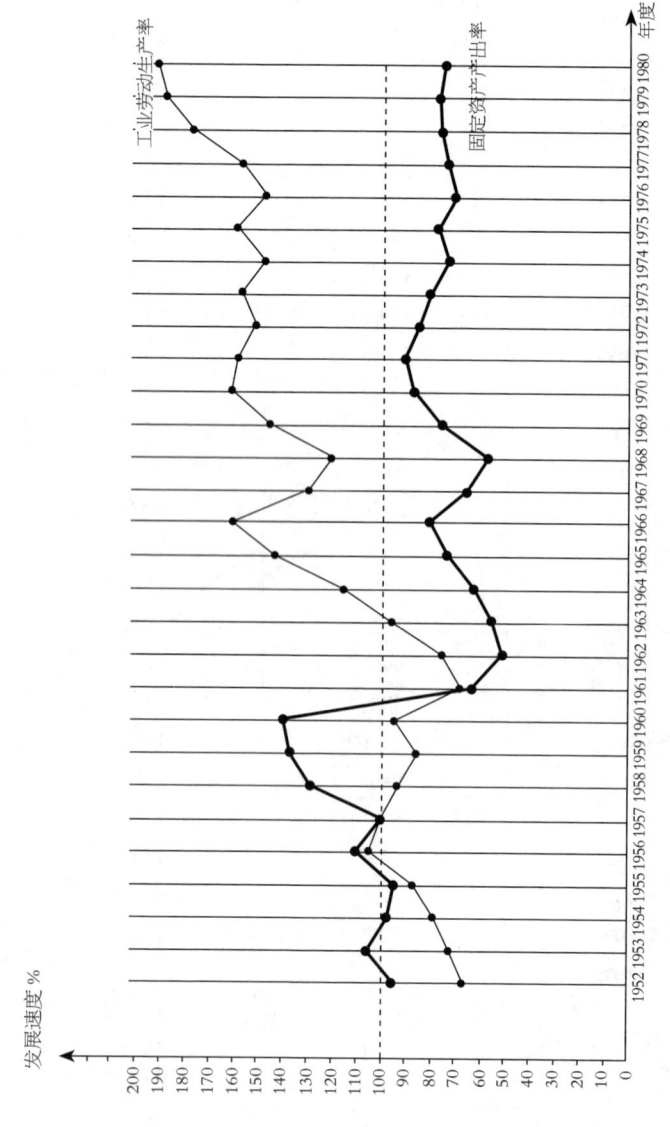

图 2 我国国营工业企业固定资产产出率和劳动生产率的发展变化
(以 1957 年为 100，各年的发展速度 %)

从表20和图2来看，在第一个五年计划最后一年的1957年之前，工业固定基金的产出率虽然有些升降，但幅度较小，基本上比较接近。1957年以后的三年是上升的，1961年以后则一直未达到1957年的速度，而且在1961—1963年下降较猛，固定基金产出率只相当于1957年的一半多一点，1964年以后逐渐回升，1967年和1968年又下降，自此以后，除个别年份以外，固定资产产出率大体相当于1957年的70%~90%。工业劳动生产率，1956年以前是逐年上升的，从1956年开始下降直到1963年都低于1957年的速度，而以1961年下降最多，只相当于1957年的65.7%，到1964年才开始回升，1967—1969年虽然比1957年上升，但却低于1964—1966年的速度，1970—1980年总的趋势是回升，其中有较小幅度的下降。从图2的曲线看，固定基金产出率和工业劳动生产率两者的发展速度和变化趋势基本上是一致的，升降幅度也大体上接近，三年"大跃进"期间效率差、下降较多，"文化大革命"期间效率也差，表面上有所提高，有时下降幅度也不大，但是效果很不理想。

总的来讲，我国资金产出率和劳动生产率的增长速度不快，而且绝对水平也不高。例如，1977年我国钢铁工业的全员劳动生产率只相当于美国的3.8%，日本的3.2%，原煤矿井工人的劳动生产率只相当于美国的11%，日本的29%。其原因是多方面的，而缺乏先进的技术装备不能不是一个重要原因。但要增加技术装备，就需要追加投资，而我国可用于积累的资金又很有限，同时，要提高技术装备水平，更多地采用先进技术，势必提高生产技术构成，在生产总规模不变的条件下，生产技术构成的提高又必然引起对劳动力需求的相对减少，而我国现有大量待业人口需要安置，并且以后城镇每年有三四百万的新增的适龄劳动人口需要就业,因此,如何实现既要提高资金产出率和劳动生产率,又要保证劳动适龄人口充分就业,便成了我国目前和以后一个相当时期内所面临的一个尖锐而现实的矛盾。

我们想着重就提高劳动生产率和劳动就业的关系问题发表一些看法,因为在这个问题上人们的认识很不一致:第一种观点认为,提高劳动生产率便会减少就业的机会;第二种观点认为,提高劳动生产率可增加社会积累,扩大再生产,从而广开就业门路;第三种观点认为,可划分两类,通过企业内部力量(内涵型)来提高劳动生产率和社会就业是一致的,通过企业外部力量(外延型)来提高劳动生产率和社会就业关系比较复杂,经济效果好则两者一致,经济效果不好两者就统一不起来。我们认为需要从不同的含义上进行具体分析。

如果是生产相同数量的社会产品,由于劳动生产率提高可相对减少劳动力。例如,日本钢铁工业,由于广泛应用电子计算机等先进技术,劳动生产率大大提高了,因此,一座年产600万吨钢的钢厂,过去需要职工25000人,现在只需要4000人,劳动力减少了84%。类似的情况在其他国家和我们国家也是不乏其例的。

但是,如果是从吸收的就业人数总量来看,那么就不能肯定地说,由于劳动生产率的提高必然导致对劳动力需求的减少。例如,丹东化纤厂原有一套成型设备——打包用铁丝纽扣机,干同样数量的活,使用这种设备只需3人,不用这种设备则要8人。从这一角度看,使用这种设备,提高了劳动生产率,生产一定数量的产品,对劳动力的需求要减少;但是,事情还有另一面,即不使用这种设备要浪费原材料。长期以来这个厂在生产过程中落地毛没有被利用,现在经漂、煮、梳洗,把落地毛加工成了香烟的过滤嘴，仅上一条生产线就解决了一百多人的就业问题。他们还计划再上四五条生产线，便可解决五百多人的就业问题，从这一角度看，不仅没有因提高劳动生产率而减少劳动力，相反，还扩大了吸收就业的能力。

在我们考察提高劳动生产率与增加就业人数的关系问题时，还不能忽视从整个国民经济范围来看和分别从某一部门、某一行业、某一企业范围来看是有区别的。我们应当立足于一个部门、一个行业、一个企业的技术装备水平在一般情况下不要比前期下降，从而劳动生产率也不应比前期下降。但是，由于部门结构的变化，即使从部门、行业、企业分别来看，劳动者技术装备水平和劳动生产率是提高的，如果原有劳动者技术装备水平和劳动生产率低的部门、行业和企业所占比重提高了，那么从整个国民经济范围来看也会呈现出劳动者技术装备水平和劳动生产率下降的状况。反过来，也是一样。

就是说，劳动力就业取决于生产结构和扩大再生产类型。首先，由于长期以来只重视重工业而轻视轻工业和农业，加上只注意物质生产领域的发展，而轻视商业、服务业等领域的发展，使得劳动力就业的部门结构很不合理。其次，片面注重外延型扩大再生产，即通过基建盖新厂吸收劳动力，而不注意内涵型扩大再生产，即通过对原有企业挖潜、革新、改造以提高劳动生产率来增加社会积累，从而扩大社会生产来吸收更多的劳动力，结果是以牺牲社会劳动生产率的提高来换取就业机会，路子越走越窄。由于劳动就业结构不合理，既严重影响了劳动生产率的提高，也大大妨碍了就业门路的扩大。这是亟须研究解决的。

就整个国民经济范围来看，如果指导思想、方针政策、具体措施等方面不出现错误，是可以做到既扩大就业又提高劳动生产率的。例如，我国"一五"期间，安排1500万人就业，职工总数增长近一倍，劳动生产率也提高52.1%。

近两年由于急于解决紧迫的就业问题，对劳动生产率的提高有所忽略，以致劳动生产率增长缓慢，相当多的地区甚至下降，这应当引起严重注意。

从长远来看，只有劳动生产率得到稳定而迅速的提高，才能促进国民经济的发展，增加剩余产品数量，增强物质技术基础，开辟新的生产领域和兴办更多其他事业，从而为扩大就业创造有利条件。因此，应当着眼于在提高社会劳动生产率的前提下来增加就业。

1978年国营企业职工平均每人占有生产资金8100多元，比1952年增长3倍，每年平均增长5.5%，而现在每年到达劳动适龄的人口2000万左右，其中城镇占15%~20%，要维持这些人就业而不降低每个劳动力的技术装备水平，以保持一定水平的劳动生产率，就需要增加相当数量的固定资产。目前每个农业劳动力大约只有固定资产300多元，每个农业劳动力生产的粮食二十年来一直停留在1000公斤（1956年1040公斤）水平上下。如何保持和适当提高农业劳动者技术装备水平以提高农业劳动生产率，也是一个重要而复杂的问题。有的同志计算，我国现有农业劳动力约3亿，如到2000年实现农业机械化，有一半人转到工业就是1.5亿，加上每年新增加的有劳动能力需要就业的人口1000多万，到2000年的20年间就是2亿多，两项合在一起共3.5亿劳动者需要安排。而像上海宝钢这样大的钢铁厂投资需200多亿，也不过能安排1万人左右。如果按这样的标准要安排3.5亿人就业，20年就需要投资700万亿元，每年平均要35万亿元，这是无论如何也办不到的。这就告诉我们，在技术构成中，全部都是自动化、现代化也不行。

现在外国正研究一种适用技术，在投资、就业、技术先进程度中间，寻找最优方案，达到既能扩大就业，又能节省投资，在技术上也能保持先进水平，求得劳动生产率最大限度的提高。

要使每个部门、行业、企业的劳动者技术装备水平和劳动生产率水平不断提高，又保证大量待业人口得到安置，需要改变过去那种单纯为了安排就业，而不顾安排后给国民经济带来效果大小的做法。诸如不在开辟新的就业门路上做文章，而是一味向现有企业填塞劳动力，即使原有企业人员已经超编，三个人的活五个人干，也还要摊派指标；片面着眼物质生产部门，而不注意非物质生产部门，片面着眼重工业生产部门，而忽略商业、服务业等部门；往往在全民所有制企业打圈子，不重视集体所有制企业和一些必要的个体经济，等等。当然，要发展轻工业、农业，进而发展商业、服务业，没有重工业的发展是不可能的。从长远来看，要提高社会劳动生产率，使社会生产保持一定的速度，没有重工业也是不行的。因此，应当在一定的经济目标下，进行综合平衡，才能合理安排固定资产再生产与劳动力再生产的适应关系。如果我们在安排就业的方向上对头，所谓人口压迫生产力的问题是可以解决的。辽宁省从大力发展商业、服务业，狠抓日用消费品生产、积极发展劳动密集型产品和出口产品，开展综合利用、改革工时制度等几个方面打开了就业门路，从1977年到1980年已安置待业人员220万人，占原有职工总数的39.6%。据统计，劳动密集型行业容纳的劳动力，比重工业多7.5倍，比轻纺工业多2.1倍。如果商业从业人员恢复到1957年占人口1.23%的水平，全国就可以增加300多万人就业，而商业部门每人的平均技术装备水平较低，因此要求增加的固定资产数量也相对较少。目前，装备一个职工的固定资产，大体上全民所有制是10000元，而集体所有制不到 2000 元。因此，同样数量的投资，投在集体所有制比投在全民所有制可以多吸收 5 倍的劳动力。类似的潜力相当大，只要采取有效措施，完全能够克服在处理固定资产再生产与劳动力再生产中所出现的这些矛盾。

第十章　所用固定资产的管理

第一节　我国现有固定资产的使用和管理状况

正确处理固定资产再生产的内部关系和外部关系以及提高固定资产使用效率，促进国民经济迅速发展，要以管好用好所用固定资产和所费固定资产作为基础和保证。

马克思指出："随着资本的增长，所使用的资本和所消费的资本之间的差额也在增大。换句话说，劳动资料如建筑物、机器、排水管、役畜以及各种器具的价值量和物质量都会增加，这些劳动资料在或长或短的一个时期里，在不断反复进行的生产过程中，用自己的整体执行职能，或者说，为达到某种有用的效果服务。而它们本身却是逐渐损耗的。"❶固定资产在再生产过程中这种周转特点，在价值形态上，一方面形成所用固定资产价值——原垫支价值，体现着投入生产时所具有的生产能力；另一方面形成所费固定资产价值——折旧基金，体现着随使用而发生的磨损程度。固定资产管理体制应当适应这种特点，对所用固定资产与所费固定资产分别进行考察，同时，注意两者间的内在联系，认真研究和制定科学的管理

---

❶ 《马克思恩格斯全集》第23卷，人民出版社1972年版，第666—667页。

制度。

对固定资产所用部分的管理，侧重于固定资产实物形态的整体运动，使其在生产过程中充分发挥机能，提高经济效率；对固定资产所费部分的管理，侧重于固定资产价值形态的局部运动，使其在使用过程中渐次磨损的价值，正确地进行转移（提取折旧），保证在经济上合理地进行补偿。这两方面的管理涉及固定资产的实物形态与价值形态之间的平衡关系，全部与局部的关系，以至固定资产再生产与国民经济发展的关系。在正常情况下，部门和企业所占用的固定资产管理好了，不仅意味着保持它的原垫支价值，而且意味着原垫支价值所体现的实物形态得到有效而节约的使用，从而增加产品利润，使转移到产品的价值，在其出售以后变成为货币折旧基金，这有利于固定资产到期更新的时候顺利地实现其实物形态的代置。反过来，基本折旧基金管理好了，使固定资产更新改造资金得到保证，有利于挖掘生产潜力，迅速提高劳动生产率，做好全部固定资产的管理也就有了基础。可见，对所用部分和所费部分的管理，是相互渗透、相互制约、相互促进的，然而部门和企业管好所占用的全部固定资产，充分利用现有生产能力则是关键。本章先考察所用固定资产的管理问题，下一章再来考察所费固定资产的管理问题。

考察固定资产管理不能离开我国现有固定资产的使用和管理状况。就全国 40 多万个工交企业所占用的固定资产情况来看，主要是效率不高，其表现为：

（1）可用设备而不用，造成呆滞。经调查表明，呆滞、闲置设备占生产性固定资产的比重愈来愈大。据不完全统计，全国呆滞设备，约相当于目前基本建设年投资总额的三分之一；北京市 1972 年国营工业企业未使用和不需使用的固定资产占当年全部固定资产的2.5％，占生产性固定资产的2.8％；1977年分别上升到3.6％和4.1％，比1972年分别增长了44％和54％。有的系统这一比重甚至成倍、成十倍地增长。这些呆滞设备价值相当大，有一些还是精密度较高的专用设备。这意味着很大一部分劳动资料脱离了社会再生产过程。

（2）在用设备利用率低。撇开呆滞部分，企业在用设备的利用率，除了一些连续性生产企业以外，都比较低，特别是机械行业更低，有些企业"停三开四"或"停四开三"❶。据北京市一些工厂的调查，有些机器设备的利用率不到30％，有的不到10％，甚至有的仅达2％左右。又根据沈阳市八个工业局不完全统计，在1261台热处理设备中，箱式炉利用率只有30％，高频淬火炉只有15％。这意味着很大一部分劳动资料虽在生产过程中，却未完全发挥机能。

（3）对不需用和未使用的设备保管不善，造成损失浪费大。不少呆滞设备由于缺乏仓库，长期露天堆放，风吹雨淋，逐渐变成一堆废铜烂铁。北京化工二厂有1400多万元呆滞设备，任凭自然侵蚀，设备停放的场地都长了青草，能用的已不及10％，意味着大量物化劳动白白浪费掉。

现有固定资产使用状况不良所带来的严重后果是：固定资产数量虽有很大增加，但产量和利润却没有相应提高。近十多年来，国家基本建设投资增长幅度相当大，更新改造资金也花了不少，形成的固定资产也增加较快，全国国营工业企业固定资产1977年比1976年增加了1.6倍，但上缴利润却只增加40％；按每百元工业固定资产实现的剩余产品价值（包括利润和税金）计算，1977年比1976年下降36.5％。据北京市调

---

❶ 指工厂每周开工四天停工三天，或每周开工三天停工四天。

查，全市工业企业1977年每百元固定资产实现的税利为38.3元，比1970年的64元减少25.7元，下降了40.2%；冶金系统更下降47.5%。1980年全国全民所有制独立核算工业企业每百元固定资产实现的利润只有15.7元，比1979年的16.2元减少0.5元，假如国营工业企业每百元固定资产实现的税利能达到1966年的水平，那么，一年的国家财政收入就可以多收入几百亿元。

我国经过三十多年的社会主义建设，1980年工业固定资产比1950年增加二十多倍，为我国国民经济的发展奠定了雄厚的物质技术基础。但是，由于固定资产使用效果差，大大妨碍了这个物质技术基础应该发挥的作用。这些情况深刻地反映着如下的矛盾：一方面是固定资产规模不断地迅速增加，另一方面是机器设备利用率低；一方面是国家生产资金短缺，另一方面则是固定资金大量浪费。为什么会产生这种互相矛盾的现象？我们认为，除了不重视企业固定资产的更新改造，片面追求新建企业之外，主要原因是长期以来实行固定资产无偿占用制的管理制度。

中华人民共和国成立以来，我国对国营企业占用的固定资产一直是采取免费供应、无偿调拨的办法，企业对国家不承担任何经济责任和法律责任，弊端很多。

无偿占用制这种管理办法是我国整个现行经济管理制度的一个缩影和侧面，它的形成有着深厚的历史根源。一是，20世纪50年代初期照搬苏联的一套。他们把全民所有制的经济理解为一切东西都要在形式上完全由国家支配，不允许全民所有制的企业有什么自己的东西。他们把计划看成是与市场毫不相容，不注意利用商品货币关系和价格、税收、利润、信贷、利率等经济杠杆对社会主义生产发展的促进作用。二是，我国自己长期积累的"土生土长"的办法。其中有不少体现革命优良传统的方面，应加肯定和发扬。但不可否认，由于旧中国是一个缺乏现代化大生产、商品货币经济落后的国家，而在过去民主革命阶段，基于物质条件的限制和革命战争环境的特殊情况，在干部队伍中实行供给制的办法，使人们思想上习惯于包干制、实报实销，而不习惯于经济核算制。所以，国家对固定资产长期采用无偿占用即供给制的办法也就绝非偶然了。

这种管理办法，没有遵循和利用客观经济规律，使得企业固定资产再生产的经济活动机械地服从"长官意志"的决定；对固定资本使用效果，无法进行考核，占多占少、用好用坏一样，责权不分，奖惩不明；企业对固定资产的使用状况心中无数，根本没有对固定资产的经济核算概念，促使企业在扩大生产时争设备，一旦设备到手，就不再关心它的有效利用。

固定资产无偿占用制，同现代化大生产很不适应，极大地压抑了企业的主动性和积极性，妨碍了技术进步，严重地影响了社会生产的发展。实质上，这是生产关系不适应生产力、上层建筑不适应经济基础在固定资产管理制度上的反映，亟须改革。

第二节 建立固定资产有偿占用制

对所用固定资产管理体制，应当实行有偿占用制来代替无偿占用制。

有偿占用通常指的是要归还或交税或付费。固定资产有偿占用制，应当包括两方面的内容：一是国家征收企业固定资产占用费；二是在全民所有制企业之间实行固定资产有偿调拨。同时，作为有效地实现有偿占用制的必要手段，必须采用固定资产利润率（或资金利润率）考核企业，完成这一指标的，给予一定的利润留成。

实行固定资产有偿占用制，是采用经济手段管理经济和发挥经济组织的作用的一项变革，它规定企业对固定资产管理和使用需要承担的经济责任和享有的经济权益，便于把固定资产管理和使用的好坏同企业职工的物质利益联系起来。它较之无偿占用制，有以下优点：

第一，能够实现全面的、完整的经济核算制。

毛泽东同志曾指出：对流动资金和固定资金"有了严格的核算制度之后，才能彻底考查一个企业的经营是否是有利的"。❶ 现行企业经济核算中，形式上只对流动资金核算，没有固定资金核算的概念，充其量只算得上半经济核算制。企业财务科对固定资产只限于记账，名义上保证国家财产账面的完整性，并不注意分析它的利用效果，实际上未把它作为经济核算的内容。由于国家对企业在资金上实行"统收统支"，在物资上实行"统购包销"一套供给制办法，企业没有独立资金，也无权处理固定资产，必然不能进行独立的严格的经济核算。

有人说，通过成本指标可以对固定资产进行核算。但固定资产折旧在生产成本中所占比重很小，我国工业基本折旧只占工业产品成本的0.8%~0.9%。工业固定资产的使用年限平均为二十七年，每年转移到产品中的价值只占全部固定资产价值的1/27，远不能反映庞大的固定资产使用效率的好坏。成本指标，不能对企业固定资产使用状况进行全面核算和综合评价。实行固定资产有偿占用制，同时采用资金利润率指标，将能弥

---

❶ 毛泽东：《经济问题与财政问题》，解放社1944年版，第114页。

补这一缺陷，以建立全面的、完整的、严格的企业经济核算制度。

第二，能够促使企业从物质利益上关心固定资产的节约和有效使用。

实行有偿占用制，有利于防止和克服"吃大锅饭"的弊病。因为有偿占用制意味着对固定资产管理完善、利用得好的企业，在缴纳同样占用费的情况下，能多实现利润，从而可以从多实现的利润中得到一定的利益；对固定资产管理不善、用得不好的企业，在缴纳同样占用费的情况下，则少得或得不到利益。这就能够促使企业和职工想方设法节约固定资产的占用，不断提高其利用效率。同时，还将促使企业拒绝接受从基本建设单位转来的属于无效投资的固定资产，间接地迫使建筑部门、机械制造部门必须讲究经济效果。

但是，如果只征收企业固定资金费，而不使之同企业和职工的物质利益挂上钩，那就仍然没有冲破老一套行政办法的框框。如果占用费缴多缴少，对企业和职工来讲，都无关紧要，多缴了固定资产占用费，少缴了利润，反正一样，则不能调动企业和职工主动关心、改进和完善固定资产利用状况的积极性。因此，实行有偿占用制一定要把企业基金的提取与固定资产利用的好坏同企业和职工的物质利益联系起来，使企业和职工有一种管好、用好固定资产的强大的内在动力。这是实行有偿占用制的最基本的优点所在。

第三，能够调动企业及时处理呆滞设备的积极性。

这是从有偿占用同企业和职工的物质利益挂钩这一经济动力派生出的另一优点。在固定资产无偿占用条件下，企业之间的无偿调拨制度，容易产生本位主义。设备多余的单位认为调出容易调进难，封存后不提折旧，不增加成本，所以宁可封存不愿调出。缺少设备的单位不管有用无用，"拉到篮里就是菜"，申请增添投资和设备时，往往有备无患，宁滥勿缺，带有相当大的盲目性。这样，企业对在用设备就不注意提高利用效果，对闲置不需用设备也不及时处理，必然造成呆滞设备越来越多。

实行有偿调拨，将能够调动企业及时处理呆滞设备的积极性，节约国家投资，促进企业挖掘设备潜力，增加生产能力。但是固定资产有偿调拨，其价款必须允许留归调出单位，作为固定资产复置基金，调入单位应当从基本折旧基金支付。否则，仍然与无偿调拨没有区别，国家财政还要拿出一笔钱来填补调入单位的付款。关于实行固定资产有偿占用制能够调动企业及时处理呆滞设备的积极性，并非纯属理论推断，而是有具体事实为证的。例如，上海机床厂1958—1959年实行固定资产有偿调拨、变价收入留归企业使用的办法后，外调闲置固定资产很积极。1957年闲置设备为154万元，1958年减少到106万元，1959年再减至78万元，比1957年减少将近一半。而在1960年改回无偿调拨后，对闲置设备处理就不积极了，不需要的固定资产又增加到135万元，比1959年增加了77.5%，以后逐年增加，1961年为138.5万元，1962年为470万元，1963年再上升到494万元，比试行有偿调拨的1959年增加了5倍多，占固定资产原值的11%。[1]

第四，能够平衡企业利润水平。

按规定比率企业从纯收入中向国家缴纳固定资产占用费，反映着国家对整个社会同各个经济核算企业之间的利润的分配

---

[1] 见第一机械工业部工作组固定资产调查小组：《固定资产的利用问题》，1964年。

和再分配关系。目前，我国国营企业不同行业之间的利润水平，存在着很大差别，原因是多方面的，诸如资金有机构成、技术装备程度、地理条件、自然资源（如贫矿、富矿）的差别和价格因素等。因此，很难根据利润水平的高低来比较企业经营管理上的主观努力现状。如果按照固定资金占用费所规定的比率，企业向国家缴纳一部分利润以后，那些占用设备数量多、质量好的大洋企业由客观上的优越条件而造成劳动生产率高、实现利润多的情况，现在由于多占用固定资产，要多缴纳占用费而抵销了；那些拥有良好的运输条件或其他自然条件的企业，因客观条件优越而取得的级差收益，也因规定征收较高的固定资产占用费而归国家支配了。这样，企业在支付固定资产占用费以后所余下的利润大小，便能比较确切地反映企业和职工在改进固定资产管理、利用状况上的主观努力程度。也就是说，国家通过占用费率的差异，能够起到调节企业盈利水平的作用，缩小它们之间由于客观因素所带来的利润水平差距。

总之，在改革经济管理工作中，按照客观规律，采用固定资产有偿占用制，对于克服目前固定资产管理和使用中的严重浪费，提高现有企业固定资产使用效果；对于促进基本建设工程按期投产，加速形成新的生产能力；对于推动技术进步，高速度发展生产力，加快四个现代化的进程，都有重要意义。

实行固定资产有偿占用制需要澄清几个理论问题。

第一，实行固定资产有偿占用制，是否会改变国营企业全民所有制的性质？

有同志提出这样的问题，理由之一是：既然国营企业是全民所有制，国家是全民所有制代表，国家就不能征收企业固定资产占用费，因为国家不能向自己收占用费，否则，就意味着改变了企业的全民所有制性质。

我们认为这种观点是不正确的。就企业的生产资金来说，国家银行对企业生产资金中的流动资金贷款收取利息，并不因此而改变企业的全民所有制性质，这已为人们所接受，为什么国家对企业生产资金中的固定资金征收占用费，就改变了企业的全民所有制性质呢？应当说，国家向企业征收固定资金占用费，同国家银行向企业收取贷款利息，虽然两者采取的形式不同，但经济性质是一样的，都体现着全民所有制企业占用着属于全社会所有的生产资料和资金。国家有权向企业征收，企业也有义务向国家贡献一部分剩余产品。这体现着社会主义国家同进行经济核算，具有相对独立性的全民所有制企业之间的正常经济关系，根本没有改变企业的全民所有制性质。

持有上述看法的同志的理由之二是，采用有偿占用制，固定资产在国营企业之间实行有偿调拨，使生产资料变为商品，企业成为商品所有者和交换者，岂不改变了它的全民所有制性质吗？

我们认为，这种观点也站不住脚。因为原材料、燃料等这些生产资料在国营企业之间进行等价交换，人们并不认为因此改变了企业的全民所有制性质，为什么作为生产资料的固定资产，在国营企业之间进行有偿调拨，就改变了企业的全民所有制性质呢？斯大林指出："生产资料所有者——国家，把生产资料交给某一个企业，丝毫不失去对它们的所有权，相反地，是完全保持着所有权的。"❶ 马克思主义政治经济学中所有制是指生产资料归谁所有。而实行有偿调拨，只是生产资料在不同企业之间转移其使用权，国家对固定资产的所有权并没有因

---

❶ 斯大林：《苏联社会主义经济问题》，人民出版社1961年版，第39页。

此而丧失，调出企业或接收企业也没有因此成了集体所有或资本主义企业，即这些调出调入的固定资产并没有为集体所有或资本主义私人所占有。这怎么能说改变了企业的全民所有制性质呢？事实上，在社会主义条件下，国营企业实行独立经济核算制，产品在企业间相互交换，必须是等价交换、有价补偿，固定资产在企业之间调出调入又岂能例外？

人们总以为无偿调拨是真正体现了企业的全民所有制性质，而毫不在意这样一些奇特的经济现象，即号称全民所有制企业，归全民所有制的机器设备，往往国家对它调不动，企业对它不爱护。什么原因？就是因为是无偿调拨。尤其严重的是，企业到底有多少呆滞设备，在报表上远远没有反映出来。有的同志说："会计报表上不反映，主要是怕被上级调走。"难道这能表明，只有在无偿调拨的条件下，才能体现企业的全民所有制性质吗？不能。

第二，实行固定资产有偿占用制，是否承认资金也创造利润？

有同志提出："企业从纯收入中向国家缴纳固定资产占用费，是不是承认资金也创造利润，而否认劳动创造价值？"我们认为这是一种误解。

劳动创造利润，这是马克思主义政治经济学的常识。在生产过程中，体现着生产资料的垫支资金，代表着物化劳动，是再生产的必要条件，但并不创造产品价值，只有活劳动在生产过程中既把它所消费的生产资料的价值转移到产品上去，同时又增加新的价值，创造剩余产品价值，即创造利润。

但是，企业获得利润的大小与占用资金多少、利用得好坏，有密切的关系。在同一行业中，如果一个企业占用的同量资金利用得好，特别是对固定资产中机器设备的作用发挥得好，利用效率高，就具有较高的劳动生产率，使得同量活劳动能够推动更多的生产资料生产出更多的产品，从而降低单位产品个别价值，使企业产品的个别价值低于社会价值，实现较多的利润。可见，资金与利润的关系，不是表现在资金能够创造利润，而是表现在对资金的利用状况影响实现利润的多寡。

既然如此，国家有权提出要求，在条件相同的情况下，一个部门内的各个企业，占用同量资金，就应为社会提供同样多的产品，带来同样多的利润。这就是为什么企业应当从纯收入中向国家缴纳固定资金占用费的理论依据。

第三，固定资金已提取折旧，又征收占用费，是否重复？

有同志提出："企业固定资产已提折旧基金，国家再征收占用费，这是重复。"我们不这样认为。

折旧基金是按固定资产在再生产过程中磨损的程度渐次转移到产品上去的价值计提的货币准备金，用于更新替换退废的固定资产，属于补偿基金性质。固定资金占用费，是国家按企业占用固定资产数量以一定比率征收的费用，企业从纯收入支付，属于国家对企业剩余产品价值的分配和再分配，意味着企业占用资金必须取得一定收入以保证交费，从而可以促使企业从经济利益上关心对占用固定资产数量力求合理，并对它加以最有效的利用。

无疑，提取折旧基金和征收占用费，都是利用价值形式对企业进行考核，但两者的经济范畴、性质、内容和作用是不同的。折旧考核的是所费资金，占用费考核的是所用资金；前者属于老本的补偿，后者属于新创造价值（国民收入）的再分配；前者核算生产性固定资产耗费的程度，后者要求企业占用固定资金必须为社会提供最低限度的贡献。因此，把两者视为重复，把所费资金与所用资金混为一谈，是不正确的。

第四，已采用资金利润率，是否可以不实行征收固定资产占用费？

有人认为："国家已经规定采用资金利润率指标来考核企业，还有什么必要再实行征收固定资产占用费的制度呢？"这种说法是没有弄清资金利润率和资金费两者间的关系。

资金利润率和资金费有密切联系。两者都是以占用资金（这里主要指固定资产）的多少和运用的好坏为着眼点，在部门内部同等条件下，鼓励和促使企业用尽量少的资金取得尽量多的产量。采用资金利润率指标考核企业，对完成好的企业给予一定的利润留成，有利于促进和保证资金费的实行。在这个意义上，可以说它是有效地实现固定资产有偿占用制的必要手段。反过来，资金费的实行，有助于通过资金利润率指标反映出企业的经营成绩，因为假如资金的使用连资金占用费都保证不了，那就证明资金利用的情况很糟，企业经营效果很差。

但是，资金利润率和资金费两者所体现的具体内容、所实行的具体做法和所起的具体作用又是不同的，不应当相互代替。

资金利润率着重考核资金的使用效果；固定资产占用费则不管利润率高低，只要占用固定资产就按规定比率收费，它直接地促使企业从一开始就必须考虑占用多少资金为宜的问题。资金利润率是企业在占用资金量一定的情况下，随着获取利润量的多少而变化，并据以奖惩企业；资金费则以企业占用资金多少为转移，向国家缴纳一定数量的纯收入，是社会集中剩余产品的方法之一。资金利润率作为考核指标，是衡量资金使用所取得的成果大小，在规定对超额完成资金利润率指标的企业给予一定利润留成的情况下，经营成果与企业和职工的利益有直接联系，它是通过考核企业的最后经营成果的形式来鼓励企业最有效地利用资金；资金费则是作为义务性质，责成企业从物质利益上去关心和认真对待国家所分配的资金，它是通过事先明确规定企业对资金占用有缴费义务的形式，来促使企业最节约地占用资金。资金费和资金利润率两者区别在于：前者是着重对企业占用资金多少进行监督，后者则是着重对企业使用资金好坏进行监督；前者是资金管理的始点，后者则是资金管理的终点；前者是事前的规定，意味着必须今天实现，后者是事后的考核，意味着对结果的衡量；前者比率固定，具有强制性，后者比率可以升降，带有弹性。

从资金利润率和固定资产占用费率的含义和高低上来看，也有不同。前者是利润同国家拨给企业的原垫支资金总额的对比关系，后者是征收的占用费同企业原垫支资金总额的对比关系。在正常条件下，国家规定一个部门、一个行业的平均资金利润率水平，应当以保证企业在缴纳固定资产占用费之后有一定的利润余额为依据。

国务院1980年年底要求从1981年1月1日起，按固定资产原值2.1%实行征收固定资产占用费，但是，还有的同志提出这样一个实际问题："目前企业的盈利水平本来不高，如果实行固定资产占用费，盈利水平不是更要降低，甚至使原来盈利的一大批企业发生亏损吗？"

诚然，从当前来看，可能产生这样的情况。但从长远观点来看，采用这一重要经济方式来管理资金，将会改变目前企业盈利水平低的状况。由于企业主动关心、不断提高固定资产的利用效果，改善经营管理，将使亏损企业的面逐渐缩小，以至消灭，并逐步提高企业的盈利水平。企业利润总的水平之所以低，除了我国劳动生产率低等许多因素的影响以外，与我国的经济管理包括固定资产管理落后是分不开的。因此，对于实行固定资产有偿占用制应当既要积极大胆，又要慎重稳妥，要在全国国营企业实行清产核资的基础上，有步骤有计划地推广。

第三节 充分利用现有固定资产的主要途径

在建立科学的固定资产管理制度基础上，同时要注意充分利用现有固定资产，提高它的效率，这就可以在不追加投资的条件下扩大生产能力。正如马克思所说："同一些劳动资料，也就是同一固定资本，可以用延长每天的使用时间的办法，也可以用增加使用强度的办法，更有效地加以利用，而无须为固定资本追加货币支出。这时，只是固定资本的周转加快了，可是它的再生产的各种要素也更迅速地提供出来。"❶这就是说，充分利用现有固定资产的主要途径，是在外延上增加固定资产利用时间和在内涵上提高单位时间固定资产利用效率。

第一，增加固定资产的作业时间。

这是企业机器设备生产能力在时间上的外延扩大再生产。采取这种办法，会更有效地利用企业的场地面积和机器设备。但不是任何生产单位都可以采用完全等同的办法的。需要考虑生产的不同特点，诸如有连续性生产的，比如发电厂的锅炉车间等；有非连续性生产的，即间歇性生产；有季节性生产的，比如制糖厂、水果罐头厂等。

对于第一类即连续性生产的企业，固定资产的使用时间：允许增加到最大可能的限度，即机器设备可以昼夜24小时连续运转，当维修时要在时间上达到充分利用，就需要尽量缩短停

---

❶ 《马克思恩格斯全集》第24卷，人民出版社1972年版，第394页。

工修理的时间,这要求维修工作应当现代化和进行有效的组织管理,有计划地预先修理好需要维修或不用的机器设备,以备发生故障时可以随时代替,使生产不致中断。对于正在执行职能的固定资产要经常注意维护和保养,以保证机器设备连续生产,这实际上等于增加机器设备的作业时间。可见,充分利用固定资产的作业时间是各种工作努力的综合结果。

对于第二类即非连续性生产的企业,固定资产的使用时间,受到生产过程的制约,如何增加它的作业时间,要根据各企业的具体情况确定。除了上面所说的一些措施以外,提高换班系数是一个重要途径。这类企业,可以有一班制、两班制或三班制。在燃料、动力和原材料的供应有保障的条件下,为了机器设备达到充分负荷,需要提高其换班系数。如一班制的转为实行两班制,两班制的实行三班制。在我国工业企业中实行一班制的较多,目前不少部门和企业人浮于事,三个人的活五个人干,组织两班或三班制,更有利于提高劳动生产率。值班劳动者,必须加强组织纪律性,比如按交接班规章办事,严守岗位责任制,认真完成本班本人的劳动定额,整理好工作场地和安排好设备工具,为下一班创造良好的生产条件,这是有效增加固定资产作业时间的一项办法。

就上述两类企业而言,美国耶鲁大学 G. 拉尼斯教授提供了一个重要资料:18—19 世纪日本主要纺织工业,许多机器是从英国买进来的,但是在纺织机器的使用上,日本与英国大不相同,英国只开动 10 小时,日本则开动 20 小时。当然不是说,资本的使用强化 1 倍,产量也相应增加 1 倍,就机器本身而言,机器在磨损到不能使用时就要替换,但是一天开动 20 小时并不一定就以同一比例磨损。所以,加强使用机器,这等于更多使用劳动力,更多消耗劳动力,但却节约固定资本。在纺织企业，日本人通过增加机器运转时间，吸收了更多劳动力。他们使用的棉花质量低，就用更多劳动力去接线头，使更多的劳动力在同一机器上工作。印度也买英国的机器，但对技术没有多少改进。1888—1905年日本K/L（资本/劳力）比率下降了，单位资本吸收了更多劳动力，由此取得更多成就。资料表明不用增加投资，而用增加班次、延长机器运转时间，就可以增产。除去资本剥削劳动力这一性质外，在我国劳动力过剩情况下，采用这个途径，对于迅速发展生产，具有一定参考意义。

对于第三类即季节性生产企业，固定资产在增加作业时间方面，要受到更大的客观限制。有的企业全年某段时间内完全停工；有的企业全年生产过程时断时续、产量时高时低，因此对固定资产的使用很不均衡。在目前的生产和技术条件下这些情况仍然不可避免，如何使季节性企业在可能范围内克服这种现象，是充分利用现有固定资产的一个前提。延长季节的作业时间，需要对原料的保管贮藏提高到一个新的水平，需要在技术上有新的改进，需要对生产和流通过程进行合理组织。例如，对糖料（甘蔗、甜菜）、水果进行较长时间的保藏和组织通畅的运输，农业机械种类多样化及一机多能等，都有利于减少季节性的干扰和停工，提高机器设备的负荷，增加固定资产的利用时间。

总之，对生产特点各异的企业，需要用不同的办法和措施来增加固定资产的作业时间。一般地说，不论哪类企业在再生产过程中都要注意有必要的物资储备，包括原料、材料的储备，以及有效地利用企业的厂房面积（意味着减少新建厂用地面积的投资），合理地进行劳动组织，尽可能实行均衡的生产，等等，这就会使固定资产的使用时间增多，从外延上有效地利用时间。

第二，提高固定资产单位时间的有效利用。

这是企业机器设备生产能力在时间上的内涵扩大再生产。

在外延上增加固定资产的使用时间，如增加换班系数，延长固定资产的作业时间，要受到自然时间限制，一天的自然时间为二十四小时，工人每一班的劳动时间随该国生产力发展水平而异，但一般为一天八小时工作制。因此如何使固定资产在单位时间（比如一小时）内得到更有效的利用，生产出更多的产品，即单位时间固定资产生产能力发挥更大潜力，这是不受自然时间限制的，是相对增加固定资产使用时间的一种重要途径。

单位时间内固定资产使用效果的提高，意味着机器设备使用强度的增加。而为了强化机器设备的使用，首先，要求科学技术的发展及其成果应用推广；其次，要求使用机器设备的工人和技术人员相应地提高其技术水平；最后，要求劳动组织的科学化。归根到底是劳动生产率的不断提高。

实际上，强化机器设备的使用，使其生产能力达到最高限度，根本问题在于实现机器设备的现代化。而要做到这一点，就应当注意机器设备的更新改造和工艺过程的完善化。用更先进的更有效的设备代替已经陈旧的技术落后的设备，更多地实现自动化、半自动化和机械化，对于提高机器设备单位时间内的使用效率，具有决定意义。无疑，在企业管理上也要求必须实现现代化，而不能停留在落后的小生产的管理方式上。所有这些，在某种意义上来说，也就是集约经营的方式。在资本主义制度下伴随着机器的强化使用所带来的是加强对工人的剥削和劳动条件的恶化。相反，在社会主义制度下，采取这种方式，将相应地改善工人的劳动条件、减轻其劳动强度，随着社会财富的增长，工人群众的生活也将得到改善。这就是说，在时间上使固定资产得到更充分的利用，是符合社会主义生产目的的，是同工人阶级的根本利益相一致的。

固定资产的充分使用表现为时间上的外延式增加和内涵式增加，这两种形式在现实经济生活中往往交织在一起，我们应当以内涵扩大为主与外延扩大相结合，求得最好的经济效果。

第四节　所用固定资产效果的考核指标

在社会主义生产和建设中，对于靠内部积累的有限资金必须十分珍惜，充分发挥它的作用，认真讲究利用效果。而讲究利用效果，不仅要抓生产过程中劳动消耗的节约，而且要抓物化劳动垫支（资金占用）的节约。在部门和企业要了投资、设备、物资以后，究竟如何使用，在什么时候发挥效果，发挥多大效果，国家必须加以考核。

国家对部门和企业占用固定资产的经济效果的考核，可以运用一套完整的指标体系，包括实物指标和价值指标。例如，利用实物指标对固定资产考核，有设备完好率、设备利用程度指标等；利用价值指标对固定资产考核，有每百元固定资金提供的产值指标、固定资金利润率指标等。这些实物指标和价值指标，各有其独特作用，可以从不同侧面反映固定资产使用状况。

就实物指标而言，设备完好率是反映企业机器设备技术状况的一项指标，是企业中某类生产设备（通常按主要设备计算）完好台数占该类生产设备总台数的比重，其计算公式为：

$$设备完好率 = \frac{设备完好台数}{设备总台数} \times 100\%$$

按我国现行设备管理制度，某类设备总台数，指的是企业已安装的该同类全部生产设备，包括在用、停用、停机待修和正在检修的一切同类生产设备，但不包括尚未投入生产、由基本建设部门管理或物资部门代管的同类生产设备。

某类设备完好台数，指的是企业所拥有的该同类生产设备中，完全符合单项设备完好标准的台数。单项设备完好标准是：①设备性能好。如动力设备的出力，能达到原设计标准，机械设备精度能满足生产工艺要求，设备运转无超温超压现象；②设备运转正常。包括零部件齐全，磨损腐蚀程度不超过技术规定标准，主要计量仪表和润滑系统正常；③原料、燃料、油料等消耗正常，如没有漏油、漏气、漏水、跑电等现象。

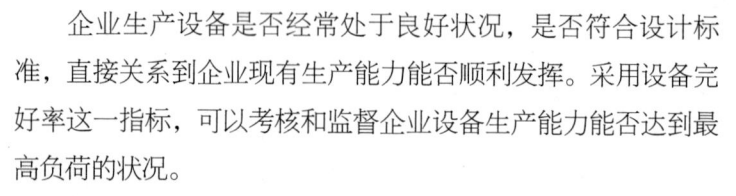

企业生产设备是否经常处于良好状况，是否符合设计标准，直接关系到企业现有生产能力能否顺利发挥。采用设备完好率这一指标，可以考核和监督企业设备生产能力能否达到最高负荷的状况。

为了考核正在发挥机能的固定资产利用状况，可以采用设备利用率指标。它一般包括设备数量利用、设备时间利用和设备能力利用等项具体指标。

设备数量利用，通常以实有设备使用率指标来反映。以公式来表示：

$$实有设备使用率 = \frac{实有使用设备数}{企业拥有设备数} \times 100\%$$

企业拥有设备数是指企业实际拥有的设备数，实际使用的设备指报告期内曾经开工使用过的设备。这两者相比，即反映实有设备的利用程度，设备利用率高，表明开动的设备所占比重大，企业所拥有的设备中未安装的设备、不能使用的设备、备用设备和停工的设备所占比重小。

设备时间利用，通常是以生产设备时间利用率指标来反映。以公式表示：

$$生产设备时间利用率 = \frac{报告期生产设备实际作业时间}{报告期生产设备可能利用时间} \times 100\%$$

生产设备可能利用时间，如连续生产的企业，可以按日历时间计算，如非连续性生产的企业可以按制度工作时间计算。这一指标反映生产设备在可能利用的时间内得到利用的程度。利用率越高，表示在时间利用上越充分，意味着可能利用时间变为现实使用时间的比例上升。

设备生产能力利用，通常以生产设备在单位时间内的产量（台时产量）来反映。它也叫生产设备生产效率。以计算公式表示：

$$生产设备生产效率 = \frac{产品产量}{设备实际作业时间（台时）} \times 100\%$$

这一指标反映生产设备在实际作业时间内所发挥的实际生产效率状况，效率越高，表明设备生产能力利用得越好。

生产设备利用充分与否，直接影响到产品数量、质量、成本等指标完成的好坏，而生产设备利用状况，除了原材料、燃料、动力供应等客观因素外，主要取决于对设备的管理使用。

机器设备的数量繁多，种类复杂，结构千差万别，型号大小不一，光靠实物指标进行考核，是不可能全面的。因为它难以从固定资金总量方面来比较各企业占用的多寡、利用的优劣及其效果的大小。换言之，难以对企业固定资金的使用效果进行综合评价。同时，由于固定资产各个组成部分，特别是各种机器设备在生产过程中不是孤立地发挥机能的，而是作为一个整体，由各个组成部分相互协调、相互配合才发挥有效作用的。因此，有必要利用综合性技术经济指标对固定资产的使用效果进行考核。也就是说，在统一计划下，国家还必须利用资金、利润、产值等价值范畴，对固定资产实行考核。在这方面可采用以下一些主要指标：

（1）每百元固定资金产值率。其计算公式为：

$$固定资金产值率 = \frac{产品产量}{占用固定资金总额} \times 100\%$$

这个指标表明：一定时间固定资金所能提供的产品产值的比率。这个比率越高，反映固定资金使用效果越大。影响这个比率的主要因素：第一是各种固定资产配置合理程度，应当尽量减少不用设备所占的比重，并使在用机器设备按比例地相互配套；第二是固定资产的使用状况，应当充分利用其作业时间，提高工人的技术水平和企业管理水平等。

（2）固定资金利润率，其计算公式为：

$$固定资金利润率 = \frac{利润总额}{占用固定资金总额} \times 100\%$$

这个指标具有其他指标代替不了的特点和优点。这里想着重分析一下。

固定资金利润率把企业利润同占用固定资金直接联系起来进行比较，这是利润同所用固定资金的对比关系，而成本利润率或产值利润率，都是利润同所费资金的对比关系，这是固定资金利润率区别于它们的一个特点。这也就决定了固定资金利润率有其不可代替的优点。一个企业，从所费资金的经济效果来看，可能是好的，但从所用资金的经济效果来看，则可能是不好的。现实生活中有这样的情况，即某些企业尽管成本低、利润大，但可能在资金使用方面有很大积压和浪费。由于固定资产折旧提成额在成本中所占比重小，特别在折旧率偏低的情况下，这一点尤为突出，使得固定资金的利用效果在成本中得不到充分反映。因此，采用固定资金利润率指标可以弥补这方面的不足，能够比较全面地评价企业垫支固定资金的经济效果。

一个部门内不同企业（或同一企业不同的生产周期）假设在其他条件相同的前提下，占用固定资金的数量相等，但由于对资金的利用情况不同，所得到的利润量也会是不同的。如果对占用的同量固定资金利用得好，特别是对固定资产中机器设备的作用发挥得好，使其效能提高，这样，就会具有较高的劳动生产率，使企业取得较多的利润。

利用固定资金利润率指标，除了可对同一部门内的各企业占用固定资金的经济效果进行考核外，还可以对投资效果进行考核。这并不意味着利润是社会主义投资使用方向的调节者。在社会主义条件下，投资的确定，同资本主义条件下以追求利润为目的的盲目投资是完全不同的，它是根据党和国家在一定时期的政治经济任务，根据社会和人民需要，全面考虑加以安排的。在确定了投资的部门之后，对于不同的投资方案，应当和可以进行选择。

在现实经济生活中，往往是：有些企业一次性投资虽然大，但以后经营费用小，成本低，利润高；有些企业一次性投资虽然小，但所费资金多，成本高，利润低。例如，建设火电站或水电站都可取得同样的发电量，但从所用资金与所费资金的经济效果来考察，两者情况是不一样的。建设火电站投资额小，占用资金少；而经营费用大，成本高，所费资金多。建设水电站投资额大，占用资金多；而经营费用小，成本低，所费资金少。两者比较，火电站固定资金利润率或资金利润率比水电站高，从节约投资、节约垫支的物化劳动看，火电站比水电站优越。但是，火电站成本利润率比水电站低，从节约物化劳动和活劳动消耗看，没有水电站优越。当然，也要考虑自然资源情况。就同一部门内部大型企业同中小型企业之间的投资效益对比，也存在着类似情况。只有把所用资金和所费资金的经济效果、近期和远期效果结合起来进行考察，才能比较全面地、合理地确定在某一地区、某一时期建设哪种类型企业合算，才能较好地做到大中小相结合。所以，国家对一个部门企业的资金考核，既要计算一次性投资，也要计算生产过程中的经营费用；既要从近期看，也要从远期看，然后进行综合比较，寻找出最优的方案。

总之，利用固定资金利润率作为考核和监督企业资金管理的工具，将会促进企业按照国家计划要求，改进经营活动，提高管理水平，以适应现代化的需要，努力挖潜、革新、改造，改善固定资产的利用状况，加速流动资金周转，有效地节约使用资金，加强经济核算，讲求基本建设投资效果。在尽量节约使用资金的情况下，全面完成和超额完成国家生产和建设计划。这就意味着增产同量产品所需要的追加投资额得到了节约，或者说由于少占用而腾出来的这部分资金可供其他部门或企业使用，从而加快国民经济发展的速度。

第十一章　所费固定资产的管理

第一节　基本折旧基金的提取

前一章已说明固定资产管理分为所用固定资产管理和所费固定资产管理两部分，前者是关键，后者是基础。忽略哪一方面都是不行的。

就所费固定资产管理而言，其主要内容是对基本折旧基金的提取、使用及其管理体制。我国目前在这方面需要研究和解决的问题是：在提取上，折旧率偏低；在使用上，方向没有保证；在管理体制上，单纯依靠行政办法。这一节，我们将着重谈谈折旧基金的提取问题。

提取的折旧基金是否达到了足够数量，这要看物理上不能再使用或经济上不宜再使用的固定资产，是否有必要的资金使之得到及时补偿替换。提取基本折旧基金的方式，主要是通过确定一定的折旧率来实现的。

我国现行折旧率的状况是：国营企业，自 1952 年制定过一次统一的折旧率以来，将近三十年一直没有再制定统一的折旧率。现行的折旧率由各主管部门分别制定，再报国家批准。1973 年财政部规定，新投产企业的基本折旧率，由企业主管部门商得同级财政部门同意后核定。折旧年限，是由各企业参照各主管部门规定的各类折旧率进行具体鉴定的。这样，在实际执行过程中，就不免出现折旧率高低悬殊的情况。例如，同是采矿厂的生产设备，折旧率却大不一样，有的厂不到2%，有的厂超过11%；即使同是卷扬机，其规定的使用年限也不同，有的10年，有的20年；即使是同样型号的设备，有的部门规定折旧率为2%（即等于使用年限为50年），有的部门规定折旧率为4%（即等于使用年限为25年）。根据1980年统计资料，国民经济各部门、各工业部门和各地区的折旧率也很不一致，见表22。

表21　1980年全国国民经济部门、各工业部门和各地区工业的折旧率（%）

国民经济部门	折旧率	工业部门	折旧率	地区（市）	折旧率
总平均	4.1	冶金	3.4	北京	4.7
其中：工业	4.2	机械	3.8	天津	5.0
建筑工程	4.5	电力	3.3	上海	4.6
农牧水产	5.0	煤炭	2.6	辽宁	4.3
交通邮电	3.2	石油	9.8	江苏	5.2
商业、粮食、外贸	4.4	化学	4.6	湖北	3.8
其他	4.6	建筑材料	4.1	广东	4.3
		森林	3.0	四川	4.1
		纺织	4.2	贵州	3.2
		轻工业	4.4	内蒙古	3.0

一般来说，上述各部门、各行业和各地区之间在基本折旧率高低上的差别，反映客观上各类固定资产使用年限长短的差别，但也存在不尽符合客观实际的状况。这就使各企业提取和负担的折旧费很不平衡，影响产品成本的可比性，妨碍固定资产管理的改进。

尽管各部门、各行业和各地区对各类固定资产规定的折旧率不尽相同，但总的情况是普遍偏低。

为什么说我国的基本折旧率偏低？

第一，它没有考虑无形损耗。在科学技术日新月异的情况下，固定资产的无形损耗及其补偿问题，已经越来越突出。在确定折旧率的时候，考虑无形损耗比考虑有形损耗，对整个国民经济的发展来说，具有更大的作用。如果原有的机器设备已遭受无形损耗而仍旧照常使用，那么，它在生产能力指标上，或在产品品种和质量指标上，或在原材料、动力、燃料等消耗指标上，或在活劳动节约指标上，或在产品成本指标上，以及劳动生产率等指标上，都会明显地不如采用新技术合算。换句话说，当有可能用新技术设备来提前替换旧技术设备而不替换，其后果将严重影响生产力的提高和社会主义积累的增加。

值得注意的是：第二次世界大战之后，一些工业发达的国家，折旧率出现日益提高的趋势。如美国1942年规定设备折旧年限为20年，即折旧率为5%，第二次世界大战后1946年、1950年、1954年陆续缩短折旧年限，1962年规定的折旧年限比1942年缩短30%~40%，1971年又规定允许比1962年再以20%的幅度升降，金属加工设备平均折旧期限为12年；日本1950年前设备平均折旧年限为21年，1961年开始多次缩短，目前机器设备的标准折旧年限为7~14年（有的资料说，已缩短到5年左右）；法国1951年前规定的设备折旧年限是15~20年，以后则逐步降到8~10年，目前，一般机器设备不到7年；苏联折旧年限是比较长的，从1975年1月1日开始实行新的折旧率，按国民经济全部固定资产平均计算，折旧年限由原来的31年缩短为27.7年，机器设备的折旧年限要更短。各国的机器设备折旧年限所以不断缩短，基本原因不在于物理磨损程度的

加剧，而在于无形损耗程度的加剧。许多西方国家对机器设备实行快速折旧，不能只看到它转嫁对劳动者剥削的一面，还要看到它是由技术进步决定加快更新的必然结果。关于这一点，马克思指出："所使用的固定资本的价值量和寿命，会随着资本主义生产方式的发展而增加，与此相适应，每个特殊的投资部门的产业和产业资本的寿命也会发展为持续多年的寿命，比如说平均为十年。一方面，固定资本的发展使这种寿命延长；另一方面，生产资料的不断变革——这种变革也随着资本主义生产方式的发展而不断加快——又使它缩短。因此，随着资本主义生产方式的发展，生产资料的变换加快了，它们因无形损耗而远在自己有形寿命终结之前就要不断补偿的必要性也增加了。"❶

我国固定资产的基本折旧率，一直没有考虑无形损耗，而且三十年来折旧速度基本没有变。这从全国工业企业基本折旧率变化情况可以看得很清楚：1953年为3.7%，1976年也不过4%，而冶金、电力、煤炭、机械、森林等部门不仅没有提高，反而有所下降。

第二，我国的基本折旧率，虽然是以固定资产的有形损耗为依据的，但它补偿不了这种磨损的程度。过去有个统计资料，冶金、石油等五个部门，仅1956年一年，在退废的固定资产中，就有42.23%的价值没有得到补偿。根据寿王坟铜矿1961—1962年设备损耗资料粗略统计，共报损的设备117台，其中到期报损的46台，占39.4%；过期报损的24台，占21.1%；而没有到期就报损的33台，占28.3%；此外，还有无耐用年限对照，因年久用坏，或提完折旧用坏而报损的13台，

---

❶ 《马克思恩格斯全集》第24卷，人民出版社1972年版，第206—207页。

占 11.2%。从中可以看到，没到期就报损的数量大于过期报损的数量。这些情况都证明，即使仅就有形损耗来说，我国现行折旧率也是偏低的。

按现行折旧率提取的基本折旧基金满足不了固定资产更新的情况，也可说明折旧率偏低。

据我们 1978 年在东北和华东两地区进行调查的材料证明，固定资产更新改造对资金的需要同提供资金的可能之间存在着相当大的差距。上海市全部固定资产净值占原值的 58%，就是说迫切需要更新替换的老设备比重很大，但因资金缺乏，不能得到及时更新替换。上海冶金局 1978 年申请需要的更新改造资金总额有一大半本身解决不了。无锡市 1977 年测算，纺织工业 41 个厂子，基本折旧提成 840 万元，按留给企业 50% 计算，只有 420 万元，更新改造需要 850 万元，还有 430 万元没有资金来源。更新改造基金短绌，当然有使用、管理体制上的原因，这在后面还要提到，但是折旧率偏低不能不是一个重要原因。由于提取的基本折旧基金不足，即使在使用、管理上很合理，也难以用补偿基金来保证固定资产的简单再生产。因此，如何逐步提高现有折旧率，便成了改进所费固定资产管理所要首先解决的一个问题。

折旧率偏高，会人为地提高生产成本，降低盈利，虚假地表现为"逾龄"使用，缩小了新创造的国民收入和积累基金，导致低估发展国民经济的能力，影响社会主义经济高速度发展，这固然不好。但是折旧率偏低则会产生下列一些问题：

（1）由于折旧提取不足，不能保证固定资产按时更新，使原有社会财富受到侵蚀，使社会产品的简单再生产不能维持，实际是蚀老本。

（2）由于提取的折旧小于固定资产的实际消耗，人为地缩小了生产成本，造成虚假盈利，夸大了国民收入的积累基金，夸大了发展国民经济的能力，这样，就会促使不适当地增加扩大再生产投资，开辟过多、过长的基建战线，以致影响社会再生产的正常、顺利进行。

（3）由于计算的折旧率与实际消耗不符，给企业经济核算工作带来假象，不能正确评价企业经营活动，不利于促进企业努力提高固定资产的利用效果。

（4）由于折旧率偏低，没有考虑无形损耗，不利于及时、大量地采用新技术，严重阻碍科学技术进步。

对我国折旧率偏低的情况，总的来讲，多数同志是承认的，但是对要不要提高折旧率，怎样提高，提高的幅度多大才合适等问题，还存在着不同的看法。

有一种意见认为，提高折旧率没有必要，因为折旧率高，企业上缴国家的利润就少，折旧率低，企业上缴国家的利润就多，犹如"一杯水"，这一杯倒多了，那一杯就剩少了，反之亦然。所以折旧率高低对于企业和国家在经济上没有什么意义。我们认为，这种观点是不正确的。折旧率的高低，不仅直接反映着是否符合固定资产的磨损程度，而且关系到企业的经济核算和固定资产的再生产是否能正常进行。"一杯水"的观点，实质上是"吃大锅饭"思想在折旧提成管理体制问题上的反映，不利于社会主义经济的发展。

有些同志认为折旧率应当提高，然而担心提高折旧率，一会提高产品成本，造成企业亏损；二会减少国家财政收入；三会有更多的折旧基金挪作他用。我们认为，就第一点来说，提高折旧率的确会提高产品成本，但目前我国固定资产的折旧在产品成本中所占比重很小，仅0.89%，上海虽高些，也只占1.9%，即使折旧率有较大提高，对产品成本影响也不太大。就第二点来说，由于加快固定资产更新、改造，提高了劳动生产率，将会给社会带来更多利润，从而国家财政收入不会减少，反会增加。就第三点来说，目前基本折旧基金被挤占的情况确实严重（这个问题将在下一节具体谈到），这里需要说明的是，基本折旧基金的使用方向是否得到保证，和折旧率的高低虽有联系，但却是两个不同性质的问题，前者是使用范围是否合理和管理是否完善的问题，后者是提成是否恰当的问题，应分别研究、解决，不能因为管理使用上存在的问题，就否认提高折旧率的必要性和重要性。

真正值得担心的问题倒是在提高折旧率的情况下，怎样保证有足够的实物形态的劳动资料，来满足固定资产更多更快的替换需求。如果只有价值形态的折旧基金，而没有实物形态的劳动资料，则更新还是不能实现的。满足固定资产的实物更新需求的程度，除了从国外进口外，主要取决于劳动资料制造部门的发展规模和速度。因此，在提高折旧率的同时，必须相应地安排所需要的劳动资料的制造，不但在数量上，而且在品种、规格和效能上都要加以保证。

根据我国现实情况，国务院在1979年7月作出了《关于提高国营工业企业固定资产折旧率和改进折旧费使用办法的暂时规定》，其中提到，"目前工业交通企业固定资产折旧率偏低，不利于老企业的挖潜、革新、改造和充分发挥现有企业的作用，不利于加速国民经济的发展，从1980年起，对工业交通企业固定资产折旧率，要在增加盈利的基础上逐步提高。"这是正确的和必要的。

那么，根据什么原则来提高折旧率？我们认为，提高折旧率在有利于四个现代化的条件下，应当考虑以下四个原则：①不仅要计算有形损耗，而且要计算无形损耗；②不同部门应制定差异折旧率，如仪表机械、腐蚀性大的行业，其固定资产折旧率应当高一些；③固定资产内部不同组成部分应当制定差异折旧率，如机器设备、运输工具折旧率应当高一些，建筑物可低一些；④固定资产使用初期折旧率应当高一些，后期要低一些。这样，既可保证固定资产磨损的补偿，又可减少发生无形损耗的损失。

究竟折旧率提高到什么程度恰当，有同志提出这样的设想：到2000年，更新2~3次，即10年或近7年左右更新一次，折旧率分别提高到10％或14％左右。有的同志设想：到2000年更新1.5次，即13年多更新一次。前一种设想，明显偏高，后一种设想，等于把现行折旧率提高一倍左右，在"六五"期间实现这个设想不大可能，作为20世纪末达到的目标，则较为现实。按我国现状，一下子把折旧率提高很多，提供固定资产实物形态的生产部门生产一时跟不上来，会出现有钱无物、乱用资金等问题，因此不妨把折旧率提高的幅度定得尽量稳妥一些，如果经济形势发展很快，过一定时期可再考虑进一步提高折旧率，以便对固定资产更及时和更有效地进行补偿更新。

在基本折旧基金提取的问题上，除了正确解决折旧率的问题之外，还有一个提取折旧的范围问题，这主要包括：哪些固定资产应提取折旧，哪些固定资产不应提取折旧；固定资产使用期限已满是不是要继续提取折旧。

按照我国制度规定，凡所有使用中的固定资产，除土地外，一般都应当按规定的月折旧率和月初固定资产账面原值计提折旧；对未使用和不需用的固定资产，在按照规定程序报有关主管部门批准后，可不提折旧，但年度中途间断性停工或季节性停用或因大修停用的固定资产仍要照提折旧，如果连续停工一个月以上的企业，除使用的房屋折旧外，其余未用设备可以不提折旧，纯属人员防护用的人防设施也不计提折旧（但需单独登记，加强管理）。

固定资产使用年限届满仍继续使用时，应依照原折旧率提取折旧。而未满使用年限，确实没有使用价值、需要报废的，其基本折旧未提足部分，可以不再补提。

另外，冶金、煤炭、化工、林业等行业的采掘、采伐企业（包括附属企业），按照产量提取更新改造基金，不再按固定资产的原值和使用年限计提基本折旧基金。

这些规定，总的来说是以固定资产再生产的基本原理为依据，结合我国各部门、各企业的具体实际情况作出的，是必要的、可行的，但是有些问题值得加以研究和改进。这些规定的基本原则就是，参加生产过程的固定资产，实际经受了磨损就计提基本折旧，否则就不提。这从理论上说是站得住的，然而并非所有这些具体规定都有利于促进企业更好地使用固定资产，更好地保证固定资产简单再生产。例如，对未使用和不需用的固定资产可以不提折旧，但这些固定资产并不因为没有使用便不损耗，由于受自然腐蚀的作用，到一定时间仍要报废，如果要替换这些设备，则补偿基金便失去了来源。设想对这些设备也照提折旧，由于它们没有参加生产过程，产量没有增加，而折旧照提，自然增加了产品成本，从而利润要减少，这在实行利润分成或利润包干制度的情况下，会推动企业采取措施，尽量减少设备闲置。又如，是不是使用期满的固定资产继续使用时仍照提折旧，这个问题也要从是否有利于促进企业更好地维护、保养机器设备，是否有利于加速技术进步等方面来考虑，如果不照提折旧更有利于这些，就应当改变现行规定❶。马克思曾经从另一个意义上讲到继续使用已折旧完毕但仍可使用的固定资产，等于天赐的自然恩物。如果我们对这部分固定资产照提折旧，"上帝"赐的恩物就消失了，而这部分磨损价值早已转移完毕，从理论上说不应当再计提折旧。总之，在提取基本折旧基金的范围（或对象）的具体规定上，是可以而且应当在马克思关于固定资产再生产理论指导下，在总结实践经验的基础上，不断加以改进和完善的。

第二节　基本折旧基金的使用

正确提取基本折旧基金是使固定资产简单再生产能够顺利进行的前提条件，但是，如果这笔资金使用不当，仍旧达不到预期目的，所以还必须保证折旧的使用方向，使之首先用于更新改造。

我国规定企业所提取的基本折旧基金连同固定资产变价收入，作为用于固定资产更新改造的资金。

固定资产更新改造资金的使用范围是：

（1）设备更新和房屋建筑物等固定资产的重建；

（2）在原有固定资产基础上进行技术改造和技术措施；

---

❶ 苏联有一种意见，认为在采用平均值来确定固定资产的定额使用期限的情况下，关于定额使用期满就停止计算折旧的主张是明显错误的，因为这就取消了补偿正常的折旧不足的资金来源（见库林科夫、帕尔捷罗维奇所著《技术进步和生产设备的最优更新》一书，莫斯科《思想》出版社，1975年版，第6章）。

我们认为，用逾龄使用多提取的折旧基金，来弥补提前报废折旧未提足部分，对鼓励企业严格进行经济核算、爱护机器设备的使用等，未必能起积极作用。

（3）综合利用原材料，处理"三废"等措施；

（4）试制新产品措施；

（5）劳动安全保护措施；

（6）零星固定资产购置，零星自制设备和零星土建工程开支。

同时，我国规定更新改造资金不得用于其他方面。特别规定全厂或全车间的整体技术改造、新建、扩建附属企业或独立车间，应当由基本建设投资解决，不得在更新改造基金中进行开支。

关于固定资产更新改造资金的使用范围的这些规定，具体目的在于保证这项资金主要用于老企业固定资产的更新和生产设备的技术改造，以及企业为加强生产上薄弱环节和综合利用所采取的措施，不准用于新建。对于劳动条件较差，特别是生产工艺有害职工健康的厂矿企业，在资金的使用上，应当注意安排必要的劳动安全保护措施，这体现着社会主义制度的优越性。

但是实际上，这笔资金犹如"鄱阳湖的水，流向五湖四海"。修建道路，设立商业网点，开办学校，知识青年上山下乡费用，特别是基本建设，都挤占固定资产更新改造资金。据一些省市估计，更新改造资金（90％以上是由基本折旧基金构成的）约50％被挪用于基本建设，真正用于更新改造的部分只有30％左右。

为什么这么多的更新改造资金不用于更新改造而被挪用于基本建设？这里有指导思想上的问题，也有实际工作中的偏差；有上边的原因，也有企业的责任。都想加快速度，但所用方法一为"杀鸡取卵"，只求一时把产量搞上去，而不惜拼设备、吃老本；二为"贪新弃旧"，一提扩大生产，就想到铺新摊子，而忽略对原有基础进行技术改造。

像华东、东北这样的老工业基地；很多企业设备陈旧，技术落后（即使是在第一个五年计划期间建设起来的企业，也已经二十多年，该到更新的时限了），迫切需要更新改造。以沈阳为例，工交企业现有金属切削机床一半以上是解放前的，早已不能保证精密度，即使是一些大型企业，从现有技术基础状况看，要赶超世界先进水平，不逐步进行更新和技术改造，使之现代化，也是不行的。有的地区需要翻修的厂房面积达10%~20%。这种老化设备和危险厂房已妨碍技术进步，威胁工人的安全和生产的正常进行，如不解决，且不说要求现有企业实现现代化，就连经济技术指标限期达到历史最好水平，也将是一句空话。

在这方面国外的一些做法，值得借鉴。日、美机床拥有量增加不快，新增机床大部分用于更新。例如，日本（1963—1973年）、美国（1952—1972年）用于更新的部分分别约占新增机床总数的84%和76%。又如第二次世界大战以后三十多年来，美国机械工业，除仪表工业新建投资占多数外，其他行业的投资有一半或一半以上用于老厂和老设备的更新改造上。

我们说提取的基本折旧基金在使用上应首先保证固定资产的简单再生产，并不是从根本上否定可以用于固定资产的扩大再生产。正如马克思所说："虽然固定资本，如上所述，继续以实物形式在生产过程中发生作用，但它的价值的一部分，根据平均损耗，已经和产品一起进入流通，转化为货币，成为货币准备金的要素，以便在资本需要以实物形式再生产时来补偿资本。固定资本价值中这个转化为货币的部分，可以用来扩大企业，或改良机器，以提高机器效率。这样，经过一段或长或短的时间，就要进行再生产，并且从社会的观点看，是规模扩大的再生产。"❶ 这就是说，折旧基金在固定资产实物更新之前，可用来扩大再生产。但这要有前提条件和数量界限。前提条件是，当年提取的基本折旧基金不需要用于当年的固定资产实物补偿，或在基本折旧基金满足了固定资产实物补偿之后还有剩余的情况之下，才可以用于扩大再生产；其数量界限是，当年基本折旧提成额超过固定资产更新需要量，两者之差为折旧基金可用于扩大再生产的最大限度。固定资产总量中，使用年限接近期满或已经期满的部分，所占比重越大，即固定资产老龄化，意味着即将更新的数量越大，可用于扩大再生产的数量也就越小。反之，使用年限短和新增固定资产部分所占比重越大，即固定资产年轻化，意味着实物形态上不需要更新的数量愈大，从而可用于扩大再生产的数量也就愈大。一般来说，在正常、不间断地扩大再生产的条件下，从全社会来讲，每年总是有或多或少的折旧基金可充作积累基金用于扩大再生产，但也不排斥在某一年固定资产更新需要数量极大时，会出现当年提取的折旧不敷固定资产更新需要的情况，这时，就需要从当年国民收入积累基金中拨出相应部分来弥补这种不足。这一点有很大的现实意义：在当前固定资产更新欠账较多的情况下，基本折旧基金不仅不应用于扩大再生产，还应从剩余产品价值中拿出一定数量的资金用于维持固定资产简单再生产。至于具体数量界限如何确定，国内外有的学者做过探讨❷，可以参考。

---

❶《马克思恩格斯全集》第24卷，人民出版社1972年版，第192页。

❷ Domar E D:《经济成长论文集》(Essays in the Theory of Economic Growth)，哈佛出版社1957年版；乌家培:《论基本析旧基金的使用构成》，《经济管理》1979年第5期。

有的同志认为在现实生活中简单再生产和扩大再生产很难区分，因此不必强调基本折旧基金一定要首先保证固定资产简单再生产。我们不否认简单再生产和扩大再生产在实践中是不易划分清楚的，但也不是绝对不可划分，起码对原有机器设备和厂房、建筑物是任其老化，把基本折旧基金用于新建，还是对它们进行及时更新替换？这是可以衡量和判断出来的。基本折旧基金的使用应当是"先补偿，后积累"，这一理论原则是不容忽视和违反的。

第三节　基本折旧基金的管理体制

折旧基金能不能用好，关键在于管理体制是否科学。我国国营工业企业基本折旧基金管理体制，大体上经历了三个阶段。

第一阶段，1966年以前，折旧基金全部上缴国家财政，企业需要的固定资产更新改造费用，统由国家财政拨款解决。

第二阶段，1967—1977年，折旧基金全部留给企业和主管部门，企业所需固定资产更新改造费用，国家财政不再拨款。

第三阶段，1978年起，折旧基金的50%作为"上缴折旧基金"，由国家统一安排使用。新建企业在投产后三年内，提取的折旧基金全部上缴国家。

我国折旧基金管理体制的演变，主要是以社会主义生产建设的发展状况和企业管理水平为转移，而以管理使用的集中程度不同为基本标志。

我国第一个五年计划期间，国民经济中工业固定资产总额迅速增加，到1957年年底，已达352亿元，比1949年增长275%。在这期间，仅仅中央几个部门用折旧基金来拨付的投资即达30亿元，约为这几个工业部门的总投资的12%。这表明我国刚开始大规模建设的时期，新建、扩建企业迅速增加，大量新增固定资产无须在自然形态上更新，超过固定资产更新资金需要的多余折旧基金数量相当大。为了更好地把这部分资金通过基本建设投资，现实地用于追加固定资产（或流动资金）使之在我国社会主义建设中发挥更重要作用，所以，第一个和第二个五年计划期间，我国实行折旧基金全部上缴国家，由国家统一分配使用的管理制度。这是符合这一历史发展阶段的特点和要求的。以后，为克服暂时经济困难，对国民经济实行调整、巩固、充实、提高，在这一特殊情况下也需要由国家对折旧基金更多地集中管理。这对保证整个国民经济的顺利发展是必要的。但是在1967年以前这一段时间，由于折旧基金全部上缴国家，过分集中，对下面卡得过死，束缚企业自主权，不利于调动地方和企业的积极性，而且这个问题越到后来暴露得越明显。于是客观上便提出了改革固定资产折旧基金管理体制的要求。

从1967年开始，折旧基金全部下放给企业。这办法在调动地方和企业的积极性方面发挥了它的作用，固定资产规模增加较快。但是，除了林彪、"四人帮"的干扰和破坏外，在折旧基金的管理上也带来了一些问题，在折旧基金的使用上有些分散，妨碍了生产的发展。也就是说，克服了第一阶段过分集中的弊病以后，又产生了过分分散的倾向，致使一些企业有较大可能任意把本来规定用于更新的折旧基金挪用于搞基本建设，追求新建、扩建，而不注意固定资产更新。这样一来，既拉长了基本建设战线，又没有通过更新来充分利用现有固定资产，结果，资金花了，固定资产生产能力反而没有真正增加。现在，我国一年的折旧基金总额，就超过整个第一个五年计划期间用于基本建设投资中的折旧基金总额好几倍，管好用好固

第十一章　所费固定资产的管理

233

定资金折旧基金，这是国民经济中的一个重大问题。因此，引起了折旧基金管理体制的第二次改革。

1978年这次管理体制改革注意了克服第一阶段过分集中和第二阶段过分分散的倾向，注意了新老企业应有所区别等，这些都是比过去改进的地方。但是，折旧基金大部分，甚至个别地方有90％仍然掌握在地方手中；它仍然没有防止把集中的大部分资金用于搞基本建设的弊病；仍然没有完全消除不同类型企业之间"苦乐不均"的现象；规定小企业和大企业按同一比例上缴折旧基金、新企业三年内全部上缴折旧基金也不尽合适。重要的是，这种办法的着眼点仍限于中央、地方、企业之间留缴比例问题，而不是着眼于采用经济手段，从而不能真正调动企业的积极性。

按照现行管理体制，实际上企业折旧基金大部分由国家、地方集中，再下拨企业，其基本特征仍然是一种单纯行政办法。它没有充分利用价值规律和价值范畴等经济杠杆，没有把折旧基金的管理、使用的好坏同企业的物质利益挂上钩。在企业更新改造资金的分配使用上采取的是供给制办法，凭"长官意志"、层层审批，常常出现一些需要的项目资金无着落，而一些不需要的项目却资金有余。企业对更新改造资金用多用少，管好管坏一个样，不承担任何经济责任和法律责任，造成企业竭力争投资，资金利用效果却很差。要杜绝这类现象，就应当改革现行折旧基金管理体制，用经济办法为主来代替单纯的行政办法。

有一种设想：把折旧基金的提取、使用同企业的利润直接挂起钩来。即采取从企业利润中提取折旧基金，归企业作为更新改造费用的办法。根据正常情况确定企业的固定资产折旧基金总额同年利润总额之间的一定比率，企业按这一比率从利润中提取、使用折旧基金。企业经营管理越好、获利越多，从利润中提取的折旧基金绝对额就越多，用于更新改造的费用也越多，从而企业现代化和生产发展就越快；反之，企业经营管理越差，获利越少，从利润中提取的折旧基金绝对额就越少，用于更新改造的费用也越少，从而企业越落后；如果是长期亏损的企业，就会被淘汰。但是，折旧基金是转移价值（c），而不是新创造价值（m）的一部分，使"老本"都要从利润中挤，这从理论上说不通。从实践来说，目前由于非主观因素造成部门和企业利润水平差异很大，暂时利润较低的企业，有可能出现折旧基金短绌，甚至连固定资产简单再生产也难以维持，所以这个办法并不理想。

另有一种设想：把全部折旧基金下放给企业，固定资产（主要是设备）的大修和更新原则上由企业自己管，只有在资源即将枯竭，企业该关闭或是原有企业生产能力不需扩大的条件下，才把全部或部分折旧基金上缴国家。这是孙冶方同志的主张，其理论根据在本书第二章已提到，他把资金价值量作为衡量简单再生产和扩大再生产的界限，他主张凡是原有资金价值量范围内即简单再生产范围内的事物，特别是企业固定资产更新、大修应由企业负责去做，只有资金价值量扩大再生产范围，如追加投资，才由中央负责去做，以便对各部门、各地区之间进行综合平衡。但应该看到，资金价值量简单再生产往往与实物量（使用价值）扩大再生产交织在一起。持此观点的同志也承认随着劳动生产率的不断提高，在企业资金价值量简单再生产情况下当然在实物量上是扩大再生产。正因为如此，部门、企业产供销就会出现新的不平衡，需要重新组织平衡。这在某些场合不由中央统筹兼顾恐怕做不到。比如涉及整个国民经济发展的方向、速度、生产布局、结构（包括技术结构）变化等重大问题，以及在大企业实物量扩大再生产，或大企业利用它的折旧基金进行更新改造（包括扩建、改建）情况下，所需设备、材料和施工力量，光靠企业本身难以解决平衡问题。这里还有一个问题，就是由于新企业投产后无须立即更新，会暂时有多余的折旧基金，新投产的大企业更为明显，从社会角度来说，可以利用这些资金作为追加投资，用于扩大再生产，对于这部分折旧基金该由哪一主管部门以及如何在地区、部门和企业之间进行有计划的调节，是需要研究的，如果全部折旧基金下放给企业，这些问题得不到妥善安排，可能会引起盲目扩大生产。

还有一种设想：把折旧基金大部分留归企业，企业暂时多余的折旧费用专户存入银行，由银行用这笔资金向其他企业发放更新改造贷款。基本折旧基金的一部分由企业上缴主管部门调剂使用；固定资产原值不超过一定数量的小型企业，其折旧基金原则上不上缴，留归企业使用。这种办法，从实际出发比较符合固定资产再生产的特点，也比单纯行政办法优越。

首先，大部分折旧基金留归企业，能使固定资产简单再生产得到保证。它意味着给企业以更多的自主权和机动权，从而发挥企业的主动性和积极性。在科学技术飞快发展的今天，企业要实现技术革新，搞现代化，对于它的每一项机器设备、厂房，何时和怎样更新改造才能既经济又有实效，企业最了解情况，最能及时采取适当措施，合理安排使用折旧基金。这可以避免发生由于远离企业的中央各部采用"越俎代庖"的方法而造成的脱离实际和费时误事的现象。

其次，企业暂时多余的折旧费用专户存入银行，作为更新改造贷款基金，银行根据其他企业对更新改造的需要通过贷款调剂使用，以及由主管部门集中的那部分基本折旧基金，在本部门或本地区进行调剂使用。这是适应固定资产周转特点所采取的好办法。

在现实生活中呈现两类明显不同情况：新企业投产后并不立即需要更新，会形成折旧基金有多余，类似情况在新企业占多数的部门也存在；老企业则往往需要更新，报废的固定资产较多，当年提取的折旧基金不足，类似情况在老企业占多数的部门也存在。从地区看，内地与沿海、新工业基地与老工业基地之间也存在同样的情况。银行将各单位存入银行的多余的折旧基金通过贷款形式，和主管部门掌握的部分折旧基金合在一起，实行有计划的调剂，可以避免企业之间、部门之间、地区之间发生苦乐不均的现象。

从全社会来看，每年总要有一部分固定资产到期报废需要更新，相对于一个企业来讲，全社会可以比较均衡地来安排固定资产的再生产。在有的年份更新规模比较大，需要的更新改造资金不足的时候，国家可以从积累基金中提供。而有的年份更新规模比较小，即在大规模更新之后和大批新企业建设起来之后，会出现更新的暂息阶段，所提取的折旧基金大有富余的时候，可以把它存入银行作为用于扩大再生产的追加投资，或有计划地建立后备。这实际上是在年份之间"以丰补欠"，进行调剂使用。此乃社会主义制度优越性的体现。

最后，企业暂时多余不需要的折旧基金存入银行，银行对其他需要更新改造而折旧基金又不足的企业，可以发放贷款，贷款从更新改造效果所取得的新增利润中偿还。在实行企业基金制度下，企业从银行取得用于更新改造的贷款，要付一定利息，从而影响利润作为企业基金的部分，因此这一办法可以促使企业和职工从物质利益上主动关心本单位的更新改造和资金运用效果，做到精打细算有收益就办，亏损还不起贷款就不办。贷款一般可规定以一年为期，逾期者利息加倍，并可根据情况收回贷款，以示惩罚。银行这部分贷款与主管部门集中的那部分折旧基金，还可以通过合同，发挥它们对企业的监督作用，对于短线产品行业的挖潜、革新、改造，以及经营较好的企业，采取优先低息供应；对于长线产品行业以及经营不好的企业采取限制即高息少贷或不贷的办法。这样，区别对待，灵活地运用信贷、利息杠杆，并把主管部门小部分集中调剂使用和大部分分散由企业使用两种方式结合起来，比单纯行政办法更有利于从实际出发，促进部门、企业的更新改造。

至于规定固定资产原值不超过一定数量的小型企业，折旧基金全部留归企业，这也是从实际出发，因为大部分这类小型企业，每年提取的基本折旧基金一般不过几万元，而厂房陈旧、设备简陋、需要更新改造的任务紧迫，需要的更新改造资金常常不敷使用。因此，对固定资产规模过小的企业采用折旧基金不上缴而由企业自行掌握使用的办法，可以避免大小企业之间的多寡悬殊，较之"一刀切"的办法，更有利于调动各方面挖潜、革新、改造的主动性和积极性。

在这里，需要指出的是，更新改造资金的使用和管理也应当像基本建设投资那样，纳入国家计划轨道。这就是说，采取经济办法来管理，决不意味着不要国家统一计划，相反，它应当在国家统一计划的指导下，成为保证实现国民经济计划的重要环节，国家计划、财政、信贷、物资有关部门应当协调一致，考虑到固定资产再生产与社会产品再生产之间的密切联系，把固定资产的价值补偿转化为固定资产的实物更新形态，使价值和使用价值达到相互平衡；把全局与局部、长远与当前、重点与一般正确结合起来，有计划、有步骤地进行固定资产更新改造。

第十二章 固定资产平衡表

第一节 编制国民经济固定资产平衡表的必要性和意义

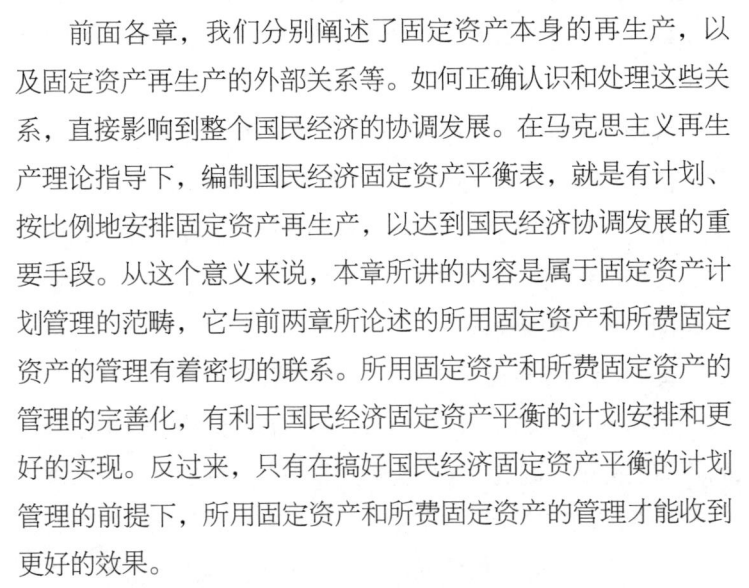

前面各章,我们分别阐述了固定资产本身的再生产,以及固定资产再生产的外部关系等。如何正确认识和处理这些关系,直接影响到整个国民经济的协调发展。在马克思主义再生产理论指导下,编制国民经济固定资产平衡表,就是有计划、按比例地安排固定资产再生产,以达到国民经济协调发展的重要手段。从这个意义来说,本章所讲的内容是属于固定资产计划管理的范畴,它与前两章所论述的所用固定资产和所费固定资产的管理有着密切的联系。所用固定资产和所费固定资产的管理的完善化,有利于国民经济固定资产平衡的计划安排和更好的实现。反过来,只有在搞好国民经济固定资产平衡的计划管理的前提下,所用固定资产和所费固定资产的管理才能收到更好的效果。

我国在 1966 年以前,随着经济建设的发展,计划、统计部门曾经照搬苏联一套平衡表表式和方法,编制过一些平衡表,如劳动力平衡表,主要工农业产品产、供、销平衡表,居民货币收支平衡表,社会产品平衡表,国民财产平衡表等。也曾经想编制国民经济固定资产平衡表,但是,由于种种原因,这个想法没有实现。经过三十多年社会主义经济建设的实践，尤其是当前贯彻执行调整、改革、整顿、提高方针，计划和统计部门都认为有必要编制国民经济一系列平衡表，包括固定资产平衡表。最近，计划和统计机构已在原有平衡表的基础上，结合我国实践，草拟了一套国民经济平衡表，其中包括国民经济固定资产平衡表，准备有步骤、分期分批地进行试编。这是我国经济工作越做越细、越来越重视综合平衡的可喜现象。由于缺乏实际经验，在设计编制这些平衡表时，还不能不参照国外的一些资料和方法。目前，这一工作仍然处于探索的过程，我们相信，经过实际工作者和理论工作者的共同努力，一定会逐步制定出一套适合于我国情况的国民经济平衡表，包括固定资产平衡表。

固定资产平衡表可以分为静态平衡表和动态平衡表两大类。静态固定资产平衡表的基本内容包括：各种形式的所有制、各部门和两大部类的年初现有固定资产、全年新增固定资产、全年损耗和报废固定资产、年末现有固定资产以及固定资产增加之间的平衡联系。

动态国民经济固定资产平衡表的基本内容，可分为四部分。第一部分，除了当年社会最终产品需要量这一指标外，特别重要的是"固定资产完全占用系数"，并据这一系数确定"所需新增固定资产"这个指标。第二部分，包括新投产的固定资产，用于当年补偿的固定资产，实有新增固定资产。第三部分，固定资产平衡差额，实际上是指前两部分指标的对比关系。第四部分，生产性基本建设投资（完成额），其中包括新开工程、续建工程（区分为当年投资、累计投资）和即将完工工程（区分为当年投资、累计投资）。这些指标，最主要的职能是反映固定资产投资在时间因素上的变动，因生产增长随着固定资产完全占用系数变动所需扩大的固定资产投资额，反映所形成的固定资产更新（补偿）和扩大（积累）规模的变化状况。同时，也反映了动态同静态固定资产平衡表之间的关系。所有这些，对于制订制造劳动资料部门增长同固定资产规模增长与整个社会产品增长的长期计划，实现国民经济综合平衡和社会生产持续稳定的增长，是不可缺少的。

编制国民经济固定资产平衡表，在表中把固定资产按所有制形式划分，可据以考察社会主义全民所有制和集体所有制财产，以及其他经济成分拥有财产的状况和变化的过程。把固定资产按不同生产部类和部门划分，可据以考察两大部类和各生产部门的技术装备水平，说明它们各自的生产活动所拥有的物质技术基础和必要的条件。随着生产的发展和社会劳动生产率的提高，各个部类和各个部门的生产性固定资产也会迅速增长和发生变化，从而为考察分析固定资产部类构成和部门构成的变动趋势提供了数量依据。

编制静态国民经济固定资产平衡表，除掌握年初现有固定资产外，特别重要的是了解当年年初动用的固定资产的情况，包括不同资金来源（如基建拨款购建、基建借款购建、专用拨款购建等）所形成的固定资产，以及当年报废的固定资产数量，最后掌握年末拥有固定资产的状况，包括使用的和未使用的，不需要的和计提折旧的固定资产等情况。这些指标，为正确处理制造劳动资料的生产部门的供应量同其他部门更新和扩大其固定资产需要量之间的相互适应关系提供了依据，并为固定资产再生产在价值上的补偿和使用价值上的替换，以及在积累方面需要增加投资和提供相应的劳动资料之间的平衡提供了依据，这就可以大大有助于搞好综合平衡，减少盲目性，避免在制订国民经济计划时，因不了解这方面状况及其变化，而造成一方面重复生产、重复建设，使一些部门固定资产生产能力相对过剩；另一方面原有企业设备落后，厂房塌漏，得不到及时维修和更新改造，使一些部门固定资产生产能力严重不足，以致整个社会产品再生产不能协调地稳定增长等不良后果。

三十多年来的经济建设实践告诉我们，不编制国民经济固定资产平衡表，就不可能使国民经济综合平衡的工作完善化，以致很难保持国民经济重大比例关系的协调。

诚然，固定资产平衡表所直接反映的内容，主要是固定资产再生产内部的相互适应关系，就它本身进行孤立地考察，并不能全面掌握固定资产再生产同社会产品再生产、同流动资产再生产以及同劳动力再生产之间的相互适应状况。要想了解与正确处理这方面的平衡关系，还需要与社会产品计划，原材料、燃料等工业部门计划，农业部门计划和劳动力计划进行相互对照和协调。然而，没有固定资产平衡表，就会使国民经济综合平衡工作在劳动资料再生产方面失去科学依据，从而会影响整个国民经济的协调发展。

固定资产平衡表不仅反映固定资产再生产及其在整个社会再生产中的地位和作用，而且反映固定资产再生产与国民经济平衡的关系。比如：如何合理安排基本建设规模，如何合理地充分地利用原有企业固定资产生产能力，如何正确处理原有企业固定资产同改建、扩建与新建之间的关系，如何调节各部门之间的固定资产生产能力，并提高其利用率，等等，这都需要借助于编制国民经济固定资产平衡表。固定资产平衡表作为考察上述这些关系及其规律性变化的工具，同时构成了国民经济计划平衡工作的一项重要内容，并且也是保证国民经济按比例发展的重要环节。因此，对编制国民经济平衡表的必要性和重大现实意义是不容忽视的。

第二节　静态国民经济固定资产平衡表

生产性固定资产所体现的各类劳动资料,其使用年限参差不齐,从几年到数十年,有的甚至上百年。比如,堤坝、涵洞、房屋及其他永久性的建筑物可以用数十年或上百年,而机器设备的某些部件则在数年内就被磨损掉。劳动资料使用年限较长,而且又很不一致,增加了固定资产再生产的复杂性,特别是由于技术进步和劳动生产率的不断提高,使得固定资产的再生产价值降低,或者出现效率更高、性能更好的机器设备,对社会再生产过程产生着更加广泛的影响。这些在编制国民经济固定资产平衡表的时候都必须注意和加以研究。

除了按生产能力编制某种固定资产平衡表以外,在计划和统计工作中,编制国民经济固定资产平衡表都需要以货币表示实物形态的固定资产数量。固定资产价值在经济生活中可以有两种,一是它的完全原始价值,简称原值,是指初始购买和建造该种固定资产时所实际支付的货币额,以及以后改建或扩建所追加的投资额合计;二是固定资产扣除磨损后的原始价值,简称净值,是指固定资产完全原始价值减去历年提取折旧后的价值(也称"折余价值")。

同时,固定资产价值要受到以一国货币购买力升降的影响而发生波动,劳动资料不同年度的价格,表现为不同的货币购买力,但是我们又不能把现有固定资产全部按其动用的年代进行分类分别把原价都折算成现价,目前要编制这种平衡表还有很大困难,这就使得以往动用的固定资产按现行价格进行重估价的问题复杂化。一般来说,固定资产价值的货币表现是以当年价格计算的。企业会计核算却是按照固定资产的现行价格计算的,由于各项固定资产的购买年份不一,即使同类固定资产其价格也很不一致。因此,经过一定年限就需要对固定资产进行重新估价,使之正确地反映固定资产价值,以资比较。解放后,我国在1953年进行一次固定资产重新估价,这项工作很艰巨、很复杂,而且要花一笔相当大的费用。目前我国进行国民经济第二次调整,要求企业实行自负盈亏,严格实行经济核算制,以及改革价格体制、税收体制,等等,这都需要对固定资产重新估价。通过重新估价也就为用统一的不变价格来计算固定资产价值创造了条件,从而可以计算固定资产实物量和进行生产能力的动态分析。

由于对固定资产不可能年年都进行重新估价,因而也就不可能年年都按重置价计算,在这种情况下,就需要按原始价值(包括它的完全原始价值及折余价值)和按一定时期的不变价格来编制国民经济固定资产平衡表。

现将初步设想编制的静态国民经济固定资产平衡表表式,及其附表(表23及附表1、附表2、附表3)列后。

按照固定资产原值扣除磨损后的净值编制的固定资产平衡表是基本平衡表,它有三个附表:附表1是按完全原始价值计算的固定资产平衡表;附表2是按不变价格计算的固定资产平衡表;附表3是基本建设投资平衡表。

按净值编制的固定资产平衡表的主栏有:固定资产按社会主义所有制、国民经济部门和社会主义生产两大部类划分。在社会主义所有制形式中,分全民所有制和集体所有制。此外,还有个体所有制和其他形式所有制(如与外资合营企业)。国民经济部门(还应按所有制形式分列)有:工业、农业(包括林业等)、建筑业、运输邮电业(还可按水、陆、空、管道运输分列)和商业服务业等。最后,社会生产两大部类分为生产资料部类和消费资料部类。

宾栏有以下一些指标：年初和年末现有固定资产；报告期或计划期国民经济新增固定资产（可按新增加的主要项目分列）；报告期或计划期磨损和报废的固定资产（如腐朽、损耗及停工的固定资产），也就是本期固定资产的减少。按照报告期或计划期年初年末现有固定资产，即可计算出本期内固定资产增加额（即固定资产积累额）和固定资产的补偿额。

现将宾栏的各项重要指标简要说明如下：

全年新增的固定资产包括以下各项：

年初现有固定资产（第1栏）：指上年年末转到本年的固定资产拥有量，其资料来源，属于社会主义所有制形式的固定资产，可从全民所有制和集体所有制企业及其主管部门的资产负债表取得，个体所有制固定资产可通过抽样调查和从财政机构税收资料中取得，其他形式所有制企业固定资产则可由这类企业和主管部门提供的资料进行计算，农村集体所有制农业生产性固定资产，由于会计人员缺乏训练、会计核算制度不健全，特别是由于受到林彪、"四人帮"的破坏，这方面的资料十分缺乏，即使有些人民公社有这些资料，也不全、不准确，这就给制订国民经济固定资产平衡表带来不少困难和问题。因此，今后如何加强农业财务会计核算制度和统计核算制度，有计划地培训这方面的工作人员，乃是国民经济平衡工作的一项重要任务和内容。

新动用的固定资产（第2栏）它包括：

（1）基本建设拨款购进；

（2）基本建设借款购进；

社会主义固定资产再生产（校订本）

表22　　　　年度国民经济生产性固定资产平衡表
（按质值扣除磨损后的净值计算）

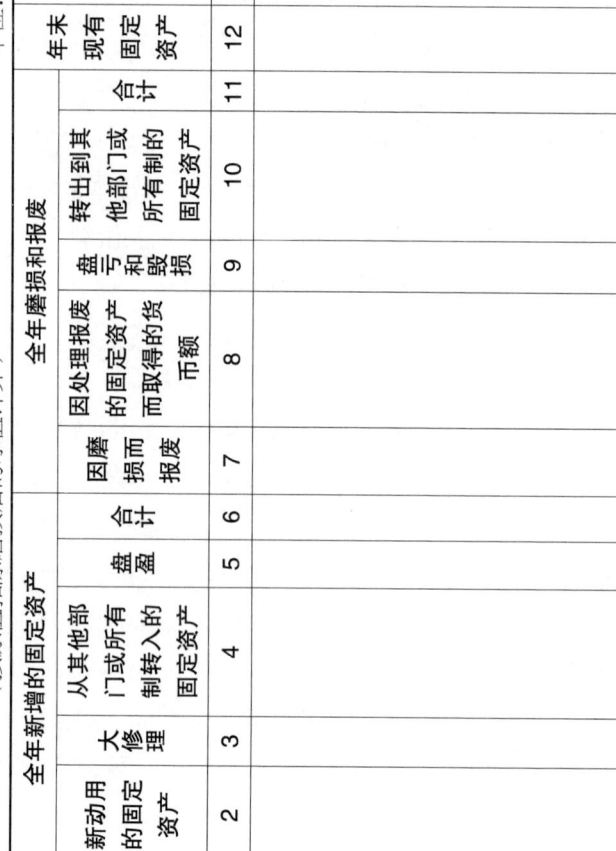

单位：亿元

所有制形式、国民经济部门名称及两大部类	年初现有固定资产	全年新增的固定资产			全年磨损和报废					年末现有固定资产	固定资产增加
^	^	新动用的固定资产	大修理	从其他部门或所有制转入的固定资产	盘盈	合计	因磨损而报废	因处理报废的固定资产而取得的货币额	盘亏和毁损	转出到其他部门或所有制的固定资产	合计	^	^
^	1	2	3	4	5	6	7	8	9	10	11	12	13

生产性固定资产
Ⅰ社会主义所有制
其中：
（1）全民所有制
（2）集体所有制
按部门（并分列所有制）
（1）农业
（2）林业
（3）工业
（4）建筑业
（5）运输业
（6）邮电业
（7）商业服务业

246

续表

所有制形式、国民经济部门名称及两大部类	年初现有固定资产	全年新增的固定资产					全年磨损和报废					年末现有固定资产	固定资产增加
		新动用的固定资产	大修理	从其他部门或所有制转入的固定资产	盘盈	合计	因磨损而报废	因处理报废的固定资产而取得的货币额	盘亏和毁损	转出到其他部门或所有制的固定资产	合计		
	1	2	3	4	5	6	7	8	9	10	11	12	13
Ⅱ 个体所有制													
Ⅲ 其他所有制													
合计													
生产生产资料部类													
生产消费资料部类													

第十二章 固定资产平衡表

247

社会主义固定资产再生产（本校订）

附表1 国民经济生产性固定资产平衡表
（按完全原始价值计算）

单位：亿元

所有制形式、国民经济部门名称及两大部类	年初现有固定资产	全年新增的固定资产			全年磨损和报废的固定资产				年末现有固定资产	固定资产增加
		新动用的固定资产	从其他部门或所有制转入的固定资产	盘盈合计	拆除和报废的固定资产	损失	转出到其他部门或所有制的固定资产	合计		
	1	2	3	4	5	6	7	8	9	10	11
I 社会主义所有制											
其中：											
（1）全民所有制											
（2）集体所有制											
按部门（并分列所有制）											
（1）农业											
（2）林业											
（3）工业											
（4）建筑业											
（5）运输业											
（6）邮电业											
（7）商业服务业											

续表

所有制形式、国民经济部门名称及两大部类	年初现有固定资产	全年新增的固定资产				全年磨损和报废的固定资产				年末现有固定资产	固定资产增加
		新动用的固定资产	从其他部门或所有制转入的固定资产	盘盈	合计	拆除和报废的固定资产	损失	转出到其他部门或所有制的固定资产	合计		
	1	2	3	4	5	6	7	8	9	10	11
Ⅱ 个体所有制											
Ⅲ 其他形式所有制											
合计											
生产生产资料部类											
生产消费资料部类											

第十二章 固定资产平衡表

249

社会主义定固定资产再生产（本订校）

附表2 国民经济生产性固定资产平衡表
（完全价值，按可比价格计算）

单位：亿元

所有制形式、国民经济部门名称及两大部类	年初现有固定资产	全年新增的固定资产			全年磨损和报废的固定资产				年末现有固定资产	固定资产增加
		新动用的固定资产	从其他部门或所有制转入的固定资产	盘盈	合计	因磨损而报废	盘亏和毁损	转出到其他部门或所有制的固定资产	合计		
	1	2	3	4	5	6	7	8	9	10	11
Ⅰ社会主义所有制											
其中：											
（1）全民所有制											
（2）集体所有制											
按部门（并分列所有制）											
（1）农业											
（2）林业											
（3）工业											
（4）建筑业											
（5）运输业											
（6）邮电业											
（7）商业服务业											

续表

所有制形式、国民经济部门名称及两大部类	年初现有固定资产	全年新增的固定资产			全年磨损和报废的固定资产				年末现有固定资产	固定资产增加
		新动用的固定资产	从其他部门或所有制转入的固定资产	盘盈	合计	因磨损而报废	盘亏和毁损	转出到其他部门或所有制的固定资产	合计		
	1	2	3	4	5	6	7	8	9	10	11
Ⅱ 个体所有制											
Ⅲ 其他形式所有制											
合计											
生产生产资料部类											
生产消费资料部类											

第十二章 固定资产平衡表

社会主义固定资产再生产定 (校订本)

附表3　　　　年度基本建设投资平衡表

单位：亿元

所有制形式、国民经济部门名称及两大部类	年初未完工程余额	基本建设投资			动用	由于停止基本建设而注销	年末未完工程余额	未完工程余额增减（+或—）
		新建、改建和扩建	购置	合计				
	1	2	3	4	5	6	7	8
I 社会主义所有制								
其中：								
（1）全民所有制								
（2）集体所有制								
按部门（并分列所有制）								
（1）农业								
（2）林业								
（3）工业								
（4）建筑业								
（5）运输业								
（6）邮电业								
（7）商业服务业								

续表

所有制形式、国民经济部门名称及两大部类	年初未完工程余额	基本建设投资				动用	由于停止基本建设而注销	年末未完工程余额	未完工程余额增减（+或-）
		新建、改建和扩建	购置	合计					
	1	2	3	4	5	6	7	8
Ⅱ个体所有制								
Ⅲ其他形式所有制								
合计								
生产生产资料部类								
生产消费资料部类								

第十二章 固定资产平衡表

253

（3）专用拨款购建；

（4）专用基建购建；

（5）专用借款购建；

（6）补偿贸易引进等。

前三项指本年用各该项资金已建成并交付使用的工程价值；后三项指用各该项资金购置的机器设备和建筑安装价值，并须列出其中用更新改造资金购建的固定资产价值。

大修理（第3栏）：是指按规定期限进行，由大修理折旧基金支付的经济活动。完成的大修理工作量要相应地增加固定资产的价值。但在实际工作中，我国只冲销大修理折旧基金，而没有在大修理工作完成后作为增加固定资产价值进行会计核算。有同志认为，这是因为确定固定资产的使用年限时已考虑了大修理的因素。我们认为，从理论上来说，完成大修理工作其费用支出，是固定资产的增值，应当在会计核算中予以反映，如果大修后不返回增值就会造成固定资产净值失真，不符合固定资产的磨损的一部分价值已得到了局部补偿的情况。

从其他部门或所有制转入的固定资产（第4栏）：是指固定资产通过调拨或售卖形式转来的固定资产，分为两类，一是无偿调入；二是有偿调入。这一栏需要与转出到其他部门或所有制的固定资产（第10栏）一起考察，两栏的数额应当相等。

盘盈（第5栏）：是指企业定期清查盘点固定资产的使用情况及其完好程度，发生盘盈，需要查明原因，按规定进行处理。

全年新增的固定资产合计（第6栏）：即（2）+（3）+（4）+（5）各栏相加的总和。

全年磨损和报废的固定资产包括以下各项：

因磨损而报废（第7栏）：磨损包括有形磨损和无形磨

损，这是固定资产减少的最主要的指标；报废是指由于磨损或其他原因，确已丧失使用价值，按规定的审批程序报经上级机关批准报废的固定资产。全民所有制企业如果上级主管部门规定有折旧标准，磨损则按规定的折旧标准计算；如果上级主管部门未规定折旧标准，则磨损暂按每年规定的折旧率计算，如规定不提折旧的固定资产，则不计算。

因处理报废的固定资产而取得的货币额（第8栏）：是指由处理报废的固定资产而取得的货币数量。假如处理的固定资产残余物资所得到的资金大于残值，这种处理就发生盈余；反之，假如处理的固定资产残余物资所得到的资金小于残值，这种处理就发生亏损。盈余和亏损，反映着对固定资产磨损和大修理的事先计算不准确，与后来的实际不相符合。

盘亏和毁损（第9栏）：这是指由于各种原因（包括自然灾害或其他意外原因）而遭受毁坏的固定资产损失额。

全年磨损和报废合计（第11栏）：指（7）+（8）+（9）+（10）各栏相加的总和。

年末现有固定资产（第12栏）：指固定资产经过一年的增减变化，到年末所拥有的总量（它等于年初固定资产加本年增加的固定资产扣除本年减少的固定资产）。用公式表示：（12）=（1）+（6）-（11）。

固定资产增加（第13栏）：指年末固定资产拥有量减去年初固定资产拥有量的差额，用公式表示：（13）=（12）-（11）。

固定资产增加额是全社会积累的一个最重要的因素。

为了说明按净值计算的固定资产平衡表中各个项目之间的联系，揭示固定资产简单再生产与扩大再生产的规模、固定资产补偿与积累所需要的资金来源，下面用假设的数字来加以

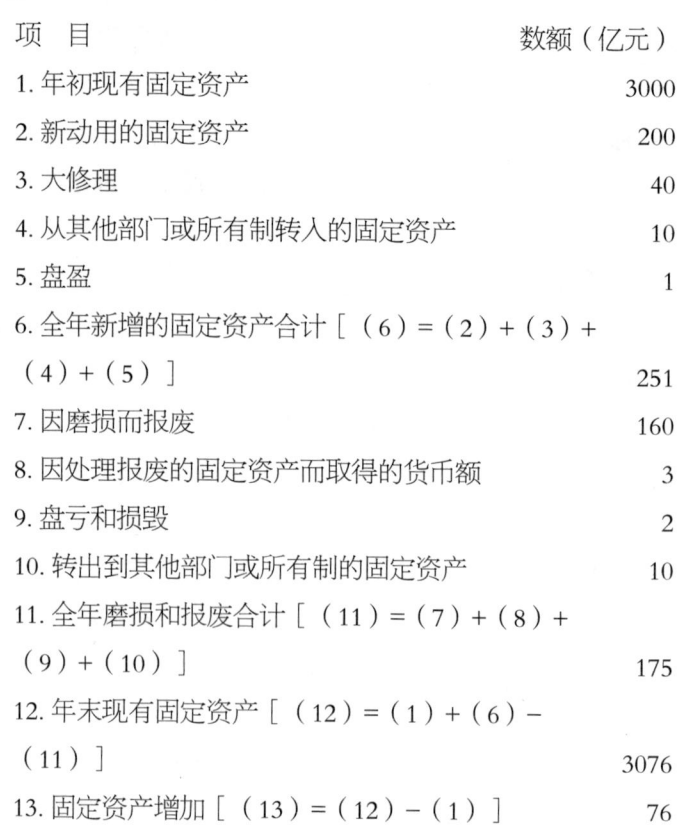

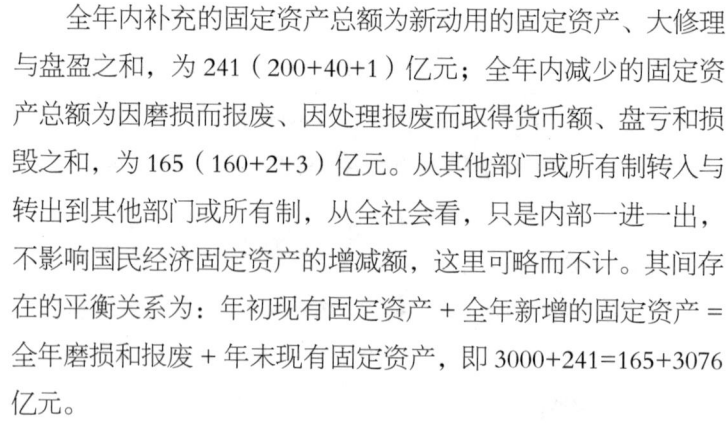

说明：

项　目	数额（亿元）
1. 年初现有固定资产	3000
2. 新动用的固定资产	200
3. 大修理	40
4. 从其他部门或所有制转入的固定资产	10
5. 盘盈	1
6. 全年新增的固定资产合计［（6）=（2）+（3）+（4）+（5）］	251
7. 因磨损而报废	160
8. 因处理报废的固定资产而取得的货币额	3
9. 盘亏和损毁	2
10. 转出到其他部门或所有制的固定资产	10
11. 全年磨损和报废合计［（11）=（7）+（8）+（9）+（10）］	175
12. 年末现有固定资产［（12）=（1）+（6）-（11）］	3076
13. 固定资产增加［（13）=（12）-（1）］	76

全年内补充的固定资产总额为新动用的固定资产、大修理与盘盈之和，为241（200+40+1）亿元；全年内减少的固定资产总额为因磨损而报废、因处理报废而取得货币额、盘亏和损毁之和，为165（160+2+3）亿元。从其他部门或所有制转入与转出到其他部门或所有制，从全社会看，只是内部一进一出，不影响国民经济固定资产的增减额，这里可略而不计。其间存在的平衡关系为：年初现有固定资产＋全年新增的固定资产＝全年磨损和报废＋年末现有固定资产，即3000+241=165+3076亿元。

在上列数字中，属于固定资产简单再生产部分有：因磨损而报废，因处理报废的固定资产而取得的货币额，盘亏和损毁，共 165 亿元。这要从新动用的 200 亿元、完成大修理增值的 40 亿元和盘盈的 1 亿元来解决。也就是说，全年新增的固定资产 241 亿元（从其他部门或所有制转入的 10 亿元不计），扣除 165 亿元用于补偿更新（其中包括局部补偿的 40 亿元和整体更新的 120 亿元，另 5 亿元属局部补偿还是整体更新难以划分），余额 76（241－165）亿元，即为固定资产扩大再生产的规模。用年初与年末现有固定资产相比较也得出同样的结果（3076 亿元 －3000 亿元 =76 亿元）。

由此可见，固定资产简单再生产的资金来源包括：折旧基金 160 亿元（其中有大修理基金 40 亿元），处理报废的固定资产残值 3 亿元，国民收入用于补偿损失的部分为 2 亿元，共计 165 亿元；而固定资产扩大再生产的资金来源，则是国民收入用于固定资产积累的部分 76 亿元。

按净值编制的固定资产平衡表，主要用途是计算国民经济中固定资产去掉损耗之后尚余多少价值，从而可以确定完全原始价值中磨损部分和净余部分之间的比例。磨损部分需要从价值上进行补偿，但是在实物形态上由于生产能力并未发生变化或变化极小，因而扣除磨损的固定资产价值，在动态上同固定资产生产能力的变化不一致，也就是说，它的价值随不断磨损而相应减少，但动用的固定资产生产能力却改变很小。所以，要从实物形态循环与价值形态循环两方面去考察固定资产的现状和动态，除了按净值来编制固定资产平衡表外，还需要按完全原始价值编制固定资产平衡表（附表 1 和附表 2），作为按净值计算的固定资产平衡表的补充。

按固定资产原值计算，同按它的净值计算，情况有所差别。现在假设数字说明如下：

项 目	数额（亿元）
1. 年初现有固定资产	4000
2. 全年新动用的固定资产	200
3. 从其他部门或所有制转入的固定资产	20
4. 盘盈	1
5. 新增的固定资产合计〔（5）=（2）+（3）+（4）〕	221
6. 拆除和报废的固定资产	100
7. 损失	10
8. 转出到其他部门或所有制的固定资产	20
9. 全年固定资产减少〔（9）=（6）+（7）+（8）〕	130
10. 年末现有固定资产〔（10）=（1）+（2）+（4）-（6）-（7）〕	4091
11. 固定资产增加〔（11）=（10）-（1）〕	91

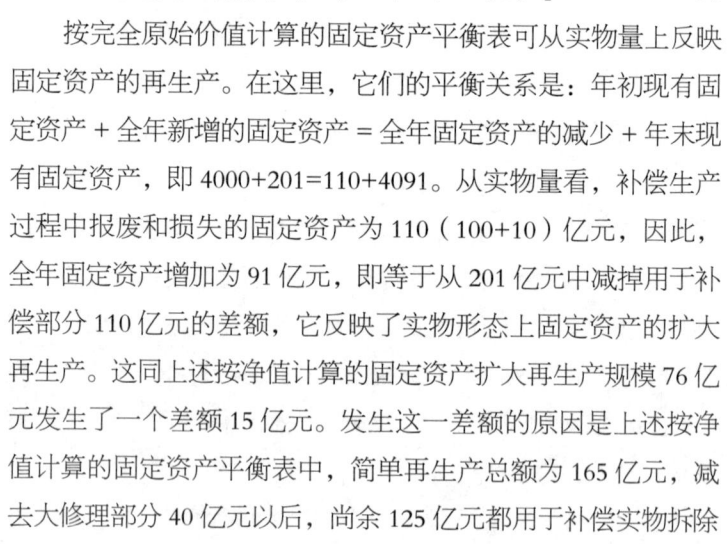

按完全原始价值计算的固定资产平衡表可从实物量上反映固定资产的再生产。在这里，它们的平衡关系是：年初现有固定资产+全年新增的固定资产=全年固定资产的减少+年末现有固定资产，即 4000+201=110+4091。从实物量看，补偿生产过程中报废和损失的固定资产为 110（100+10）亿元，因此，全年固定资产增加为 91 亿元，即等于从 201 亿元中减掉用于补偿部分 110 亿元的差额，它反映了实物形态上固定资产的扩大再生产。这同上述按净值计算的固定资产扩大再生产规模 76 亿元发生了一个差额 15 亿元。发生这一差额的原因是上述按净值计算的固定资产平衡表中，简单再生产总额为 165 亿元，减去大修理部分 40 亿元以后，尚余 125 亿元都用于补偿实物拆除

和报废以及损失的固定资产。但是按完全原始价值计算补偿折旧、拆除和报废以及损失的固定资产，实际上只需110亿元，多余的15亿元即形成年末固定资产的增加。产生这一现象，是由于固定资产周转的特点引起的，它的实物形态在退废之前没有多少变动，从而使得固定资产的价值补偿同实物补偿在各年内并不一致。

为了正确安排基本建设投资额和固定资产增长之间的关系，还应当编制基本建设投资平衡表（附表3）。扩大再生产的条件之一是固定资产的增长，所以，固定资产投资在国民经济各部门之间的分配比例，以及这些部门固定资产的增长规模、速度和水平，会使整个社会生产发生相应变化。因此，编制国民经济固定资产平衡表，尤其是基本建设投资平衡表，并利用它们来考察固定资产投资的规模、方向、比例、速度及其经济效果，对实现国民经济各部门稳定协调的发展，是很有现实意义的。

第三节　动态国民经济固定资产平衡表

单有静态国民经济平衡表不能反映在时间序列上由社会需要生产一定数量的最终产品应当增加多少固定资产生产能力的问题，为了解决这个问题，还需要编制动态国民经济固定资产平衡表。动态固定资产平衡表要反映的经济因素更加错综复杂，国外在这方面的工作也是处于试验阶段，本节是提出问题，离解决这个任务还有一段距离。

动态固定资产平衡表的最重要特点是要计算固定资产建成投产的时滞因素，并能够反映出社会需要生产的最终产品同固定资产投资二者之间的平衡联系。例如，制定1981—1985年计划，首先确定各年最终产品的规模、水平和结构，通过单位最终产品对生产资料完全消耗系数，便可以计算出某一年度（如1985年）最终产品对各种生产资料的生产需要量。同时该计划年度的最终产品产量，比上一计划年度（如1984年）将要增加一年的数量，这需要相应地增加最终年产品部门的固定资产生产能力，而扩大最终产品部门的固定资产生产能力，需要扩大制造最终产品的生产资料生产，而后者又要求扩大制造生产资料的生产资料部门。因此，要完成1985年最终产品的产量计划，各生产资料部门不仅要满足最终产品部门的生产需要量，还要满足由于它们增加固定资产生产能力所引起的基本建设需要量（包括机器设备在内）。一个生产资料部门满足各部门的生产需要量与基本建设需要量的总额，便是该部门的计划产量。

既然增加固定资产生产能力有一个建设周期问题，即上述投资的时间延滞问题，假定最终产品生产部门投资的时间延滞平均为5年，那么1985年需要增加的最终产品，5年前（即1980年）就需要投资进行基本建设，同时，对制造消费资料的生产资料部门和制造生产资料的生产资料部门的投资，也应当考虑其各自的时间"延滞"系数以作出相应的安排，通过这样的安排，就可以实现最终产品生产量同基本建设投资之间的平衡，从而保证计划年度最终产品的生产能力的及时投产。

总之，基本建设时滞问题表明，当年建成投产的固定资产生产能力是前行时期投资的结果，而当年的基本建设投资则是形成后续年份的固定资产生产能力。这在动态固定资产平衡表中应当得到反映。

初步编制的表式设想是这样的（表中以轻工业为例，数字是假设的，只是为了表明各栏之间的关系）：

主栏：标明年份和部门（部门可根据需要和资料来源情况进一步细分）。

宾栏：共分为四部分。

宾栏第一部分由（1）、（2）、（3）三栏组成，第（1）栏填列计划各年最终产品的增长量（以其产值计量，用 ΔX_t 表示）。最终产品的增长是根据人民生活不断改善和提高的需要，以及各种可能的条件反复平衡计算确定的。该列指标反映出计划期内人民生活水平发展的动态。第（2）栏填列最终产品生产部门的固定资产完全占用系数（用 δ_t 表示）。该系数表明，每生产单位（这里假设为1亿元）最终产品对固定资产的完全占用量，既包括最终产品本身对固定资产的占用量，也包括最终产品生产中由于各生产部门之间相互交错的技术联系而产生的间接的固定资产占用量。其计算公式为：

$$\delta_t = (I - A_t)^{-1} K t$$

式中：I——单位矩阵；A——物质资料直接消耗系数；$(I - A_t)^{-1}$——物质资料完全消耗系数；K——各有关部门对固定资产的直接占用系数；t——年份。

这个公式的计算，需要在电子计算机上进行，它应用的是现代数学方法，即线性代数中的矩阵求逆。从这里看出，为了编制和掌握动态国民经济固定资产平衡表，只有初等数学知识不够了，必须在计划统计工作中引入现代数学方法和电子计算技术，这也是实现国民经济固定资产管理现代化的重要内容和方法之一。该列内的数字，反映出固定资产完全占用系数的变化动态。随着科学技术的不断进步和固定资产的挖潜、更新改造，该系数呈下降趋势，表明每生产单位（1亿元）最终产品所需要占用的固定资产数量逐渐减少，或者反过来说，该系数呈上升趋势，表明固定资产的生产能力不断提高。第（3）栏是最终产品增长量所需要的新增固定资产量（以价值计量，用 ΔU_t 表示）。其计算公式为：

$$\Delta U_t = \delta_t \Delta X_t$$

该栏表明，由于计划期各年最终产品的增长而对固定资产提出的要求。为了实现最终产品的增长任务，计划期各年固定资产必须有相应的增长，这一情况反映在宾栏第二部分。

宾栏第二部分由（4）、（5）、（6）三栏组成。第（4）栏为计划期各年新投产的固定资产总值（用 ΔP_t 表示）。该列数字表明计划期内新增固定资产的动态，从中可以看出固定资产积累的增强，物质技术力量的扩大，为四个现代化提供雄厚的物质基础。第（5）栏是各年用于补偿的固定资产值（用 ΔQ_t 表示）。第（6）栏是计划期各年所实际拥有的新增固定资产总值（用 ΔV_t 表示）。其量为：

$$\Delta V_t = \Delta P_t - \Delta Q_t$$

该栏内计算出的计划期各年所实际拥有的新增固定资产总值（ΔV_t），是否与第一部分第（3）栏计算出的最终产品增长对新增固定资产的需求量（ΔU_t）相互平衡，这一情况反映在宾栏第三部分。

宾栏第三部分即第（7）栏为固定资产平衡差额（用 ΔC_t 表示），其计算公式为：

$$\Delta C_t = \Delta V_t - \Delta U_t$$

如果 $\Delta C_t < 0$，说明该年最终产品增长对新增固定资产的需求量（ΔU_t）大于该年所实际可拥有的新增固定资产量，这就需要再追加新增固定资产量，或者通过固定资产的进一步挖潜革新改造来补足，否则，最终产品增长任务将不能实现。如果 $\Delta C_t > 0$，说明该年实际所拥有的新增固定资产量大于其需求量，这时可超额完成最终产品计划增长量，如不需要超额完成，那就要求在前行年份减少基本建设投资量。如果 $\Delta C_t=0$，说明该年二者实现了平衡。当然，在现实固定资产管理中，ΔC_t 恰好为零的情况是少见的，但可以要求其正负差额幅度不要过大。有了该列指标，我们可以做到事先心中有数，及时调整修订计划，以免造成不必要的损失。

宾栏第四部分为生产性基本建设投资情况。该部分又分为三组。第一组为对新开工工程的投资额，即第（8）栏（这里指投资完成额）。第二组第（9）栏为对续建工程的投资额，第（10）栏为该续建工程的累计投资额，它等于第（9）栏与上年的第（8）栏之和。我们列出的平衡表中，为简明起见，续建工程只列出一组，实际可根据不同年限在建工程，列出数组续建工程投资栏。第三组第（11）栏为对即将完工工程的投资额，第（12）栏为该项即将完工工程的累计投资额，它等于第（11）栏与上年的第（10）栏之和，其完整的计算公式可写为：

$$W_t = \sum_{j=t-n+1}^{t} S_{j,t}$$

式中：W_t——即将完工工程的累计投资额；S——各年投资额；j——投资年份；t——完工年份，n——建设周期。

现列出动态国民经济固定资产平衡表（见表24）。

表24以轻工业部门为例，假设其基本建设工程的建设周期为3年（$n=3$），我们看到计划期第2年时该部门即将完工工程的累计投资额为（W_2，$t=2$）：

$$W_2 = \sum_{j=2-3+1}^{2} S_{j,2} = S_{0,2} + S_{1,2} + S_{2,2} = 34+45+30 = 109（亿元）$$

表明计划期第2年时轻工业部门即将完工工程的累计投资额

（109亿元）是基年的相应投资额（34亿元，这时它属于新开工工程）、第1年的相应投资额（45亿元，这时它属于续建工程）、第2年的相应投资额（30亿元，因建设周期为3年，这时它属于即将完工工程）三项之和。

如果工程以年末完工、年初投产计算，则当年即将完工工程的累计投资额［第（12）栏］就等于下年新投产的固定资产总值［第（4）栏］，即：

$$W=\Delta P_{t+1}$$

仍沿袭上例，我们从表式中看到，第2年的第（12）栏（109亿元）转为第3年的第（4）栏（109亿元）。以此类推。

宾栏第四部分，在表式中还空出一行。这一行可以列出制造劳动资料的部门名称（如机器制造业、建筑业等），从中可以看出劳动资料都有哪些部门提供及提供多少；这一行也可以列入投资者的不同所有制成分（如国家财政投资，银行贷款，地方部门或企业自筹投资，集体所有制投资，个人投资，合资经营企业投资，等等），从而表明投资的不同渠道。这样，动态固定资产平衡表可以从时间序列上比较完整地反映出社会对固定资产的需要和劳动资料增长所形成的固定资产之间的基本联系及其变化过程。

表 23　动态国民经济固定资产平衡表

年份	部门	最终产品增量（亿元）(1)	固定资产完全占用系数 (2)	所需新增固定资产（亿元）(3)=(1)×(2)	新投产的固定资产（亿元）(4)=上年的(12)	用于当年补偿的固定资产（亿元）(5)	实有新增固定资产（亿元）(6)=(4)−(5)	固定资产平衡差额（亿元）(7)=(6)−(8)	生产性基本建设投资（完成额）(亿元) 新开工程 当年投资 (8)	续建工程 当年投资 (9)	续建工程 累计投资 (10)=上年的(8)+(9)	即将完工投资 当年投资 (11)	累计投资 (12)=上年的(10)+(11)
基年	农业 轻工业 重工业								34		66		55
第1年	轻工业	100	0.5	50	55	5	50	0	50	45	79	20	86
第2年	轻工业	200	0.4	80	86	6	80	0	49	67	117	30	109
第3年	轻工业	300	0.35	105	109	4	105	0	45	66	115	40	157
第4年	轻工业	500	0.3	150	157	7	150	0	41	60	105	40	115
第5年	轻工业	600	0.25	150	155	5	150	0	40	55	99	35	140
第6年	轻工业				140								

注：* 删节号可按不同年限的在建工程分别列出。